U0918044

“十三五”国家重点图书出版规划项目
交通运输科技丛书·水运基础设施建设与养护

Standardization and Metrization for
Equipments of Water Transport Engineering

水运工程检测设备标准化与计量

曹玉芬 著

内 容 提 要

本书针对行业需求,基于《中华人民共和国标准化法》《中华人民共和国标准化法实施条例》《中华人民共和国计量法》《中华人民共和国计量法实施细则》《计量发展规划(2013—2020年)》《交通运输标准化"十三五"发展规划》《交通运输标准化体系》等法律、法规、规划和体系,以及近15年与水运相关的交通运输标准计量质量研究项目,重点对水运工程检测设备标准化体系和计量体系进行了介绍,为水运工程检测仪器标准化与计量的未来发展做出系统性规划,指导行业计量工作;另外,结合水运工程检测仪器已开展的计量工作情况,介绍了水运工程检测设备计量技术,旨在向行业普及水运工程检测仪器计量技术,为检测设备用户的计量数据应用提供依据和参考。

本书既可为从事水运标准化、检验检测工作的人员提供指导,同时也可为高等院校、科学研究及工程技术人员和管理人员提供参考,不仅适合水运交通领域,而且也可供海洋、水利等领域相关人员参考使用。

图书在版编目(CIP)数据

水运工程检测设备标准化与计量 / 曹玉芬著. — 北京:人民交通出版社股份有限公司, 2018.10

ISBN 978-7-114-14992-4

Ⅰ. ①水… Ⅱ. ①曹… Ⅲ. ①航道工程—检测—工程设备—标准化—研究②航道工程—检测—工程设备—计量体系—研究 Ⅳ. ①U61

中国版本图书馆CIP数据核字(2018)第205810号

"十三五"国家重点图书出版规划项目

交通运输科技丛书·水运基础设施建设与养护

书　　名:**水运工程检测设备标准化与计量**

著 作 者:曹玉芬

责任编辑:黎小东　张　淼

责任校对:宿秀英

责任印制:张　凯

出版发行:人民交通出版社股份有限公司

地　　址:(100011)北京市朝阳区安定门外外馆斜街3号

网　　址:http://www.ccpress.com.cn

销售电话:(010)59757973

总 经 销:人民交通出版社股份有限公司发行部

经　　销:各地新华书店

印　　刷:北京虎彩文化传播有限公司

开　　本:787×1092　1/16

印　　张:11.5

字　　数:265千

版　　次:2018年10月　第1版

印　　次:2018年10月　第1次印刷

书　　号:ISBN 978-7-114-14992-4

定　　价:60.00元

《水运工程检测设备标准化与计量》

编写委员会

曹玉芬　张德文　柳义成　韩鸿胜

窦春晖　高术仙　高　辉　曹媛媛

赵　辉　周振杰　李　妍　吴晓雪

总　序

科技是国家强盛之基,创新是民族进步之魂。中华民族正处在全面建成小康社会的决胜阶段,比以往任何时候都更加需要强大的科技创新力量。党的十八大以来,以习近平同志为总书记的党中央做出了实施创新驱动发展战略的重大部署。党的十八届五中全会提出必须牢固树立并切实贯彻创新、协调、绿色、开放、共享的发展理念,进一步发挥科技创新在全面创新中的引领作用。在最近召开的全国科技创新大会上,习近平总书记指出要在我国发展新的历史起点上,把科技创新摆在更加重要的位置,吹响了建设世界科技强国的号角。大会强调,实现"两个一百年"奋斗目标,实现中华民族伟大复兴的中国梦,必须坚持走中国特色自主创新道路,面向世界科技前沿、面向经济主战场、面向国家重大需求。这是党中央综合分析国内外大势、立足我国发展全局提出的重大战略目标和战略部署,为加快推进我国科技创新指明了战略方向。

科技创新为我国交通运输事业发展提供了不竭的动力。交通运输部党组坚决贯彻落实中央战略部署,将科技创新摆在交通运输现代化建设全局的突出位置,坚持面向需求、面向世界、面向未来,把智慧交通建设作为主战场,深入实施创新驱动发展战略,以科技创新引领交通运输的全面创新。通过全行业广大科研工作者长期不懈的努力,交通运输科技创新取得了重大进展与突出成效,在黄金水道能力提升、跨海集群工程建设、沥青路面新材料、智能化水面溢油处置、饱和潜水成套技术等方面取得了一系列具有国际领先水平的重大成果,培养了一批高素质的科技创新人才,支撑了行业持续快速发展。同时,通过科技示范工程、科技成果推广计划、专项行动计划、科技成果推广目录等,推广应用了千余项科研成果,有力促进了科研向现实生产力转化。组织出版"交通运输建设科技丛书",是推进科技成果公开、加强科技成果推广应用的一项重要举措。"十二五"期间,该丛书共出版72册,全部列入"十二五"国家重点图书出版规划项目,其中12册获得国家出版基金支持,6册获中华优秀出版物奖图书提名奖,行业影响力和社会知名度不断扩大,逐渐成为交通运输高端学术交流和科技成果公开的重要平台。

"十三五"时期,交通运输改革发展任务更加艰巨繁重,政策制定、基础设施建设、运输管理等领域更加迫切需要科技创新提供有力支撑。为适应形势变化的需要,在以往工作的基础上,我们将组织出版"交通运输科技丛书",其覆盖内容由建设技术扩展到交通运输科学技术各领域，汇集交通运输行业高水平的学术专著，及时集中展示交通运输重大科技成果，将对提升交通运输决策管理水平、促进高层次学术交流、技术传播和专业人才培养发挥积极作用。

当前，全党全国各族人民正在为全面建成小康社会、实现中华民族伟大复兴的中国梦而团结奋斗。交通运输肩负着经济社会发展先行官的政治使命和重大任务，并力争在第二个百年目标实现之前建成世界交通强国，我们迫切需要以科技创新推动转型升级。创新的事业呼唤创新的人才。希望广大科技工作者牢牢抓住科技创新的重要历史机遇，紧密结合交通运输发展的中心任务，锐意进取、锐意创新，以科技创新的丰硕成果为建设综合交通、智慧交通、绿色交通、平安交通贡献新的更大的力量！

杨传堂

2016年6月24日

前　言

标准、计量与合格评定(检验检测、认证认可)共同构成国家质量的基础设施。同理,水运工程检测设备标准化、计量与合格评定也是水运工程检测设备质量的基础。目前,有关水运工程检测设备的合格评定工作尚未开展,因此本书依据现状,立足于交通水运行业,系统地介绍了水运工程检测设备标准化以及计量工作。本书中的水运工程检测设备主要指材料试验检测仪器设备、结构试验检测仪器设备、水文地质测绘仪器设备、港口机械检测仪器设备和助航设施仪器设备,以上仪器设备的标准化与计量工作刚刚起步。本书针对行业需求,基于《中华人民共和国标准化法》《中华人民共和国标准化法实施条例》《中华人民共和国计量法》《中华人民共和国计量法实施细则》《计量发展规划(2013—2020年)》《交通运输标准化"十三五"发展规划》《交通运输标准化体系》等法律、法规、规划和体系,以及近15年与水运相关的交通运输标准计量质量研究项目,重点对水运工程检测设备标准化体系和计量体系进行了介绍,为水运工程检测仪器标准化与计量的未来发展做出系统性规划,指导行业计量工作;另外,结合水运工程检测仪器已开展的计量工作情况,介绍了水运工程检测设备计量技术,旨在向行业普及水运工程检测仪器计量技术,为检测设备用户的计量数据应用提供依据和参考。

撰写本书的基础材料来自《一级注册计量师基础知识及专业实务》,西部交通建设科技项目"水运工程建设检测设备计量检定体系研究与规程制定",交通运输部标准计量质量研究项目"桩基静载仪及四种钢弦式监测仪器主要技术参数与测试方法研究""水运工程试验检测仪器设备技术标准""水运工程试验检测设备计量管理目录""交通水运工程产品质量监督检验体系研究""声速剖面仪计量标准技术研究""多波束测深仪计量标准技术研究""浅地层剖面仪计量标准技术研究"等成果,以及其他相关的技术文献。

本书理论与实践并重,附有大量检定/校准实例,图文并茂,既可以为从事水运标准化、检验检测工作的人员提供指导,同时也可为高等院校、科学研究及工程技术人员和管理人员提供参考,不仅适合水运交通领域,而且也可供海洋、水利等领域相关人员参考使用。

本书在编写过程中,得到了交通运输部以及交通运输部天津水运工程科学研究院各级领导的鼎力支持,行业内的同仁也给予了大力配合,在此由衷感谢领导和行业专家的鼓励与帮助！

由于标准化与计量工作的规范性和系统性，本书所涉及的内容不能面面俱到，同时限于作者的水平，不足之处在所难免，敬请各位读者批评指正。

作 者

2018 年 7 月

目　　录

第1章 绪　　论

水运是交通运输事业的重要组成部分。水运工程是指港口工程、航道工程、航标工程、通航建筑物工程、修造船水工建筑物工程、安装工程和支持系统及其辅助和附属工程，是为了满足预定功能而建造的综合性建筑工程，具有点多线长、面广量大、投资多、周期长、影响因素复杂、条件艰苦、时间性强的特点。水运工程建筑物的兴建与投入使用，都需要相应仪器设备的跟踪检测，而这些仪器设备的性能，包括测量准确度、重复性、稳定性和可靠性等，将直接影响工程建设的质量。如果这些检测仪器设备没有统一的标准支撑和相应的技术规范要求，就不能保证自身的量值统一和准确可靠，从而就无从谈及有效控制工程质量和发现工程隐患。因此，在水运工程建设中，检测仪器设备的标准化与计量工作至关重要。

目前，国内已有大量针对工程建设而编制的检测仪器设备技术标准和计量检定规程，但水运行业的标准或技术规范较少，不能很好满足水运工程建设的需要，而且在新技术、新工艺、新结构快速发展的今天，有些标准与计量检测方法已不能满足当前的需求。标准化与计量作为水运工程建设的重要基础，要臻于完善还存在差距。在水运工程建设中，检测仪器设备的使用者在作业中总是遇到各种问题和技术瓶颈，常常感到理论水平和技术能力不足，急需高层次标准规范与计量技术的指导。因此，水运工程检测设备标准化与计量的发展不宜滞缓。

1.1 水运工程检测设备标准化与计量的意义

1.1.1 水运工程检测设备标准化的意义

《标准化和有关领域的通用术语　第1部分：基本术语》（GB/T 3935.1—1996）对标准化的定义是“在经济、技术、科学及管理等社会实践中，对重复性事物和概念通过制定、发布和实施标准，达到统一，以获得最佳秩序和社会效益”。《中华人民共和国标准化法》（以下简称《标准化法》）第三条规定：“标准化工作的任务是制定标准、组织实施标准和对标准的实施进行监督”，这是对标准化定义内涵全面清晰的概括。

1.1.1.1 标准化是确保水运工程检测设备质量的手段

水运工程检测设备质量合格与否，这个“格”就是标准。标准不仅对产品的性能和规格做了具体规定，而且对产品的检验方法、包装、标志、运输、储存也做了相应规定，严格按标准组织生产，按标准检验和包装，产品质量就能得到可靠的保证。我国水运工程检测设备标准制定工作仍处于起步阶段，绝大多数进口和国产检测设备的质量可靠性和数据准确性无法得到保证，为实际生产、检验和使用埋下诸多隐患。目前水运工程专用检测设备仅有行业标准20余项，完全不能满足日益发展的行业需求，因此急需全力开展水运工程检测设备标准制订工作，填补标准空白。随着科学技术的发展，标准需要适时地进行复审和修订。特别是产品标准，应根据市场变化和用户要求及时进行修订，不断满足用户要求，才能保持产品在市场中的竞争力。水运工程检测设备种类繁多，涉及专业范围广且专业性较强，贯穿应用于整个工程生命周期，其质量保障尤为关键，因此需要在技术上保持高度的统一标准。

1.1.1.2 标准化是水运工程试验检测规程与规范实施的支撑

检定规程、校准规范和计量器具产品规范均属于我国计量标准化文件类型，其中检定规程为技术法规，校准规范和计量器具产品规范为标准化技术文件。与其他行业相比，我国水运工程试验检测标准化文件类型少且不能满足需求，还有很多影响检定、校准、测试质量的重要工作环节没有用标准化的手段加以控制。与围绕测试、校准、检定工作的全要素、全过程建立技术标准体系的要求还有很大差距。标准实施是标准化工作的基本目标，是整个标准化活动中最重要的一环。水运工程检测设备标准的实施，就是要将标准规定的各项要求，通过一系列具体措施，贯彻到设备生产、设备检定和工程建设应用中去。只有通过实施，才能充分发挥出标准化的作用。我国在推行标准实施方面采取的措施主要有法律、行政、市场和认证四种手段。目前水运工程检测设备标准尚未列入国家强制性标准，绝大多数为企业自愿采用的推荐性行业标准，检定规程和校准规范的实施主要通过市场需求推广。《中华人民共和国标准化法实施条例》（以下简称《标准化法实施条例》）对企业实施标准做了如下规定：①企业应在产品或其说明书、包装物上标注所执行的国家标准、行业标准、地方标准或企业标准的代号、编号和名称；②企业的出口产品在国内销售时，属于我国强制性标准管理范围的，必须符合强制性标准的要求；③企业在新产品研制开发、产品改进和进行技术改造时，也应当符合相关的标准化要求。对于标准实施特别是强制性标准实施中的违规行为，《标准化法实施条例》给出了相应的处罚规定，直至追究法律责任。由此可见标准化为水运工程试验检测规程与规范的实施提供了重要的技术支撑。

1.1.1.3 标准化是未来水运工程检测设备抽检和产品认证的依据

标准不仅是生产企业组织生产的依据，也是国家及社会对产品进行监督检查的依据。《中华人民共和国产品质量法》第十条规定："国家对产品质量实行以抽查为主要方式的监督检查制度"，监督检查的主要依据就是产品标准。通过国家组织的产品质量监督检查，不仅促进产品质量提高，反过来对标准本身的质量完善也是一种促进。

标准是否被企业实施是一个方面，企业是否有能力实施标准是另一个方面，也就是符合标准的合格评定或产品认证。《标准化法》第十五条规定：企业对有国家标准或者行业标准的产品，可以向国务院标准化行政主管部门或者国务院标准化行政主管部门授权的部门申请产品质量认证。认证合格的，由认证部门授予认证证书，准许在产品或者其包装上使用规定的认证标志。产品质量认证是自愿的，包括合格认证和安全认证。实行合格认证的产品应符合有关国家标准和行业标准的要求，实行安全认证的产品应符合强制性国家标准和行业标准的要求。

我国水运工程检测设备抽检与产品认证还是一个相当薄弱的环节。为了扭转这种局面，急需尽快建立一套比较完整的水运工程检测设备标准化体系;建立健全水运工程检测设备质检机构;建立健全水运工程检测设备抽检与产品认证程序;建立健全我国水运工程检测设备市场准入机制。

1.1.1.4 标准化是水运工程检测设备新产品定型鉴定的参考

标准化是科研、生产和使用三者之间的桥梁。一项科研成果,包括新产品、新工艺、新材料和新技术,开始只能在小范围内试验和试制。只有在试验成功,并经过技术鉴定,纳入相应标准之后,才能得到迅速推广和应用。例如 2017 年由交通运输部天津水运工程科学研究院起草制定的《多波束测深仪 浅水》(JT/T 1154—2017)吸收了国内外多波束测深仪生产与使用过程的许多科研成果,形成了浅水多波束测深仪的行业标准,对指导我国新型多波束测深仪定型鉴定,促进设备自主研发、生产、检验与使用,提高产品质量具有重要参考价值,未来相关机构还将继续开展中水与深水多波束测深仪的标准化工作,形成多波束测深仪产品定型鉴定全过程的标准综合体。

水运工程检测设备标准化工作是随着国民经济的发展和水运工程建设的需求逐步发展起来的,特别是党的十一届三中全会以来,党和国家高度重视水运工程标准化工作,并采取积极的政策和措施,推动标准化工作前进。标准化工作的机构设置、标准管理、人员和资金投入等都发生了根本变化,各级政府、企事业单位和计量检定机构对标准化工作的认识空前提高。标准化工作的管理、标准体系的建立、标准的制修订、标准的实施管理和监督、标准的宣贯培训和复审等工作,也逐步走向科学化和规范化,为促进水运工程全面协调可持续发展,提供了坚实的技术基础和可靠保障。

2014 年交通运输部发布了《交通运输部关于加强和改进交通运输标准化工作的意见》(交科技发〔2014〕169 号),《交通运输部办公厅关于印发〈落实《关于加强和改进交通运输标准化工作的意见》任务分工方案〉的通知》(交办科技〔2014〕203 号)和部组织制定和颁布的水运工程行业标准,是水运工程检测设备标准化工作的基础文件和指导标准。

水运工程检测设备标准化工作是提高水运工程建设质量和安全的重要保障,是提高国际竞争水平的重要途径,其对提高水运工程建设效率、促进技术进步和资源合理利用、实现统一协调和质量一致、构筑技术壁垒具有决定性作用。

1.1.2 水运工程检测设备计量的意义

1.1.2.1 水运工程检测设备计量促进交通计量技术全面发展

交通计量是有关交通运输行业测量的一门科学,是实现交通运输专用检测仪器设备单位统一、量值准确可靠的活动。交通计量是国家质量体系和国家计量体系的重要组成部分,是保证交通运输行业基础设施建设质量和国民经济发展的重要技术基础。2017 年 5 月 20 日世界计量日的主题是“计量与交通”。“交通运输中的测量”包含了铁路交通计量、公路交通计量、管道运输计量、航空运输计量、水路交通与港口计量等。交通运输行业计量服务体系不断完善,计量技术能力得到显著提升,有力地促进了交通运输行业的转型升级。水运工程检测设备计量还存在着一些缺失与盲区,尚未走在整个交通计量体系的前端,但是在近 20 年的发展过程中,针对困扰水运工程精确测量长期滞后的状况,开展了一系列关键技术研究,取得了诸多具有鲜明行业特色的创新成果，对完善交通行业计量体系、提升水运工程计量效能、促进行业计量的科学化、保持测量技术与时俱进，以及满足交通事业发展需求等方面，具有重要的指导意义。

1.1.2.2 水运工程检测设备计量保证水运工程建设安全质量

我国有着长达3万多公里的海岸线以及众多的河流，随着国民经济的发展，对外开放的不断深入，国内外贸易不断增加，特别是加入WTO以后，我国沿海及内河各港口的建设和西部航运开发建设大大加强，一大批内河航运枢纽和港口工程正在建设之中。百年大计，质量第一，这些工程直接关系着国计民生。目前，我国水运工程在工程勘察、施工、监理、原型观测及检测中涉及数百种检测仪器，但长期以来由于缺乏对仪器的规范管理，一部分仪器设备长期处于未经检定使用的状态，严重影响测量数据的准确性和可靠性。而生产仪器的厂家所依据的标准大都是相关领域的技术标准或是企业标准，专门针对水运工程检测仪器设备本身的行业技术标准和检定规程很少。随着科学技术的发展，水运工程计量领域的新技术和新仪器不断涌现，计量检定方法越来越多，仪器更新换代越来越快，这对计量检定、校准工作提出了更高的技术要求。

为了确保工程质量，除了人的因素之外，使用相应的检测仪器对水运工程建设进行监测和检测已成为保证工程质量的有效方法，因此，这些检测仪器的可靠性、稳定性和准确性就非常重要。如果检测仪器的自身性能存在问题，那么测量出来的数据与结果就不准确，这必然给水运工程建设留下隐患，同时给国家利益和人民生命财产带来威胁。只有采用严格检定合格的检测仪器设备对工程各环节进行监测和检测，才能保障工程质量得到有效的控制，才能更有效地保证水运工程的质量管理和安全运行。因此，必须对这些检测仪器设备的计量性能进行研究。

1.1.2.3 水运工程检测设备计量确保仪器测量过程准确可靠

水运工程检测设备涉及港口近海工程建设、航道整治与通航、水工结构检测、勘察与测绘、水文环境监理等多个领域。定期对仪器进行计量检测、实时对工程建设中的数据进行监测具有重大的研究与应用价值。水运行业所用到的检测仪器设备大多都属于计量器具，从计量管理的角度将其划分为结构类、材料类、水文地质测绘类、港口机械类和助航设施类5类。目前国内已有一部分针对检测设备的计量检定规程，但水运工程领域的很少，具有明显水运专业特色的检测仪器设备有113种，已完成的水运工程检测设备计量技术规范只有30余项，已建立的部门最高计量标准只有12项，缺口还很大。而在新技术、新工艺、新结构快速发展的今天，如果再用人工简单定性的方法检定/校准检测仪器设备肯定是不符合要求的。一方面，旧有计量检定/校准方法已不能很好地适应计量发展的需求，亟待人们去总结、提高和推广新的计量检定方法，并对其加以规范，以提升计量检定/校准技术水平。另一方面，由于检测设备的种类繁多，只有通过广泛的工程调研、总结和归纳，同时结合国内外先进的理论水平和专业技术，依据水运工程专业特点对检测内容、检测技术与方法，提出适用于水运工程检测仪器设备的计量检定规程和校准规范，才能使计量检定/校准工作更加科学可靠，才能使检测设备测量过程准确无误。

1.2　水运工程检测设备标准化与计量的发展历程

1.2.1　水运工程检测设备标准化发展历程

在现代高新技术竞争中,标准竞争已经超越产品市场占有率竞争而成为市场竞争的主流。事实上,人类的各种生产和生活活动都是在成千上万项标准的规范下进行的。不难想象,如果没有医药卫生和安全方面的标准,人们的健康和安全就得不到保障;如果没有量和单位方面的标准,各种商贸活动就无法进行;如果没有产品质量方面的标准,各种假冒伪劣产品就会泛滥成灾;如果没有信息技术方面的标准,各种信息网络就会瘫痪;如果没有统一的电压和轨距标准,电网和铁路网就无从谈起;如果没有各种公差配合标准和接口标准,那么各种设备和器具也就不可能正常运转。

1.2.1.1　标准化的定义及发展历史

国家标准《标准化工作指南　第1部分:标准化和相关活动的通用词汇》(GB/T 2000.1—2002)对"标准化"给出了如下定义:"为在一定范围内获得最佳秩序,对现实问题或潜在问题制定共同使用和重复使用的条款的活动"。(注:①上述活动主要包括编制、发布和实施标准的过程。②标准化的主要作用在于为了其预期目的改进产品、过程或服务的适用性,防止贸易壁垒,并促进技术合作。)标准化是现代名词,但它的产生却由来已久。人类有意识地制定标准,是由社会分工所引起的。在古代历史上,人类社会曾经进行过两次社会大分工。第一次是农业和畜牧业的分离;第二次是手工业从农业中分离出来。经过这两次社会大分工以后,人类社会开始出现了专门的农业、畜牧业以及手工业。随着生产的发展和手工业技术的进步,手工业内部的细密分工和手工业技术的规范化成为这一时期手工业发展的突出特点。春秋末期齐国人著有《考工记》,书中记载了30项手工生产技术的技术规范和制造工艺。记述春秋战国史实的《周礼・考工记》中载有:"审曲面势,以伤五材,以辨民器",说的是制作器物要规定型式,选定材料,适合人民需要。更为著名的还有秦始皇统一度量衡事件。秦统一中国以后,颁布了各种律令,对计量器具、文字、货币、道路、兵器等进行了全国规模的统一化,这些措施对当时经济和文化的发展,起到了非常重要的促进作用。自秦朝起,历代皇朝不仅开始用法律规定度量衡及其他一些器物的标准,还具体规定了违反标准的罚则。可以说古代中国在当时的世界范围内率先建立了统一的标准化体系。

近代标准化是近二三百年发展起来的,是对古代标准化的继承和发展。但是就两者建立的物质基础来说,却有着截然不同的区别。古代标准化是建立在传统手工业生产的物质技术基础之上的,在经济发展中的作用并不突出;而以机器大工业为基础的近代标准化则是伴随着生产工业化的发展而衍生的。

1935年,英国著名工程师惠特沃思设计的螺纹标准成为标准界的先驱。1841年,英国采用他的设计并形成统一的螺纹制度,被称为惠氏螺纹。后来,美国、英国和加拿大将惠氏螺纹统一成英制螺纹,其获得了广泛应用。螺纹标准对于工业化来说是里程碑式的标准,也是标准连接世界的一项重要范例。

18世纪90年代,法国科学家建立公制计量制度,是较早涉及标准化领域的一项基础性标准。同一时期,美国人艾利·惠特尼(Eli. Whitney)在制造武器过程中运用样板和量规,制造了具有互换性的零部件,并且大批量生产出来,这是向现代标准化迈进的重要一步。1898 年,美国成立了第一个行业性的标准化组织——美国试验和材料学会(ASTM)。1901 年,世界上出现第一个国家标准化团体——英国工程标准委员会,标志着标准化步入了一个新的发展阶段。1906 年,根据国际电工会议的决议,创立了世界级的标准化组织——国际电工委员会(IEC)。在 1916—1928 年的 10 年间,有 18 个国家正式成立了国家级标准化机构。机构成立不久,它们就意识到"共同协作"对于标准化在国际上的协调与统一的重要性。1921 年,比利时、加拿大、荷兰、挪威、瑞士、英国和美国 7 个国家达成协议,定期交流相关的标准发展情况。1926 年,国际标准化协会(ISA)成立。1943—1947 年,它临时由联合国标准协调委员会(UNSCC)代替。1947 年,国际标准化组织(ISO)成立并同国际电工委员会达成协定,国际电工委员会承担电气与电子工程领域的标准化工作,而国际标准化组织承担包括除电气与电子工程以外的所有技术领域的标准化工作。这两个专门从事标准化工作的国际组织机构不仅管理着工业领域,还活跃在农业和其他领域。人类的标准化活动由企业规模步入国家规模,进而扩展为世界规模。现在,国际标准化组织包含 89 个国家的标准化团体成员。中国标准化协会于 1978 年重新参加这一组织。该组织每 3 年举行 1 次大会。在 1982 年 9 月的第 12 次大会上,中国被选为理事会成员。国际电工委员会现有 43 个成员国,中国于 1957 年参加,且于 1980 年 6 月被选为这个组织的执行委员。

20 世纪 90 年代后期,特别是进入 21 世纪以来,国际形势发生了翻天覆地的变化。全球经济一体化进程不断加快,贸易的全球化、制造业的全球化正以势不可挡的趋势飞速发展。诺贝尔经济学奖获得者丁伯根(J. Tinbeigen)认为:"经济一体化就是将有关阻碍经济有效运行的人为因素加以消除,通过互相协调统一,创造最适宜的经济结构。"在国际贸易中,各国的产品规格和计量单位不同,这使跨国生产与经营的主体受限,极大地束缚了跨国生产与贸易的发展。面对来自不同国家和地区的产品和服务,各国消费者也会因为不同的标识方法而无从比较和选择。因此,生产者和消费者都希望有一个统一的尺度来表述产品的质量和其他信息,以减少产品各方面相关信息的不对称性。统一的国际标准正好能担此重任。标准的国际化作为协调各国经济共同发展的技术纽带,既能够向国际社会传播先进实用的生产方式,也能够在技术上协调统一,减少和消除产品及其相关要素的移动障碍,其已成为各国政府和学者认真研究的重要课题。

当今时代,国际标准对市场有序运行的影响越来越大,且已成为市场竞争中的有效武器。一项标准被合理有效地使用,不仅能够带来巨大的经济效益,有时还能够决定一个行业整体的兴衰。

我国标准化工作起源于新中国成立以后。1949 年中央技术管理局成立,内设标准化规格处。在 1955 年制定的国民经济第一个五年计划中,提出了设立国家管理技术标准机构和逐步制定国家统一技术标准的规划。1957 年,国家技术委员会内设标准局,统一领导全国的标准化工作,同年加入国际电工委员会(IEC)。

1958 年国家技术委员会颁布第一号国家标准《标准幅面与格式、首页、续页与封面的要求》;1962 年,国务院发布我国第一个标准化管理法规《工农业产品和工程建设技术标准管理办法》;1963 年,召开第一次全国标准化工作会议,制定了《1963—1972 年标准化发展规划》。

截至1966年,我国已颁布国家标准1000多项。

1978年,国家标准总局成立,同年加入国际标准化组织(ISO),如图1-1所示。1988年,全国人大通过了《中华人民共和国标准化法》,我国标准化工作开始进入法制管理阶段。国家技术监督局负责全国标准化管理工作,1998年改名为国家质量技术监督局,直属国务院领导,统一管理全国标准化、计量和质量工作。2001年,国家质量技术监督局与国家出入境检验检疫局合并组建国家质量监督检验检疫总局,如图1-2所示,同年成立中国国家标准化管理委员会。

图1-1 国际标准化组织

图1-2 国家质量监督检验检疫总局

1.2.1.2 水运工程标准化历史沿革

我国水运工程标准化工作,几乎是同新中国成立后的水运工程建设同时起步的。20世纪50年代,主要是翻译借鉴苏联规范,研究我国需要编制哪些标准规范。60年代初,陆续编制了总体设计、混凝土结构设计和方块码头、沉箱码头施工等规范。

20世纪70年代,陆续完成了河港总体、重力式码头、高桩码头、斜坡码头和浮码头、地基、桩基、混凝土结构设计、混凝土施工、防波堤、海港水文、测量、地质勘察、荷载、混凝土试验、制图和海港总体等规范的编写工作。以后又新增海港钢筋混凝土结构和预应力混凝土结构防腐蚀、钢结构防腐蚀、抗震设计、节能等规范。到80年代,已形成较为完整的港口工程技术规范的框架雏形,1986年正式成立《港口工程结构可靠度设计统一标准》编制组,于1992年完成并颁布实施,这标志着我国港口工程结构设计步入以可靠度理论为基础的概率极限状态设计新境界,我国港工结构规范具备了根据更科学、更合理的理论来修订的条件。

20世纪90年代,除完成了港工结构规范的全面修订外,还完成了河港工程设计规范和海港总平面设计规范的修订工作。至1999年底,已发布的水运工程建设行业标准划分为11类,水运工程建设标准体系已初步形成。

21世纪的第一个十年是我国水运工程建设大发展的十年。2007年6月,交通部发布《水运工程建设标准体系表》,对2001体系进行了修订,将水运工程标准体系结构分为三个层次:第一层反映了国民经济建设领域所具有的共同特征,按水运工程的管理程序分为工程建设管理类、工程建设技术类和工程维护技术类等门类;第二层反映了服务于水运工程建设活动不同对象的共性标准,按水运工程建设程序分为综合标准、勘测标准、设计标准、施工标准、试验检

(监)测标准、监理标准、质量检验标准和工程定额标准等分类;第三层由通用、基础标准(T)和专用标准(Z)组成,体现了水运工程行业的特色,专用标准又分为港口工程标准(Z1)、航道工程标准(Z2)、船厂水工工程标准(Z3)、支持系统标准(Z4)四个专业类别,充分反映了专业性质的共性标准。

随着我国经济社会的快速发展,07 体系已不能适应时代要求。2018 年,交通运输部发布《水运工程标准体系》,自 2018 年 4 月 1 日起施行。新版体系是在 07 体系的基础上,将名称由"水运工程建设标准体系表"改为"水运工程标准体系"。修订后的水运工程标准体系结构共分为三个层次,将 07 体系中的第一层次"工程建设管理类""工程建设技术类"和"工程维护技术类"分别修改为"工程管理类""工程建设类"和"工程维护类";第二层次中增加了"规划类""安全类""节能环保类"和"工程信息类"标准,删除了"质量检验类"标准,将"试验检(监)测标准"拆为"试验类标准""检测与监测类标准";第三层次中增加了"航运枢纽及通航建筑物工程""港航设备安装工程""水上交管工程"专用标准,删除了"支持系统标准"。本次录入体系表中的标准项共 150 项,每项赋予一个体系号,以便于体系表的管理。本次修订同时对 07 体系中的标准项目库进行了调整和完善。

我国各地方水运工程标准化研究工作刚刚起步,目前水运工程地方标准统计共 74 本,不及公路建设地方标准(275 本)的 1/3。全国近 1/2 的省份地方标准数量为 0,另 1/2 省份地方标准以 1 ~5 本居多,地方标准比较多的为浙江省、江苏省,分别是 22 本、9 本。

1.2.1.3 水运工程检测设备标准化发展历程

水运工程检测设备标准化工作起始于 2001 年。随着水运工程建设事业的发展,新技术、新工艺、新材料不断得到应用,为了加强对水运工程建设中检测设备的宏观管理,完善和提高检测设备的质量和技术水平,标准化工作刻不容缓。水运工程检测设备标准的制定、实施与监督有助于行业管理部门和技术支撑单位进一步找准行业发展短板,确保这些仪器设备的测量准确性、稳定性和可靠性。

水运工程检测仪器设备按其检测内容可分为:结构、材料、水文地质测绘、港口机械和助航设施五类。作为交通运输标准化体系的重要部分,水运工程检测设备的标准化工作相比其他行业起步较晚,这是由于检测仪器本身的类别多、数量大、管理归类不明确等原因造成的。水运工程检测设备标准化工作仍处于起步阶段,主要由国家水运工程检测设备计量站和全国港口标准化技术委员会水运工程检测仪器标准工作组负责行业技术标准的起草、讨论、审定、报批工作,同时组织、实施标准交流、培训、宣贯及相关的标准化活动。目前具有明显水运专业特色的检测仪器设备有 113 种,已完成的水运工程检测设备行业标准只有 30 余项。

总的来讲,水运工程检测设备标准化工作还存在诸多不足。①标准体系尚需完善。水运工程检测设备种类繁多,涉及专业范围广且专业性较强,随着水运科学技术的进步,对水运工程检测设备提出越来越高的要求,现行标准体系暴露出许多不适应的地方。一是标准的技术内容老化滞后,标龄过长难以适应新型检测设备与方法,需要对部分内容进行修订和更新。二是标准的结构不够合理,涵盖面尚不完善,基础标准、通用标准较少;②标准缺口较大。目前仅有的 30 余项行业标准不能满足日益发展的行业需求,很多检测设备面临无处送检的局面,因此急需全力开展水运工程检测设备标准化工作,弥补标准缺口;③标准实施与监督的措施和力度还不够。制定标准、组织标准实施、监督标准实施是标准化工作的三大任务,但是重制定、轻实施、无监督的现象司空见惯，大部分标准束之高阁，无人问津；④尚未与国际标准接轨。由于过去缺乏对国际标准和国外先进标准的研究，现有标准难以与国际标准接轨，标准指标体系很难适应水运工程检测设备参与国际市场竞争的需要。⑤标准化组织与管理机构薄弱、从业人员不足、宣传培训力度不够、服务网络缺失等。

1.2.2　水运工程检测设备计量的发展历程

1.2.2.1　计量的定义及发展历史

计量的概念目前在国内有很多种说法，还没有一个统一的定义。大多数人认为计量就是准确的测量，2001 年出版的《质量标准化计量百科全书》中将计量定义为“计量是实现单位统一，保障量值准确可靠的活动。”这一定义目前得到了大多数计量工作者的认可。标准、计量、合格评定（检验检测和认证认可）共同构成国家质量基础，已成为未来世界经济可持续发展的三大支柱。计量在国民经济发展、国防建设、科学研究和社会生活中具有不可替代的作用，是社会经济和科学活动的技术基础和基本手段，关系国计民生。计量的发展具有悠久的历史，大体上可以分为原始、经典和现代三个阶段。

1）原始阶段

原始阶段：以权力和经验为主，大多利用人、动物或自然物作为计量基准。根据古籍记载，大禹在带领民众治理水患、划分九州的过程中，以自己身体的尺度和重量为依据，建立了初步的度量衡制度，如图 1-3 所示；公元前 221 年，秦始皇统一中国后即颁布诏书，建立了全国统一

a）举步为跬

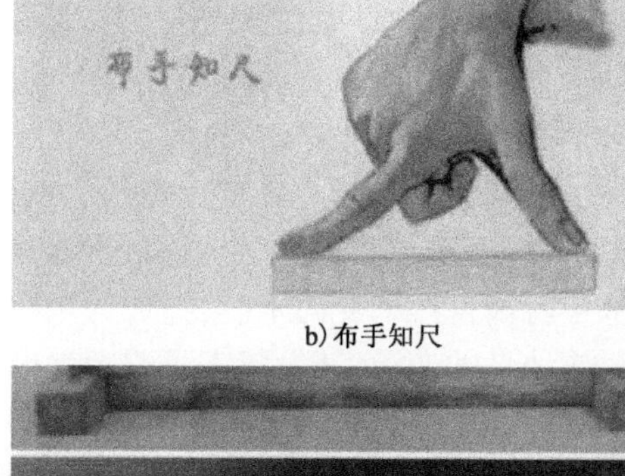

b）布手知尺

c）掬手为升

d）律管

图　1-3

e)日晷

f)铜权

图 1-3　我国古代计量手段

的度量衡制度,其中大部分度制和量制采用十进制,并采用定期检定计量器具的法制管理办法;古埃及的尺度是以人的胳膊到指尖的距离为计量基准,称之为"腕尺"(46cm);英国的码(yd)是亨利一世将其手臂向前平伸,从其鼻尖到指尖的距离(1yd = 0.9144m);英尺(ft)是查理曼大帝的脚长(1ft = 0.3038m);英寸(in)是英王埃德加的手指关节的长度(1in = 25.4mm);而英亩(acre)则是两牛同轭,一日翻耕土地的面积(1acre = 4046.8m^2)。

2)经典阶段

经典阶段:一个以宏观现象与人工实物为科学基础的阶段。从世界范围看,1875 年"米制公约"的签订,可认为是经典阶段的开始。为什么确定 5 月 20 日为世界计量日呢?这是因为 1875 年 5 月 20 日,20 个国家中的 17 个全权代表签订了闻名世界的"米制公约"。例如,根据地球子午线 1/4 长度的千万分之一建立了铂铱合金制的米源器;根据 1m^3 水在规定温度下的质量建立了铂铱合金制的千克源器;根据地球绕太阳公转周期确定了时间单位秒等。它们形成一种基于所谓自然不变的米制,并成为国际单位制的基础。但是这类宏观实物基准随着时间的推移或地点的变动,其量值不可避免地受物理或化学性能缓慢变化的影响而发生漂移,从而影响了复现、保存,并限制了准确度的提高。实际上英国物理学家、数学家 J. C 麦克斯韦在 1870 年曾指出,长度、质量和时间应当建立在原子波长、频率和原子质量中,而不是在运动着的星体或物体上。

3)现代阶段

现代阶段:以量子理论为基础,由宏观实物基准过渡到微观量子基准。国际上已正式确立的量子基准有长度单位米基准、时间单位秒基准、电压单位伏特基准和电阻单位欧姆基准。从经典理论来看,物质世界在做连续、渐进的宏观运动;而在微观量子体系中,事物的发展是不连续的、跳跃的,也是量子化的。由于原子的能级非常稳定,跃迁时辐射信号的周期自然也非常稳定,因此,跃迁所对应的量值是固定不变的。这类微观量子基准,包括 1960 年用氪 86 原子的特定能级跃迁所定义的米、1967 年用铯 133 原子特定能级跃迁所定义的秒等,极大地提高了 SI 基本单位的准确性、稳定性和可靠性。但是它们仍与某种原子的特定量子跃迁过程有关,因而尚不具备普适性。显然,最好的方案莫过于用基本物理常量(普适常量)来定义计量单位。例如,1983 年将米定义为光在真空中 1/299792458s 的时间间隔内所行进的长度,即认为真空中光速作为一个定义值,恒为 299792458m/s(约为 30 万 km/s);而长度事实上变成了时间(频率)的导出量。这种定义通过不变的光速给出了空间和时间的联系,使得新定义的米只依赖于目前测量不确定度最小(10^{-15}量级)的频率,从而具有准确性、稳定性、可靠性和普适性。

1959 年,我国国务院发布《关于统一计量制度的命令》,确定以米制为我国的基本计量制度,人们日常生活已经习惯通用的市制可以保留,还公布了《统一公制计量单位中文名称方案》。国际单位制创建以后,国家计量部门积极准备推行工作。1977 年国务院颁布了《中华人民共和国计量管理条例(试行)》,其中第三条规定:“我国的基本计量制度是米制,逐步采用国际单位制,目前保留的市制,要逐步改革。”1978 年成立国际单位制推行委员会,负责推行国际单位制的工作。1984 年国务院又发布了《关于在我国统一实行法定计量单位的命令》,1985 年 9 月 6 日,全国人大常委会通过《中华人民共和国计量法》,标志着中国的计量工作纳入了法制计量管理的轨道,计量法律、法规体系已基本完成。经过半个世纪的努力,在中国逐渐形成了门类基本齐全,技术上比较先进的计量基准、标准体系,以及比较完整的计量机构体系。2013 年 3 月,国务院发布了《计量发展规划(2013—2020 年)》,进一步体现了党中央、国务院对计量工作的重视,这对于促进我国计量事业发展、增强国家核心竞争力,都具有十分重要的意义。

20 世纪 70 年前,中国的老百姓还不知道“计量”为何物,当将其解释为“尺、斗、秤”的时候,似乎才恍然大悟,认定这是“修秤”“计粮”的低水平服务工作,绝非戏言,而是事实。新中国成立初期,之前留下的所谓计量的摊子,是一些杂乱落后的古代度量衡器具和管理机构。根本没有当时各工业国已经拥有的,以力学、热工、电学计量为标志的近代物理计量工作。70 年后的今天,我们已经跨越了西方近代物理计量工作的完整阶段,而拥有了一个规模空前庞大完整且科技水平可跻身世界先进行列的现代化国家计量体系。

1.2.2.2 水运工程计量的历史沿革

水运是交通运输发展的重要组成部分,水运计量属于工程计量,涉及港口近海工程建设、航道整治与通航、水工结构检测、勘察与测绘、水文环境监理等各个领域。水运专用检测仪器设备的稳定性与测量数据的准确性直接关系到工程建设的安全与质量,为此,定期对仪器进行计量测试、实时对工程建设中的数据进行监测具有重大的研究与应用价值。

然而,目前水运行业检测单位对测量仪器设备定期计量检定的重要性认识不足,加上没有相应法律法规和政策来约束,缺少具有法定授权的专业检定部门等各种因素,导致目前水运行业检测仪器的计量工作发展滞缓,许多问题有待解决。

因此,为了规范水运工程检测仪器计量检定工作,使其更好地为水运行业保驾护航,急需摸清目前水运行业检测仪器的使用、维护和管理工作现状,明确检测仪器计量检定工作的总体思路;研究并制定检测仪器计量检定规范化的监督检查制度,形成长期有效的机制供政府主管部门参考决策。

由于水运工程计量工作开展时间较短,在工作初期受到国家和地方质检系统政策的约束,使得水运工程检测仪器的计量工作几乎全部由社会公用计量单位承担。2004年“交通水运工程检测仪器计量检定中心”成立,是交通水运工程检测仪器唯一的专业计量机构,对外开展检定/校准的项目仅有6项,其中包括浅水回声测深仪检定装置、闸门开度计检定装置、非金属声波检测仪检定装置、基桩动测仪检定装置、桩基静载仪检定装置、混凝土回弹仪检定装置。2015年国家水运工程检测设备计量站(前身是交通水运工程检测仪器计量检定中心)正式获得国家质检总局的授权,成为交通水运工程领域唯一一家法定计量检定机构,共有声速剖面仪等15种计量标准获得授权,可面向全国开展18种检测仪器的检定和校准工作。承担或参与制修订的水运工程检测设备行业标准20余项,主要负责水运工程领域检测仪器设备的量值传递工作。

截至2017年,交通运输部已发布的水运行业部门计量检定规程只有24个,列入计划及在编的有19个,待编的约有100个以上,缺口较大。与实际需求相比,水运工程检测仪器设备仍存在计量检定规程或规范数量少、编写效率低、体系结构不尽合理的问题。随着社会经济和交通运输事业的发展,水运行业的仪器设备种类越来越多,计量检定规程或规范的不足严重制约了水运计量工作的开展。过去水运行业的部门计量检定规程制修订工作一直由全国港口标准化技术委员会代管,由于各自专业基础和技术特点差异较大,导致了规程归口不规范、审查专家不对口、技术内容不合理、无校准规范设立窗口等问题,现在水运工程行业部门计量检定规程的归口单位是全国水运专用计量器具计量技术委员会,该技术委员会于2017年5月20日正式揭牌成立,今后将规范管理水运领域计量检定规程、计量校准规范的制修订工作,解决长期困扰水运行业计量技术法规不能很好满足行业发展需求的问题,保证水运领域量值的准确、一致,提高计量专业人员的信心与热情,发挥水运计量的基础性技术支撑作用,推动全国水运计量工作的健康稳定发展。水运任重道远,计量继续前进。

1.3 本书的体系结构

本书的目的是全面系统地阐述水运工程检测设备标准化与计量的基本概念、综合知识、理论与技术体系,有效整合构建水运工程检测设备标准化与计量发展框架,以期为继续推进“四个交通”建设和助力交通运输现代化转型升级保驾护航。

全书共分为7章。第1章绪论,阐述了标准化与计量在水运工程领域突显的重要性和意义,叙述了水运工程标准化与计量的发展历程;第2章介绍标准化与计量综合知识,如国内外标准化与计量组织,有关法律、法规,基本术语等,论述了标准化与计量的辩证关系;第3章介绍水运工程检测设备标准化体系,概述了交通运输标准化体系,重点论述了水运工程检测设备标准化体系构成,系统介绍了水运工程检测设备行业标准的主要内容及应用;第4章论述了水运工程检测设备计量体系,如交通运输计量体系概述,水运工程检测设备计量管理体系、计量技术体系等,系统介绍了水运工程检测设备部门计量检定规程的主要内容及应用;第5章介绍水运工程检测设备计量技术,包括水运工程计量技术综述、桩基静载仪检定/校准技术、测深仪检定/校准技术、基桩动态测量仪检定/校准技术、声速剖面仪检定/校准技术等,以及正在开展的新领域水运工程计量技术研究;第6章水运工程计量工作专业实务,介绍计量检定、校准和检测的实施,计量标准的建立、考核和使用,检定证书、校准证书和检测报告等专业实务;第7章阐述水运工程检测设备标准化与计量发展要求及任务,分析了水运工程检测设备标准化与计量的发展趋势,明确并规划了水运工程检测设备标准化与计量发展的目标任务。

第2章　标准化与计量综合知识

2.1　标准化综合知识

2.1.1　对标准化的基本认识

标准化不是一个孤立的事物,而是一项活动过程。这个过程是由3个关联的环节组成,即制定、发布和实施标准。标准是标准化活动的产物。标准化的目的和作用,都是要通过制定和实施具体的标准来体现的,这是标准化的基本任务和主要内容。

标准化是一个永无止境的循环上升过程,即制定标准,实施标准,在实施中随着科学技术进步对原标准适时进行总结、修订,再实施。每循环一周,标准就上升到一个新的水平,充实新的内容,产生新的效果。

标准化是一个不断扩展的过程。过去标准化工作主要在工农业生产领域,现在已扩展到安全、卫生、环境保护、交通运输、行政管理、信息代码等。由最初制定产品标准、技术标准,到现在制定管理标准、工作标准,标准化正随着社会科学技术进步而不断地扩展和深化自己的工作领域。

标准化的目的是“获得最佳秩序和社会效益”。最佳秩序和社会效益可以体现多方面,如在生产技术管理和各项管理工作中,按照 GB/T 19000《质量管理体系　基础和术语》建立质量保证体系,可保证和提高产品质量,保护消费者和社会公共利益;简化设计,完善工艺,提高生产效率;扩大通用化程度,方便使用维修;消除贸易壁垒,扩大国际贸易和交流等。应该说明,定义中“最佳”是从整个国家和整个社会利益来衡量,而不是从一个部门、一个单位、一个企业、一个地区来考虑的。尤其是环境保护标准化和安全卫生标准化主要是从国计民生的长远利益来考虑。在开展标准化工作过程中可能会遇到贯彻一项具体标准对整个国家会产生很大的经济效益或社会效益,而对某一个具体单位、具体企业在一段时间内可能会受到一定的经济损失。但为了整个国家和社会的长远经济利益或社会效益,我们应该充分理解和正确对待“最佳”的要求。

2.1.2　标准化法律、法规或规章

2.1.2.1　标准化法

为了发展社会主义商品经济,促进技术进步,改进产品质量,提高社会经济效益,维护国家和人民的利益,使标准化工作适应社会主义现代化建设和发展对外经济关系的需要。

《标准化法》是中华人民共和国第七届全国人民代表大会常务委员会第五次会议于1988年12月29日通过的,自1989年4月1日起施行。分为五章二十六条,其主要内容是:确定了

标准体系和标准化管理体制,规定了制定标准的对象与原则以及实施标准的要求,明确了违法行为的法律责任和处罚办法。其中包括,总则:主要规定了立法的宗旨、调整的范围、标准化工作的基本任务和管理体系;标准的制定:主要规定了我国标准的体制、规定部门、制定原则和程序;标准的实施与监督:主要规定了标准实施的要求、监督机关、检验机构的设立和标准争议的处理;法律责任:主要规定了几种标准化违法行为和相应的法律责任;附则:规定了标准化法实施条例的制定机关、标准化的生效日期。2017 年 11 月 4 日新修订的《标准化法》由十二届全国人大常委会第三十次会议通过,自 2018 年 1 月 1 日起施行。

2.1.2.2　标准化行政法规

《标准化法实施条例》是我国主要的标准化行政法规,于 1990 年 4 月 6 日由国务院第 53 号令发布,根据《标准化法》的规定,制定本条例。本条例由国家技术监督局负责解释。全文共六章四十四条。第一章 总则;第二章 标准化工作的管理;第三章 标准的制定;第四章 标准的实施与监督;第五章 法律责任;第六章 附则。

《标准化法实施条例》对于落实《标准化法》的实施提出了具体的规定。目的是为了加强发展社会主义商品经济,促进技术进步,改进产品质量,提高社会经济效益,维护国家和人民的利益,使标准化工作适应社会主义现代化建设和发展对外经济关系的需要。

2.1.2.3　标准化规章

作为标准化工作的主管部门,原国家技术监督局颁布了一系列更加细化的规章,内容基本涵盖了各类标准的制定、修订,标准出版、标准管理以及工业、农业、能源、交通等行业的标准化管理,初步建立起我国标准化法律法规的体系。

为了促进各类标准化规章的制定程序科学化,编写格式规范化,并提高规章的质量和工作效率,国家标准化行政部门根据有关规定制定了《关于标准化规章制定程序的规定》,统一明确规定:以某一方面标准化工作做部分的规定称之为“规定”;对一项标准化工作做较具体的规定则称之为“办法”。标准化规章的内容一般应包括制定目的、适用范围、主管部门;具体规定的内容一般应包括制定目的、适用范围、主管部门、具体规定内容、奖惩办法和实施日期等。要求结构严谨,逻辑性强,条理清晰,文字准确简明,不要使用修饰性语句或宣传工作性语言。

2.1.2.4　我国主要标准化法律、法规及规章一览表

标准化法律、法规和规章是我国经济法规体系中的重要组成部分,其发布情况如表 2-1 所示。它们和其他经济法规的关系是互相渗透、互相促进的关系,共同为社会主义现代化建设发挥法制的力量,而联系它们的纽带就是标准。

我国主要标准化法律、法规及规章一览表　　表 2-1

序号	名　称	颁布机构	发布日期
1	中华人民共和国标准化法	全国人大	1989 年 4 月 1 日
2	中华人民共和国标准化法实施条例	国务院	1990 年 4 月 6 日
3	中华人民共和国标准化法条文解释	国家技术监督局	1990 年 7 月 23 日
4	国家标准管理办法	国家技术监督局	1990 年 8 月 24 日
5	行业标准管理办法	国家技术监督局	1990 年 8 月 24 日

续上表

序号	名　　称	颁布机构	发布日期
6	地方标准管理办法	国家技术监督局	1990年9月6日
7	企业标准管理办法	国家技术监督局	1990年8月24日
8	农业标准管理办法	国家技术监督局	1991年2月26日
9	能源标准管理办法	国家技术监督局	1990年9月6日
10	采用国际标准和国外先进标准管理办法	国家技术监督局	1993年12月13日
11	技术引进和设备进口标准化审查管理办法	国家标准总局	1984年12月15日
12	机电新产品标准化审查管理办法	国家标准总局	1981年3月14日
13	标准档案管理办法	国家技术监督局	1991年10月28日
14	国家实物标准管理办法	国家标准总局	1986年1月2日
15	标准情报工作管理办法	国家技术监督局	1991年3月12日
16	信息分类编码标准化管理办法	国家技术监督局	1988年5月7日
17	标准化科技成果奖励办法	国家技术监督局	1990年5月9日
18	全国专业标准化技术委员会章程	国家技术监督局	1990年8月24日
19	棉花品级实物标准管理办法	国家技术监督局	1985年3月7日
20	产品质量监督试行办法	国家技术监督局	1992年1月30日
21	产品质量认证委员会管理办法	国家技术监督局	1992年1月30日
22	标准出版发行管理办法	国家技术监督局	1991年11月2日
23	采用快速程序制定国家标准的管理规定	国家技术监督局	1999年1月8日
24	采用国际标准管理办法	国家质检总局	2001年11月21日
25	关于加强强制性标准管理的若干规定	国家质检总局	2002年3月24日
26	交通部交通标准化管理办法	交通部	1981年11月8日
27	交通标准化工作规则	交通部	2006年12月21日
28	农业部标准化管理办法	农业部	1993年3月22日
29	环境保护标准管理办法	国家环保总局	1999年4月1日
30	水利标准化工作管理办法	水利部	2003年11月13日
31	卫生标准管理办法	卫生部	2006年8月1日
32	全国专业标准化技术委员会管理规定	国家标准化管理委员会	2009年1月22日
33	工业和信息化部行业标准制定管理暂行办法	工信部	2009年5月7日
34	海洋标准化管理办法	国家海洋局	2012年12月17日
35	全国金融标准化技术委员会章程	中国人民银行	2014年4月2日
36	文化行业标准化工作管理办法(暂行)	文化部	2016年3月31日
37	工程建设国家标准管理办法	建设部	1992年12月30日

2.1.3　国内外标准化组织管理技术机构

2.1.3.1　国际标准化组织管理技术机构简介

国际标准化是指在国际范围内，由众多国家和组织共同参与的标准化活动。旨在协调各国及各地区标准化活动，研究、制定并推广采用国际标准，并就标准化有关问题进行交流和研讨，以促进全球经济、技术、贸易的发展，保障人类安全、健康和社会的可持续发展。当今世界最主要的三个国际标准化机构分别为国际标准化组织、国际电工委员会以及国际电信联盟。

1）国际标准化组织（ISO：International Organization for Standardization）

ISO来自希腊文的缩略语“isos”，意思是“平等”，它由各国国家级标准化机构组成（见图1-1）。这些国家不分大小、工业化国家或发展中国家，遍布世界各地，是目前世界上最大的国际标准化机构。

1946年10月，中、美、英、法、苏联等25个国家的64名代表聚首伦敦，决定创办一个新的国际组织，该组织的目的和宗旨是：“在全世界范围内促进标准化工作的开展，以便于国际物资交流和服务，并扩大在知识、科学、技术和经济方面的合作”。这一新的国际组织（ISO）于1947年2月23日正式开始工作。根据1969年ISO理事会决议，将每年的10月14日定为“世界标准日”。

ISO现有136个成员机构，以一个成员代表一个国家为基础。ISO是一个非政府组织，因此，其成员不是各国政府而是各个国家的标准机构。不论成员所代表国家的大小和强弱，每一成员均有权参加任何标准的制定，并具有一票表决权，只要其自行判断该标准对其国家的经济是重要的。

ISO标准是自愿的，ISO不强制其执行。是否予以采用完全是有关国家规章制定当局或政府独立自主的决定。ISO本身既不制定规章也不立法。ISO标准以国际标准的形式出版，代表着国际上对所涉及技术状况的一致性意见。

ISO组织机构主要有全体大会、理事会、技术管理局、政策制定委员会、中央秘书处等。我国是ISO创始国之一，曾于中途退出该组织，1978年恢复成员国资格。

2）国际电工委员会（IEC：International Electro technical Commission）

IEC是世界上成立最早的非政府性国际电工标准化机构，是联合国经社理事会（ECOSOC）的甲级咨询组织，如图2-1所示。1906年，13个欧美国家的代表在伦敦开会，通过了国际电工委员会章程，正式成立了国际电工委员会。其宗旨是促进电工电子工程中标准化及相关问题的国际合作，增进相互了解。主要任务是制定国际标准和发行各种出版物。除此之外，还从事电工电子产品质量合格评定和安全认证等工作。

目前IEC的工作领域已由单纯研究电气设备、电机的名词术语和功率等问题扩展到电子、电力、微电子及其应用、通信、视听、机器人、信息技术、新型医疗器械和核仪表等电工技术的各个方面。IEC标准已涉及了世界市场中的35%的产品。IEC标准在迅速增加，1963年只有120个标准，截至2001年12月底，IEC已制定了5098个国际标准。

图2-1　国际电工委员会

主要机构设有：理事会（全体大会）、理事局、中央办公室等。

目前IEC成员国包括了绝大多数的工业发达国家及一部分发展中国家。其成员分为正式成员和协作成员。一个国家只能有一个机构以国家委员会名义参加IEC。正式成员可以参加各种活动并具有投票权,协作成员可以观察员身份参加会议,但只能在有限的活动中享有投票权。我国于1957年加入IEC,目前为该组织正式成员。

3)国际电信联盟(ITU:International Telecommunication Union)

1865年,20个欧洲国家代表在巴黎签订了《国际电报公约》,并成立了国际电报联盟。1906年,27个工业发达国家在柏林签订《国际无线电公约》。1932年,70多国代表在马德里开会,决定把上述两个公约合并成为《国际电信公约》,并于1934年将国际电报联盟改为国际电信联盟(ITU),如图2-2所示。该组织于1947年成为联合国的专门机构,是联合国系统中处理有关电信事宜的政府间国际组织,简称国际电联。

图2-2 国际电信联盟

ITU是世界各国政府的电信主管部门之间协调电信事务的一个国际组织,它研究制定有关电信业务的规章制度,通过决议提出推荐标准,收集有关情报。

ITU的目的和任务是维持和发展国际合作,以改进和合理利用电信,促进技术设施的发展及其有效运用,以提高电信业务的效率,扩大技术设施的用途,并尽可能使之得到广泛应用,协调各国的活动,研究、制定和出版国际电信标准并促进其应用,同时提供对发展中国家的援助。

ITU最高权力机构是全体代表大会。其实质性工作分别由无线电通信部(ITU-R)、电信标准化部(ITU-T)和电信发展部(ITU-D)三个部门承担。

ITU向各国政府及民间组织开放,各国政府机构作为成员国加入ITU,民间组织可以作为ITU下属各部门的成员加入ITU。我国早在1920年便加入了国际电报联盟。1932年第一次派代表出席过电联全权代表大会。1947年首次被选入了行政理事会,其后中断。1972年5月,我国在ITU的成员国地位重新得到了恢复。

ISO、IEC以及ITU这三大机构所制定的标准,基本构成了现行的国际标准的主体。除此以外,世界上还有数百个国际或区域性组织也在制定标准或技术规则,大部分也被纳入了国际标准的范畴之中。

4)主要发达国家和地区现行标准化机构

美国国家标准协会(ANSI:American National Standards Institute)、美国标准技术研究院(NIST)——美国政府中唯一的标准化官方机构;日本现行的两大标准化机构是日本工业标准化委员会(JISC)和农林产品标准化委员会(JASC);欧洲标准化委员会(CEN)、欧洲电信标准化学会(ETSI)和欧洲电工标准化委员会(CENELEC)。

2.1.3.2 我国国家级标准化组织管理技术机构

我国标准化工作实行统一管理与分工负责相结合的管理体制,标准化法实施条例规定了标准化管理机构及其各自的管理范围。

国务院标准化行政主管部门统一管理全国标准化工作;国务院有关行政主管部门分工管理本部门、本行业的标准化工作;省、自治区、直辖市政府标准化行政主管部门统一管理本行政区域的标准化工作;省、自治区、直辖市有关行政主管部门分工管理本行政区域内本部门、本行业的标准化工作；市、县标准化行政主管部门和有关行政主管部门的职责分工，由省、自治区、直辖市政府规定。

1）中国国家标准化管理委员会（Standardization Administration of the People's Republic of China）

中国国家标准化管理委员会（图2-3）是国务院授权履行行政管理职能，统一管理全国标准化工作的主管机构，是国家标准的主管机构，也负责行业标准、地方标准和企业标准的备案工作。有关卫生、环保、工程建设和用于军事的国家标准分别由卫生部、国家环境保护总局、建设部和国防科工局负责管理。

2）国家经济贸易委员会

国家经济贸易委员会是传统工业、商业和服务业的行业标准化管理机构，其他各部、委、局及授权的行业协会和企业集团也分工负责职能范围内的行业标准化管理工作。目前，我国共有行业标准代号57个，行业标准化管理机构48个。其中，国家经济贸易委员会负责管理15个行业标准代号和13个行业标准化管理机构，具体负责机械（含压力设备、制药机械）、汽车及其零部件、冶金、石油、石化、化工、轻工、纺织、煤炭、建材、有色金属（含黄金）、电力、包装、商品流通业和餐饮服务业等的行业标准化工作。

图2-3　中国国家标准化管理委员会

3）其他标准化工作机构

我国的标准化工作机构主要包括：各专业标准化研究院所、标准技术归口单位、作为技术工作组织的全国专业标准化技术委员会、直属标准工作组等。这些机构负责标准化工作的微观管理，具体负责组织标准的制定、修订、审查和报批等核心工作，还承担标准宣贯、培训、解释和咨询等服务性工作。目前，全国共有专业标准化研究院所24个，如机械科学研究院和石油标准化研究所等，还有一些地方性标准信息研究机构。

我国共有全国专业标准化技术委员会258个，分技术委员会422个，有近三万名专家被聘任为标准化技术委员会或分技术委员会的委员。此外，我国还有一些行业标准化技术委员会。

目前，水运工程检测设备标准化工作归口全国港口标准化技术委员会。全国港口标准化技术委员会主任委员由交通运输部水运科学研究院院长李扬担任，委员由来自行业主管部门、港口企业、科研院所、高校及与港口相关的航运、制造、服务企业等单位的专家组成，秘书处工作由交通运输部水运科学研究院承担。

全国港口标准化技术委员会的成立，旨在为港口标准的制修订规划和计划提供依据，促进港口标准形成科学合理化，总结现有和将要制订的标准，并随着科学的发展不断更新，促进新技术的推广应用，为港口的发展奠定基础。

2.1.4　标准化基本知识

2.1.4.1　标准的层级分类

按标准的层级分类，可以把标准分为：国际标准、国家标准、行业标准、地方标准、企业（公司）标准，团体标准，联盟标准。

其中，国际标准是指国际标准化组织（ISO）、国际电工委员会（IEC）和国际电信联盟（ITU）制定的标准，以及国际标准化组织确认并公布的其他国际组织制定的标准，国际标准在世界范围内统一使用；国家标准是指由国家标准机构通过并公开发布的标准，在我国国家标准是指由国家标准化主管机构批准发布，对全国经济、技术发展具有重大意义，且在全国范围内统一制定的标准；行业标准是指国家在某个行业领域公开发布的标准，行业标准是针对没有国家标准而又需要在全国某个行业范围内统一制定产品、过程或服务的要求所制定的标准；地方标准是指在国家某个区域公开发布的标准，地方标准是针对没有国家标准和行业标准，而又需要在省、自治区、直辖市范围内统一产品、过程或服务的要求所制定的标准；企业标准是针对企业范围内需要协调、统一技术要求、管理要求和工作要求所制定的标准，企业标准是企业组织生产、经营活动的依据。

2.1.4.2 标准化的原则

1）简化原则

在一定范围内缩减对象的类型数目，使之在既定时间内足以满足一般需要的标准化形式。对象的多样性发展规模超出必要的范围时，消除多余的、可替换的、低功能的环节，保持其构成的精炼、合理，使总体功能最佳。

2）统一化原则

把同类事物两种以上的表现形态归并为一种或限定在一个范围内的标准化形式。统一化的目的是消除由于不必要的多样化而造成的混乱，为人类的正常活动建立共同遵循的秩序。例如：新中国成立前，东北中东铁路的轨距是1542mm，京沈铁路轨距是1435 mm、滇越铁路则是1000 mm，标准化就必须统一轨距。

3）协调原则

处于广泛联系之中的任何事物都存在相关性，在整个系统中，它作为一个功能单元，既受约束，又影响整个功能的发挥，其为了在连接点上找到一致性，使整体功能达到最佳，就必须与其他功能单元进行协调。

4）优化原则

按照特定的目标，在一定的限制条件下，对标准系统的构成因素及其关系进行选择、设计或调整，使之达到最理想的效果。

2.1.4.3 标准化相关术语

1）一致

指有关方面的代表对标准中实质问题的普遍接受（没有强烈的反对意见）。该术语及定义，是针对标准定义中制定标准或审定标准时各有关方面的代表来说的。如生产方与使用方，对标准中规定的内容通过反复讨论协商一致，标准才被各方面同意或认可，这样有利于标准的实施。由于我国标准有些是技术法规，要强制执行，因此，强调协商一致于全局有利，特别是主要方面的代表认可。

2）品种控制

指为满足广泛的需要，对产品的尺寸、特性或型式择优选取。品种控制是合理发展品种规格的有效手段，是防止和克服品种规格盲目发展造成混乱的有效途径。通过品种控制可以使品种规格达到以尽可能少的数目满足尽可能多的需要的目的。

3）适用性

指产品、过程或服务工作在一定条件下,实现预定目的或规定用途的能力。适用性的定义实质是指产品或服务对其预定用途的适合程度。标准化的重要效益之一就是改进产品或服务对其预定用途的适合程度,即适用性。

4)性能特性

指与产品使用直接有关的适合用途的特性,它与制造特点无关。性能特性是指产品适合用途的特性,不管该产品是用什么工艺生产出来的,必须具有适用的特性。

5)互换性

指某一产品(包括零件、部件、构件)与另一产品在尺寸、功能上能够彼此互相替换的性能。一个产品(或零件)取代另一产品(或零件)以满足其有关要求的适合程度。如插头插座中的互换性。互换性的功能方面叫作“功能互换性”,尺寸方面叫作“尺寸互换性”。

6)通用性

指在互换性的基础上,尽可能地扩大同一对象(包括产品零件、部件、构件)的使用范围。它是标准化的一种形式。

产品的通用性,是其结构要素和零件在继承、通用。如把已有的基型产品中结构要素和零件继承,发展到变型产品中,从而扩大通用零件产品在总零件中的比重。通用性可以减少重复设计、重复生产、重复管理等,从而提高经济效益。

7)系列化

指将同一品种或同一型式产品的规格,按最佳数列科学排列,以最少的品种满足最广泛的需要。这是标准化的一种形式。

系列化是指产品参数系列化,包括产品的主参数系列化和基本参数系列化。根据需要在一定范围内将主参数(直接反映产品特性和功能并决定其他参数的起主导作用的参数)和基本参数(与主参数有密切关系的尺寸、性能等参数)按照一定科学方法(如以优先数和优先数系为基础等)进行排列。通过产品系列化来满足当前和永远需要,合理分档,有利于同类产品的协调,有利于发展新产品。

8)兼容性

指一些产品或系统在规定条件下一起使用时,满足有关要求的适合程度,不会引起不可接受的相互作用(干扰)。兼容性对技术先进而复杂的专业和领域是极为重要的,如电子工业。

9)标准化团体

指进行标准化的团体。

标准化团体的特点是不仅开展标准化工作,也进行其他工作,或者说,兼搞标准化。

10)标准团体

一般指国家标准团体、地区标准团体等,如国家标准局,省、自治区、直辖市标准局等。其主要职责是根据章程制定、批准标准。

11)标准草案

指标准在批准、发布前的征求意见稿、送审稿、报批稿。标准草案指非正式的标准文本,待批准、发布后才成为正式标准。

12)标准编制说明

指对标准文本编制的有关问题进行解释和说明的文件。标准编制说明主要对标准编制原则、过程、方法、任务来源、指标的依据、试验数据以及有关标准条文进行必要的解释和说明。它不是标准文本本身,因而没有法规效力。但它可以帮助理解标准条文的产生背景、基础及其含义等,是贯彻执行标准的重要文件。

13)等同采用国际标准

指在制定国家标准时(或制定专业标准、企业标准),把国际标准采纳到我国标准中,使我国标准在技术上、编写上与国家标准相同,或编写上有编辑性修改。

14)等效采用国际标准

使制定的标准与相应的国际标准在技术上只有小的差异,在编写方法上可以不完全相同。小的技术差异,是指非实质性的差异,即这种差异可以被国际上认可接受,如增加些事例或解释说明资料等。

15)非等效采用国际标准

指制定的标准与国际标准在技术内容上有重大差异,但性能和质量水平上与国际标准相当,在通用、互换、安全、卫生等方面与国际标准协调一致。

16)专业标准

指由专业标准化主管机构或专业标准化组织批准、发布,在某专业范围统一的标准。

17)产品标准

指为了保证产品的适用性,对产品必须达到的某些或全部要求所制定的标准。其范围包括:品种、规格、技术性能、检验规则、包装、储藏、运输等。

18)安全标准

指以保护人和物的安全为目的制定的标准。如电气安全、核电站安全、劳动安全、安全操作规程、消费品的安全,等等,它是保护性标准的一种。

19)团体标准

指由团体按照本团体确立的标准制定程序自主制定发布,由社会自愿采用的标准。团体是指具有法人资格,且具备相应专业技术能力、标准化工作能力和组织管理能力的学会、协会、商会、联合会和产业技术联盟等社会组织。

20)联盟标准

指联盟成员企业通过协商一致,制定同一技术指标要求的企业产品标准,经标准联盟共同批准,并由国家标准化主管部门登记备案,共同使用和共同信守的一种规范性标准,其外在表现形成企业产品标准。联盟标准通常比国家标准要高,目的是有利于规范企业间的有序竞争,提高产业的整体质量水平,促进产业结构的升级,能进一步提升本联盟企业的行业形象。

2.1.4.4 新修订版标准化法和旧版对比

十二届全国人大常委会第三十次会议 2017 年 11 月 4 日表决通过了新修订的《标准化法》。新的《标准化法》于 2018 年 1 月 1 日开始施行,其对于提升产品和服务质量,促进科学技术进步,提高经济社会发展水平意义重大。

《标准化法》颁布于 1988 年,已施行近 30 年。新修订的《标准化法》全文共六章 45 条,分为总则、标准的制定、标准的实施、监督管理、法律责任、附则。

新修订的《标准化法》对标准的制定、实施和监督管理做了全方位、全过程的规定。法律规定,标准包括国家标准、行业标准、地方标准和团体标准、企业标准。国家标准分为强制性标准、推荐性标准,行业标准、地方标准是推荐性标准。强制性标准必须执行。国家鼓励采用推荐性标准。

在标准的制定方面,法律规定,对保障人身健康和生命财产安全、国家安全、生态环境安全以及满足经济社会管理基本需要的技术要求,应当制定强制性国家标准。法律还提出,强制性标准文本应当免费向社会公开。国家推动免费向社会公开推荐性标准文本。

在标准的实施方面,法律规定,不符合强制性标准的产品、服务,不得生产、销售、进口或者提供。国家实行团体标准、企业标准自我声明公开和监督制度。法律还规定,标准的复审周期一般不超过五年。经过复审,对不适应经济社会发展需要和技术进步的应当及时修订或者废止。新修订版标准化法和旧版对比,主要变化如表 2-2 所示。

《标准化法》新旧对比　　表 2-2

(条文中,黑体字部分是对原条文所做的修改或者补充)

1988 年《标准化法》	2017 年《标准化法》
第一章　总　则	第一章　总　则
第一条　为了发展社会主义商品经济,促进技术进步,改进产品质量,提高社会经济效益,维护国家和人民的利益,使标准化工作适应社会主义现代化建设和发展对外经济关系的需要,制定本法。	第一条　**为了加强标准化工作,提升**产品和**服务**质量,促进科学技术进步,保障人身健康和生命财产安全,**维护国家安全、生态环境安全,提高经济社会发展水平**,制定本法。
第二条　对下列需要统一的技术要求,应当制定标准: (一)工业产品的品种、规格、质量、等级或者安全、卫生要求。 (二)工业产品的设计、生产、检验、包装、储存、运输、使用的方法或者生产、储存、运输过程中的安全、卫生要求。 (三)有关环境保护的各项技术要求和检验方法。 (四)建设工程的设计、施工方法和安全要求。 (五)有关工业生产、工程建设和环境保护的技术术语、符号、代号和制图方法。 重要农产品和其他需要制定标准的项目,由国务院规定。	第二条　**本法所称标准(含标准样品),是指农业、工业、服务业以及社会事业等领域需要统一的技术要求。** **标准包括国家标准、行业标准、地方标准和团体标准、企业标准。国家标准分为强制性标准、推荐性标准,行业标准、地方标准是推荐性标准。** **强制性标准必须执行。国家鼓励采用推荐性标准。**
第三条　标准化工作的任务是制定标准、组织实施标准和对标准的实施进行监督。 标准化工作应当纳入国民经济和社会发展计划。	第三条　标准化工作的任务是制定标准、组织实施标准**以**及对标准的**制定**、实施进行监督。 **县级以上人民政府应当将**标准化工作纳入**本级**国民经济和社会发展规划,**将标准化工作经费纳入本级预算。**
	第四条　**制定标准应当在科学技术研究成果和社会实践经验的基础上,深入调查论证,广泛征求意见,保证标准的科学性、规范性、时效性,提高标准质量。**
第五条　国务院标准化行政主管部门统一管理全国标准化工作。国务院有关行政主管部门分工管理本部门、本行业的标准化工作。 省、自治区、直辖市标准化行政主管部门统一管理本行政区域的标准化工作。省、自治区、直辖市政府有关行政主管部门分工管理本行政区域内本部门、本行业的标准化工作。 市、县标准化行政主管部门和有关行政主管部门,按照省、自治区、直辖市政府规定的各自的职责,管理本行政区域内的标准化工作。	第五条　国务院标准化行政主管部门统一管理全国标准化工作。国务院有关行政主管部门分工管理本部门、本行业的标准化工作。 **县级以上地方人民政府**标准化行政主管部门统一管理本行政区域内的标准化工作。**县级以上地方人民政府**有关行政主管部门分工管理本行政区域内本部门、本行业的标准化工作。

续上表

1988 年《标准化法》	2017 年《标准化法》
	第六条　国务院建立标准化协调机制，统筹推进标准化重大改革，研究标准化重大政策，对跨部门跨领域、存在重大争议标准的制定和实施进行协调。 设区的市级以上地方人民政府可以根据工作需要建立标准化协调机制，统筹协调本行政区域内标准化工作重大事项。
	第七条　国家鼓励企业、社会团体和教育、科研机构等开展或者参与标准化工作。
第四条　国家鼓励积极采用国际标准。	第八条　国家积极推动参与国际标准化活动，开展标准化对外合作与交流，参与制定国际标准，结合国情采用国际标准，推进中国标准与国外标准间的转化运用。 国家鼓励企业、社会团体和教育、科研机构等参与国际标准化活动。
	第九条　对在标准化工作中做出显著成绩的单位和个人，按照国家有关规定给予表彰和奖励。
第二章　标准的制定	第二章　标准的制定
第六条　对需要在全国范围内统一的技术要求，应当制定国家标准。国家标准由国务院标准化行政主管部门制定。对没有国家标准而又需要在全国某个行业范围内统一的技术要求，可以制定行业标准。行业标准由国务院有关行政主管部门制定，并报国务院标准化行政主管部门备案，在公布国家标准之后，该项行业标准即行废止。 对没有国家标准和行业标准而又需要在省、自治区、直辖市范围内统一的工业产品的安全、卫生要求，可以制定地方标准。地方标准由省、自治区、直辖市标准化行政主管部门制定，并报国务院标准化行政主管部门和国务院有关行政主管部门备案，在公布国家标准或者行业标准之后，该项地方标准即行废止。 企业生产的产品没有国家标准和行业标准的，应当制定企业标准，作为组织生产的依据。企业的产品标准须报当地政府标准化行政主管部门和有关行政主管部门备案。已有国家标准或者行业标准的，国家鼓励企业制定严于国家标准或者行业标准的企业标准，在企业内部适用。 法律对标准的制定另有规定的，依照法律的规定执行。	第十条　对保障人身健康和生命财产安全、国家安全、生态环境安全以及满足经济社会管理基本需要的技术要求，应当制定强制性国家标准。 国务院有关行政主管部门依据职责负责强制性国家标准的项目提出、组织起草、征求意见和技术审查。国务院标准化行政主管部门负责强制性国家标准的立项、编号和对外通报。国务院标准化行政主管部门应当对拟制定的强制性国家标准是否符合前款规定进行立项审查，对符合前款规定的予以立项。 省、自治区、直辖市人民政府标准化行政主管部门可以向国务院标准化行政主管部门提出强制性国家标准的立项建议，由国务院标准化行政主管部门会同国务院有关行政主管部门决定。社会团体、企业事业组织以及公民可以向国务院标准化行政主管部门提出强制性国家标准的立项建议，国务院标准化行政主管部门认为需要立项的，会同国务院有关行政主管部门决定。 强制性国家标准由国务院批准发布或者授权批准发布。 法律、行政法规和国务院决定对强制性标准的制定另有规定的，从其规定。 第十一条　对满足基础通用、与强制性国家标准配套、对各有关行业起引领作用等需要的技术要求，可以制定推荐性国家标准。 推荐性国家标准由国务院标准化行政主管部门制定。 第十二条　对没有推荐性国家标准、需要在全国某个行业范围内统一的技术要求，可以制定行业标准。 行业标准由国务院有关行政主管部门制定，报国务院标准化行政主管部门备案。

续上表

<table>
<tr><th>1988 年《标准化法》</th><th>2017 年《标准化法》</th></tr>
<tr><td>第六条 对需要在全国范围内统一的技术要求，应当制定国家标准。国家标准由国务院标准化行政主管部门制定。对没有国家标准而又需要在全国某个行业范围内统一的技术要求，可以制定行业标准。行业标准由国务院有关行政主管部门制定，并报国务院标准化行政主管部门备案，在公布国家标准之后，该项行业标准即行废止。
对没有国家标准和行业标准而又需要在省、自治区、直辖市范围内统一的工业产品的安全、卫生要求，可以制定地方标准。地方标准由省、自治区、直辖市标准化行政主管部门制定，并报国务院标准化行政主管部门和国务院有关行政主管部门备案，在公布国家标准或者行业标准之后，该项地方标准即行废止。
企业生产的产品没有国家标准和行业标准的，应当制定企业标准，作为组织生产的依据。企业的产品标准须报当地政府标准化行政主管部门和有关行政主管部门备案。已有国家标准或者行业标准的，国家鼓励企业制定严于国家标准或者行业标准的企业标准，在企业内部适用。
法律对标准的制定另有规定的，依照法律的规定执行。</td><td>第十三条 为满足地方自然条件、风俗习惯等特殊技术要求，可以制定地方标准。
地方标准由省、自治区、直辖市人民政府标准化行政主管部门制定；设区的市级人民政府标准化行政主管部门根据本行政区域的特殊需要，经所在地省、自治区、直辖市人民政府标准化行政主管部门批准，可以制定本行政区域的地方标准。地方标准由省、自治区、直辖市人民政府标准化行政主管部门报国务院标准化行政主管部门备案，由国务院标准化行政主管部门通报国务院有关行政主管部门。</td></tr>
<tr><td rowspan="5">第七条 国家标准、行业标准分为强制性标准和推荐性标准。保障人体健康，人身、财产安全的标准和法律、行政法规规定强制执行的标准是强制性标准，其他标准是推荐性标准。
省、自治区、直辖市标准化行政主管部门制定的工业产品的安全、卫生要求的地方标准，在本行政区域内是强制性标准。
第十条 制定标准应当做到有关标准的协调配套。
第十二条第一款 制定标准应当发挥行业协会、科学研究机构和学术团体的作用。
第十二条第二款 制定标准的部门应当组织由专家组成的标准化技术委员会，负责标准的草拟，参加标准草案的审查工作。</td><td>第十四条 对保障人身健康和生命财产安全、国家安全、生态环境安全以及经济社会发展所急需的标准项目，制定标准的行政主管部门应当优先立项并及时完成。</td></tr>
<tr><td>第十五条 制定强制性标准、推荐性标准，应当在立项时对有关行政主管部门、企业、社会团体、消费者和教育、科研机构等方面的实际需求进行调查，对制定标准的必要性、可行性进行论证评估；在制定过程中，应当按照便捷有效的原则采取多种方式征求意见，组织对标准相关事项进行调查分析、实验、论证，并做到有关标准之间的协调配套。</td></tr>
<tr><td>第十六条 制定推荐性标准，应当组织由相关方组成的标准化技术委员会，承担标准的起草、技术审查工作。制定强制性标准，可以委托相关标准化技术委员会承担标准的起草、技术审查工作。未组成标准化技术委员会的，应当成立专家组承担相关标准的起草、技术审查工作。标准化技术委员会和专家组的组成应当具有广泛代表性。</td></tr>
<tr><td>第十七条 强制性标准文本应当免费向社会公开。国家推动免费向社会公开推荐性标准文本。</td></tr>
<tr><td>第十八条 国家鼓励学会、协会、商会、联合会、产业技术联盟等社会团体协调相关市场主体共同制定满足市场和创新需要的团体标准，由本团体成员约定采用或者按照本团体的规定供社会自愿采用。
制定团体标准，应当遵循开放、透明、公平的原则，保证各参与主体获取相关信息，反映各参与主体的共同需求，并应当组织对标准相关事项进行调查分析、实验、论证。
国务院标准化行政主管部门会同国务院有关行政主管部门对团体标准的制定进行规范、引导和监督。</td></tr>
</table>

续上表

1988年《标准化法》	2017年《标准化法》
	第十九条　**企业可以根据需要自行制定企业标准，或者与其他企业联合制定企业标准。**
	第二十条　**国家支持在重要行业、战略性新兴产业、关键共性技术等领域利用自主创新技术制定团体标准、企业标准。**
	第二十一条　**推荐性国家标准、行业标准、地方标准、团体标准、企业标准的技术要求不得低于强制性国家标准的相关技术要求。** **国家鼓励社会团体、企业制定高于推荐性标准相关技术要求的团体标准、企业标准。**
第八条　制定标准应当有利于保障安全和人民的身体健康，保护消费者的利益，保护环境。 第九条　制定标准应当有利于合理利用国家资源，推广科学技术成果，提高经济效益，并符合使用要求，有利于产品的通用互换，做到技术上先进，经济上合理。 第十一条　制定标准应当有利于促进对外经济技术合作和对外贸易。	第二十二条　制定标准应当有利于合理利用资源，推广科学技术成果，**增强产品的安全性、通用性、可替换性**，提高经济效益、**社会效益、生态效益，做到技术上先进、经济上合理。** **禁止利用标准实施妨碍商品、服务自由流通等排除、限制市场竞争的行为。**
	第二十三条　**国家推进标准化军民融合和资源共享，提升军民标准通用化水平，积极推动在国防和军队建设中采用先进适用的民用标准，并将先进适用的军用标准转化为民用标准。**
	第二十四条　**标准应当按照编号规则进行编号。标准的编号规则由国务院标准化行政主管部门制定并公布。**
第三章　标准的实施	第三章　标准的实施
第十四条　强制性标准，必须执行。不符合强制性标准的产品，禁止生产、销售和进口。推荐性标准，国家鼓励企业自愿采用。	第二十五条　不符合强制性标准的产品、**服务**，不得生产、销售、进口**或者提供**。
第十六条　出口产品的技术要求，依照合同的约定执行。	第二十六条　出口产品、**服务**的技术要求，按照合同的约定执行。
	第二十七条　**国家实行团体标准、企业标准自我声明公开和监督制度。企业应当公开其执行的强制性标准、推荐性标准、团体标准或者企业标准的编号和名称；企业执行自行制定的企业标准的，还应当公开产品、服务的功能指标和产品的性能指标。国家鼓励团体标准、企业标准通过标准信息公共服务平台向社会公开。** **企业应当按照标准组织生产经营活动，其生产的产品、提供的服务应当符合企业公开标准的技术要求。**
第十五条　企业对有国家标准或者行业标准的产品，可以向国务院标准化行政主管部门或者国务院标准化行政主管部门授权的部门申请产品质量认证。认证合格的，由认证部门授予认证证书，准许在产品或者其包装上使用规定的认证标志。 已经取得认证证书的产品不符合国家标准或者行业标准的，以及产品未经认证或者认证不合格的，不得使用认证标志出厂销售。	

续上表

1988年《标准化法》	2017年《标准化法》
第十七条 企业研制新产品、改进产品,进行技术改造,应当符合标准化要求。	第二十八条 企业研制新产品、改进产品,进行技术改造,应当符合**本法规定**的标准化要求。
第十三条 标准实施后,制定标准的部门应当根据科学技术的发展和经济建设的需要适时进行复审,以确认现行标准继续有效或者予以修订、废止。	第二十九条 **国家建立强制性标准实施情况统计分析报告制度。** **国务院标准化行政主管部门和国务院有关行政主管部门、设区的市级以上地方人民政府标准化行政主管部门**应当**建立标准实施信息反馈和评估机制,根据反馈和评估情况对其制定的标准进行**复审。**标准的复审周期一般不超过五年。经过复审**,对不适应经济社会发展需要和技术进步的应当及时修订或者废止。
	第三十条 **国务院标准化行政主管部门根据标准实施信息反馈、评估、复审情况,对有关标准之间重复交叉或者不衔接配套的,应当会同国务院有关行政主管部门作出处理或者通过国务院标准化协调机制处理。**
	第三十一条 **县级以上人民政府应当支持开展标准化试点示范和宣传工作,传播标准化理念,推广标准化经验,推动全社会运用标准化方式组织生产、经营、管理和服务,发挥标准对促进转型升级、引领创新驱动的支撑作用。**
	第四章 监督管理
第十八条 县级以上政府标准化行政主管部门负责对标准的实施进行监督检查。	第三十二条 县级以上**人民**政府标准化行政主管部门、**有关行政主管部门依据法定职责,对标准的制定进行指导和监督,**对标准的实施进行监督检查。
	第三十三条 **国务院有关行政主管部门在标准制定、实施过程中出现争议的,由国务院标准化行政主管部门组织协商;协商不成的,由国务院标准化协调机制解决。**
	第三十四条 **国务院有关行政主管部门、设区的市级以上地方人民政府标准化行政主管部门未依照本法规定对标准进行编号、复审或者备案的,国务院标准化行政主管部门应当要求其说明情况,并限期改正。**
第十九条 县级以上政府标准化行政主管部门,可以根据需要设置检验机构,或者授权其他单位的检验机构,对产品是否符合标准进行检验。法律、行政法规对检验机构另有规定的,依照法律、行政法规的规定执行。 处理有关产品是否符合标准的争议,以前款规定的检验机构的检验数据为准。	
	第三十五条 **任何单位或者个人有权向标准化行政主管部门、有关行政主管部门举报、投诉违反本法规定的行为。** **标准化行政主管部门、有关行政主管部门应当向社会公开受理举报、投诉的电话、信箱或者电子邮件地址,并安排人员受理举报、投诉。对实名举报人或者投诉人,受理举报、投诉的行政主管部门应当告知处理结果,为举报人保密,并按照国家有关规定对举报人给予奖励。**

续上表

1988年《标准化法》	2017年《标准化法》
第四章　法律责任	第五章　法律责任
	第三十六条　**生产、销售、进口产品或者提供服务不符合强制性标准,或者企业生产的产品、提供的服务不符合其公开标准的技术要求的,依法承担民事责任。**
第二十条　生产、销售、进口不符合强制性标准的产品的,由法律、行政法规规定的行政主管部门依法处理,法律、行政法规未作规定的,由工商行政管理部门没收产品和违法所得,并处罚款;造成严重后果构成犯罪的,对直接责任人员依法追究刑事责任。	第三十七条　生产、销售、进口产品**或者提供服务**不符合强制性标准的,**依照《中华人民共和国产品质量法》《中华人民共和国进出口商品检验法》《中华人民共和国消费者权益保护法》等法律、行政法规的规定查处,记入信用记录,并依照有关法律、行政法规的规定予以公示;构成犯罪的,依法追究刑事责任。**
第二十一条　已经授予认证证书的产品不符合国家标准或者行业标准而使用认证标志出厂销售的,由标准化行政主管部门责令停止销售,并处罚款;情节严重的,由认证部门撤销其认证证书。	
第二十二条　产品未经认证或者认证不合格而擅自使用认证标志出厂销售的,由标准化行政主管部门责令停止销售,并处罚款。	
第二十三条　当事人对没收产品、没收违法所得和罚款的处罚不服的,可以在接到处罚通知之日起十五日内,向作出处罚决定的机关的上一级机关申请复议;对复议决定不服的,可以在接到复议决定之日起十五日内,向人民法院起诉。当事人也可以在接到处罚通知之日起十五日内,直接向人民法院起诉。当事人逾期不申请复议或者不向人民法院起诉又不履行处罚决定的,由作出处罚决定的机关申请人民法院强制执行。	
	第三十八条　**企业未依照本法规定公开其执行的标准的,由标准化行政主管部门责令限期改正;逾期不改正的,在标准信息公共服务平台上公示。**
	第三十九条　**国务院有关行政主管部门、设区的市级以上地方人民政府标准化行政主管部门制定的标准不符合本法第二十一条第一款、第二十二条第一款规定的,应当及时改正;拒不改正的,由国务院标准化行政主管部门公告废止相关标准;对负有责任的领导人员和直接责任人员依法给予处分。** **社会团体、企业制定的标准不符合本法第二十一条第一款、第二十二条第一款规定的,由标准化行政主管部门责令限期改正;逾期不改正的,由省级以上人民政府标准化行政主管部门废止相关标准,并在标准信息公共服务平台上公示。** **违反本法第二十二条第二款规定,利用标准实施排除、限制市场竞争行为的,依照《中华人民共和国反垄断法》等法律、行政法规的规定处理。**

续上表

1988 年《标准化法》	2017 年《标准化法》
	第四十条 **国务院有关行政主管部门、设区的市级以上地方人民政府标准化行政主管部门未依照本法规定对标准进行编号或者备案，又未依照本法第三十四条的规定改正的，由国务院标准化行政主管部门撤销相关标准编号或者公告废止未备案标准；对负有责任的领导人员和直接责任人员依法给予处分。** **国务院有关行政主管部门、设区的市级以上地方人民政府标准化行政主管部门未依照本法规定对其制定的标准进行复审，又未依照本法第三十四条的规定改正的，对负有责任的领导人员和直接责任人员依法给予处分。**
	第四十一条 **国务院标准化行政主管部门未依照本法第十条第二款规定对制定强制性国家标准的项目予以立项，制定的标准不符合本法第二十一条第一款、第二十二条第一款规定，或者未依照本法规定对标准进行编号、复审或者予以备案的，应当及时改正；对负有责任的领导人员和直接责任人员可以依法给予处分。**
	第四十二条 **社会团体、企业未依照本法规定对团体标准或者企业标准进行编号的，由标准化行政主管部门责令限期改正；逾期不改正的，由省级以上人民政府标准化行政主管部门撤销相关标准编号，并在标准信息公共服务平台上公示。**
第二十四条 标准化工作的监督、检验、管理人员违法失职、徇私舞弊的，给予行政处分；构成犯罪的，依法追究刑事责任。	第四十三条 标准化工作的监督、管理人员**滥用职权、玩忽职守**、徇私舞弊的，**依法**给予处分；构成犯罪的，依法追究刑事责任。
第五章 附 则	第六章 附 则
第二十五条 本法实施条例由国务院制定。	
	第四十四条 **军用标准的制定、实施和监督办法，由国务院、中央军事委员会另行制定。**
第二十六条 本法自 1989 年 4 月 1 日起施行。	第四十五条 **本法自 2018 年 1 月 1 日起施行。**

2.2 计量综合知识

2016 年计量工作的总体要求是：深入贯彻落实党的十八届三中、四中、五中全会，中央经济工作会议和全国质检工作会议精神，以贯彻落实“创新、协调、绿色、开放、共享”新发展理念为引领，创造性地贯彻落实《计量发展规划（2013—2020 年）》，主动出击，贴身紧逼，精准发力，为全面建成小康社会提供计量服务保障，为建设质量强国做出新的更大的贡献。

2.2.1 计量基本知识

计量本身具有两种属性，一种是自然属性，即科学性；一种是社会属性。计量的自然属性要求人们进行客观的测量，要尽可能保证测量结果的准确性，这一属性的要求，促进了计量学的发展。计量的社会属性是指计量与人们的生活、生产等有着密切的联系，计量必须与社会的发展状况相适应，它是从事任何事情的基础，因此，任何一个国家对于计量都相当重视，一般都要建立相应的国家机构进行宏观管理，这就为计量管理的发展提供了保障。

我国是一个有着悠久历史和文化的伟大文明古国。古代计量（度量衡）的发达，包括技术的先进和管理制度的完备，是我国古代文明的重要标志之一。在当代，我国计量事业发展和完善是在新中国成立以后才实现的，而现代计量体系则是从无到有建立起来的，我国计量事业的发展历程，可以使我们了解我国计量事业的过去，预测我国计量事业的未来。

2.2.1.1　计量定义

根据国家计量技术规范《通用计量术语及定义》（JJF 1001—2011），计量定义为“实现单位统一、量值准确可靠的活动”。人类为了生存和发展，必须认识自然、利用自然和改造自然，而自然界的一切现象、物体或物质，是通过一定的“量”来描述和体现的。因此，要认识大千世界和造福人类社会，就必须对各种“量”进行分析和确认，既要区分“量”的性质，又要确定其“量”值。而在不同时间、地点，由不同的操作者用不同仪器所确定的同一个被测量的量值，应当具有可比性。只有当选择测量单位遵循统一的准则，并使所获得的量值具有必要的准确度和可靠度时，才能保证这种可比性。显然，对测量的这种要求不会自发地得到满足，必须有社会上的有关机构、团体，包括政府进行有组织的活动才能达到。这些活动，主要包括进行科学研究，发展测量技术，建立计量基（标）准等用于保证测量结果具有溯源性的物质技术基础，以及制定计量法律、法规、规章及条例，开展计量管理等。

2.2.1.2　计量术语

1）量的概念

自然界的事物通常是由一定的“量”构成的，而且是通过量来体现的。任何现象、物体或物质都以一定的形式存在，其形式又都是通过量来表征的。量（quantity）是指“现象、物体和物质可定性区别和定量确定的一种属性”。计量学中的量指的是可以测量的量，这种量可以是广义的，如长度、质量（重量）、温度、电流、时间等，也可以是特定量，如一个人的身高、一辆汽车的自重等。在计量学中，把可直接相互进行比较的量称为同种量，如宽度、厚度、周长、波长为同种量。某些同种量组合在一起称其为同类量，如功、热量、能量等。人们通过对自然界各种量的探测、分析和确认，分清量的性质，确定量的大小，以达到认识自然、利用和改造自然的目的。

2）量值的概念

一个量的大小或多少可以用量值来表示，量值（value of a quantity）是指“一般由一个数乘以计量单（测量单位）所表示的特定量的大小”。例如 3m、15kg、30s、200℃，220V 等。其中 3、15、30、200 和 220 为数值，m（米）、kg（千克）、s（秒）、℃（摄氏度）和 V（伏）为计量单位。

3）量值的表达

量值应该正确表达，如 18℃ ~20℃，180V ~240V，但不能示为 18 ~20℃；180 ~240V，因为 18 和 180 是数字，不能与量值等同使用。

4）量制

在科学技术领域中，使用着许多种量，所以出现了不同的量制。量制是指“彼此间存在确定关系的一组量”。也可以说，量制是在科学技术领域中约定选取的基本量和与之存在确定关系的导出量的特定组合。量制通常以基本量符号的组合作为特定量制的缩写名称。

5)量纲

“以给定量制中基本量的幂的乘积表示某量的表达式”称为量纲。

6)测量

以确定量值为目的的一组操作称为测量。

7)基本量

在给定量制中约定地认为在函数关系上彼此独立的量。在国际单位制中,长度、质量、时间、热力学温度、电流、物质的量和发光强度为基本量。

8)导出量

在给定量制中由基本量的函数所定义的量。例如,国际单位制所考虑的量制中,速度是导出量,其定义为长度除以时间。

9)被测量

作为测量对象的特定量。例如,给定的水样品在20℃时的蒸汽压力。

10)影响量

不是被测量但对测量结果有影响的量。例如:用来测量长度的千分尺的温度;交流电位差幅值测量中的频率;测量人体血液样品血红蛋白浓度时胆红素的浓度。

11)测量原理

测量的科学基础。例如:应用于温度测量的热电效应;应用于电位差测量的约瑟夫森效应;应用于分子振动波数测量的喇曼效应。

12)测量方法

进行测量时所用的,按类别叙述的逻辑操作次序。

13)测量程序

进行特定测量时所用的,根据给定的测量方法具体叙述的一组操作。

14)测量信号

表示与被测量有函数关系的量。

15)测量结果

由测量所得到的赋予被测量的值。

16)重复性

在相同测量条件下,对同一被测量进行连续多次测量所得结果之间的一致性。重复性条件包括:相同的测量程序、相同的观测者、在相同的条件下使用相同的测量仪器、相同的地点、在短时间内重复测量等。

17)复现性

在改变测量条件的情况下,同一被测量的测量结果之间的一致性。在给出复现性时,应有效说明改变条件的详细情况,改变条件可包括:测量原理、测量方法、观测者、测量仪器、参考测量标准、地点、使用条件、时间等。

18)测量不确定度

表征合理地赋予被测量之值的分散性,与测量结果相联系的参数。此参数可以是诸如标准偏差或其倍数,或说明了置信水准地区间的半宽度。测量不确定度由多个分量组成,其中一些分量可用测量结果的统计分布估算，并用实际标准偏差表征；另一些分量则可用基于经验或其他信息的假定概率分布估算，也可用标准偏差表征。测量结果应理解为被测量之值的最佳估计，而所有的不确定度分量均贡献给了分散性，包括那些由系统效应引起的分量。

19）标准不确定度

以标准偏差表示的测量不确定度。

20）测量误差

测量结果减去被测量的真值。由于真值不能确定，实际上用的是约定真值。当有必要与相对误差相区别时，此术语有时称为测量的绝对误差。

21）相对误差

测量误差除以被测量的真值。由于真值不能确定，实际上用的是约定真值。

22）随机误差

测量结果与在重复性条件下对同一被测量进行无限多次测量所得结果的平均值之差。

23）系统误差

在重复性条件下，对同一被测量进行无限多次测量所得结果的平均值与被测量的真值之差。

24）修正值

用代数方法与为修正测量结果相加，以补偿其系统误差的值。修正值等于负的系统误差，由于系统误差不能完全获知，因此这种补偿并不完全。

25）计量标准器具（也称计量标准）

为了定义、实现、保存或复现量的单位或一个或多个量值，用作参考的实物量具、测量仪器、参考（标准）物质或测量系统。

26）在线仪表

现场用于测量和指示系统运行状态的仪器/仪表或测量装置。

27）标准物质

具有高度均匀性、良好稳定性和量值准确性的一种计量标准。是一种或多种 足够均匀和已确定了的特性，用以校准计量器具、评价测量方法或给材料赋值，并附有经批准的鉴定机构发给证书的物质或材料。

28）量值传递

通过对测量器具的校准/检定，将国家测量标准所复现的单位量值通过各等级测量标准传递到工作测量器具的活动，以保证被测对象的量值准确和一致。量值传递是自上而下逐级量传，具有很强的法制性。

29）溯源性

通过一条具有规定不确定度的不间断的比较链，使测量结果或测量标准的值能够与规定的参考标准（通常是与国家测量标准或国际测量标准）联系起来的特性。量值溯源是自下而上，属于企业的自主行为。是实现保障计量单位制统一和实现量值准确可靠的主要途径和手段。量值溯源只适用于非强制工作测量器具。

30）计量检定（简称检定）

指为评定测量器具的计量性能，确定其是否合格所进行的全部工作。它是确保量值传递准确有效进行的带有一定强制性的法制手段。包括检测计量性能、出具证书和加标记。检定必须按照国家计量检定系统表进行,必须执行计量检定规程。检定具有法制性。检定工作是由具有计量技术管理机构认可的具备检定资质的单位、由具有检定员证的人员,在具备检定规程的条件下检定,检定后出具检定证书或检定结果通知书。

31)强制检定

指由县级以上人民政府计量行政部门所属或者授权的计量检定机构,对用于贸易、安全防护、医疗卫生、环境监测方面,并列入《中华人民共和国强制检定的工作计量器具明细目录》的计量器具实行定点定期检定。

32)校准

在规定条件下为确定测量仪器、量具、标准物质或系统所指示代表的量值与对应的由标准所复现的量值之间关系而进行的操作。其第一步是确定由测量标准提供的量值与相应示值之间的关系,第二步则是用此信息确定由示值获得测量结果的关系,这里测量标准提供的量值与相应示值都具有测量不确定度。校准的依据是国家发布的校准规范、没有校准规范的可参照相应的检定规程,在两者均无的情况下,可自编校准方法解决。自编校准方法也应纳入本单位标准化管理程序,经审批后才能投入使用。校准或标定是在校准规范规定的条件下,由具备该项目资质的检定人员来完成的。

33)检定证书

证明计量器具已经检定,并符合相关法定要求的文件。

34)检定结果通知书(又称检定不合格通知书)

说明计量器具被发现不符合或不再符合相关法定要求的文件。

35)首次检定

对未被检定过的测量仪器进行的检定。

36)后续检定

测量仪器在首次检定后的一种检定,包括强制周期检定和修理后检定。

37)强制周期检定

根据规程规定的周期和程序,对测量仪器定期进行的一种后续检定。

38)仲裁检定

用计量基准和社会公用计量标准进行的以裁决为目的的检定活动。

39)灵敏度

测量系统的示值变化除以相应的被测量变化所得的商。

40)分辨力

显示装置能有效辨别的显示示值间的最小差值。

41)漂移

由于测量仪器计量特性的变化引起的示值在一段时间内的连续或增量变化。

42)测量仪器的稳定性(简称稳定性)

测量仪器保持其计量特性随时间恒定的能力。

43)比对

在规定条件下,对相同准确度等级或指定不确定度范围内的同种测量仪器复现的量值之间比较的过程。

44)检测

对给定产品,按照规定程序确定某一种或多种特性、进行处理或提供服务所组成的技术操作。

45)实物量具

具有所附量值,使用时以固定形态复现或提供一个或多个量值的测量仪器。

46)测量范围

在规定条件下,由具有一定的仪器不确定度的测量仪器或测量系统能够测量出的一组同类量的量值。

47)实验标准偏差(简称实验标准差)

对同一被测量进行 n 次测量,表征测量结果分散性的量。用符号 s 表示。

48)准确度

表示测量值偏离真值的程度,反映系统误差对测量结果的影响。

49)精密度

表示测量值的分散程度,反映随机误差对测量结果的影响。

50)正确度

表示测量值的重复性以及和真值的偏离度,反映系统误差和随机误差对测量结果的共同影响。图 2-4 为打靶时着弹点的分布情况,由图可见:图 a)准确度低,精密度高;图 b)准确度高,精密度低;图 c)正确度高,即准确度与精密度双高。准确度、精密度、正确度三词是定性测量结果的评价,有时也不严格区分,均称为精度。

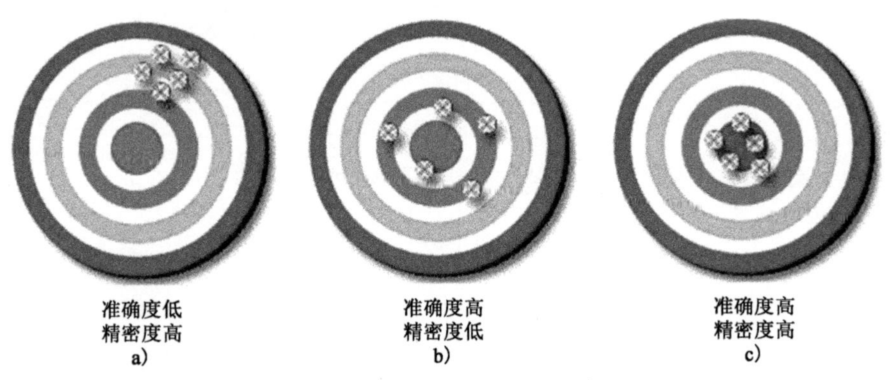

图 2-4 准确度、精密度、正确度示意图

2.2.1.3 计量特点

1)准确性

准确性是指测量结果与被测量真值的接近程度。它是开展计量活动的基础,只有在准确的基础上才能达到量值的一致。由于实际上不存在完全准确无误的测量,因此在给出测量结果量值的同时,必须给出其测量不确定度(或误差范围)。否则,所进行的测量的质量(品质)就无从判断。所谓量值的"准确",是指在一定的不确定度、误差极限或允许误差范围内的准确。只有测量结果的准确,计量才具有一致性,测量结果才具有使用价值,才能为社会提供计量保证。

2)一致性

计量的基本任务是保证单位的统一与量值的一致,计量单位统一和单位量值一致是计量一致性的两个方面,单位统一是量值一致的前提。量值一致是指量值在一定不确定度内的一致,是在统一计量单位的基础上,无论在何时、何地,采用何种方法,使用何种测量仪器,以及由何人测量,只要符合有关的要求,其测量结果就应在给定的区间内一致。也就是说,测量结果应是可重复、可再现(复现)、可比较的。通过量值的一致性可证明测量结果的准确可靠。计量的实质是对测量结果及其有效性、可靠性的确认,否则,计量就失去其社会意义。国际计量组织非常关注各国计量的一致性,采取了一些措施,例如,开展国际关键比对和辅助比对,目的是验证各国的测量结果在等效区间或协议区间内的一致性。

3)溯源性

为了实现量值一致,计量强调"溯源性"。溯源性是确保单位统一和量值准确可靠的重要途径。溯源性指任何一个测量结果或计量标准的量值,都能通过一条具有规定不确定度的连续比较链,与计量基准联系起来。这种特性使所有的同种量值,都可以按这条比较链通过校准向测量的源头追溯,也就是溯源到同一个计量基准(国家基准或国际基准),或通过检定按比较链进行量值传递。否则,量值出于多源或多头,必然会在技术上和管理上造成混乱。所谓"量值溯源",是指自下而上通过不间断的比较链,使测量结果或测量标准的量值与国家基准或国际基准联系起来,通过校准而构成溯源体系;而"量值传递",则是指自上而下通过逐级检定或校准而构成检定系统,将国家基准所复现的量值通过各级测量标准传递到工作测量仪器的活动。自下而上的量值溯源和自上而下的量值传递,都使测量的准确性和一致性得到保证。

4)法制性

古今中外,计量都是由政府纳入法制管理,确保计量单位的统一,避免不准确、不诚实的测量带来的危害,以维护国家和消费者的权益,都是通过法制来实现的。计量的社会性本身就要求有一定的法制性来保障,不论是计量单位的统一,还是计量基准的建立,制造、修理、进口、销售和使用计量器具的管理,量值的传递,计量检定的实施等,不仅依赖于科学技术手段,还要有相应的法律、法规、依法实施严格的计量法制监督,也就是说,某些计量活动必须以法律法规的形式做出相应的规定,并依法实施监督管理。特别是对国民经济有明显影响、涉及公众利益和可持续发展或需要特殊信任的领域,必须由政府建立起法制保障。否则,计量的准确性、一致性就不可能实现,计量的作用也难以发挥。

2.2.1.4　计量分类

计量活动涉及社会的各个方面。国际上有一种观点,按计量的社会功能,把计量大致分为三个组成部分,即法制计量、科学计量、工业计量(又称工程计量),分别代表以政府为主导的计量社会事业,计量的基础和计量应用三个方面。

1)法制计量

法制计量是计量的一部分,是计量工作的重要方面。计量作为社会事业,并不是每一个方面都需要政府管理,但政府应管什么?政府应把管理重点放在制定与实施计量法律法规并依法进行计量监督上,也就是说,法制计量是政府及法定计量检定机构的工作重点。在国民经济、社会生活中,存在着有利害冲突的计量,法制计量的目的是要解决由于不准确、不诚实测量所带来的危害,以维护国家和人民的利益。为了消除这种利害冲突,则必须实施依法管理。当前国际社会公认的法制计量领域即为我国《计量法》所规定的贸易结算、安全防护、医疗卫生、环境监测等领域。近年来,随着可持续发展的战略提出,各国对资源越来越重视,资源控制也将纳入依法管理的范围。因此,法制计量的领域是随经济发展而变化的。

什么是法制计量？在《通用计量术语及定义》(JJF 1001—2011)中指出，法制计量(legal metrology)是指“为满足法定要求，由有资格的机构进行的涉及测量、测量单位、测量仪器、测量方法和测量结果的计量活动，它是计量学的一部分”。在这个定义中，主要讲了法制计量所涉及的工作内容及执行方法。法制计量的内容主要包括：计量立法、统一计量单位、测量方法、计量器具和测量结果的控制、法定计量检定机构及测量实验室管理等。计量立法包括：国家计量法的制定、计量法规和规章的制定以及各种计量技术法规的制定。统一计量单位要求强制推行法定计量单位。测量方法和计量器具的控制包括：计量器具的型式批准、许可制度、强制检定(首次检定和后续检定)、计量器具的检查等。测量结果和有关计量技术机构的管理包括：定量包装商品量的管理、对校准和检测实验室的要求。当然，这些工作必须由法定计量检定机构或授权的计量技术机构来执行。总之，法制计量既是政府行为，也是政府的职责。

2)科学计量

科学计量是科技和经济发展的基础，也是计量的基础，它是指基础性、探索性、先行性的计量科学研究，通常用最新的科技成果来精确地定义与实现计量单位，并为最新的科技发展提供可靠的测量基础。科学计量是计量技术机构的主要任务，包括计量单位与单位制的研究、计量基准与标准的研制、物理常数与精密测量技术的研究、量值传递和量值溯源系统的研究、量值对比方法与测量不确定度的研究。当然也包括对测量原理、测量方法、测量仪器的研究，以解决有关领域准确测量的问题，开展动态、在线、自动、综合测量技术的研究，开展新的科学领域中量值溯源方法的研究，提高测量人员测量能力的研究，联系生产实际开展与提高工业竞争能力有关的计量测试课题的研究，以及涉及法制计量和计量管理的研究等。科学计量是实现单位统一量值准确可靠的重要保障。

3)工业计量

工业计量也称为工程计量。一般是指工业、工程、生产企业中的实用计量，它包括有关能源或材料的消耗、监测和控制，生产过程中工艺流程的监控，生产环境的监测以及产品质量与性能的检测。企业的质量管理体系和测量管理体系的建立和完善，生产技术的开发和创新，企业的节能降耗与环保，统计技术的应用，经营和管理生产活动，安全的保障，提高生产效率等，无不与计量有关。因此，计量已成为生产活动中不可缺少的一部分，成为企业的重要技术基础。“工业计量”的含义具有广义性，并不是指单纯的工业领域，广义的是指除了科学计量、法制计量以外的其他计量测试活动，它是涉及应用领域的计量测试活动的统称，涉及社会生活的各个领域，在生产和其他各种过程中的应用计量技术均属于工业计量的范畴。工业计量一词是我国对这些计量测试活动的一种习惯用语，涉及建立企业计量检测体系，开展各种计量测试活动，建立校准、测试服务市场，发展仪器仪表产业等方面。工业计量测试能力实际上也是一个国家工业竞争力的重要组成部分，在高技术为基础的经济构架中显得尤为重要。工业计量在国民经济中的实际应用具有广阔的前景。

2.2.2 计量法律、法规和规章

计量是经济建设、科技进步和社会发展中的一项重要的技术基础。经济越发展，越需要加强计量工作；科技越进步，越需要准确的计量；社会越发展，越需要在全国范围实现计量单位制

的统一和量值的准确可靠，因而越需要加强计量法制监督。所以，计量立法的宗旨，首先要加强计量监督管理，健全国家计量法制。而加强计量监督管理的核心内容是要解决国家计量单位制的统一和全国量值的准确可靠的问题，也就是要解决可能影响经济建设、科技进步和社会发展、造成损害国家和人民利益的计量问题，这是计量立法的基本点。由于计量单位制的统一和量值的准确可靠是保证经济建设、科技进步和社会发展能够正常进行的必要条件，计量法中的各项规定都是紧紧围绕着这一基本点进行的。世界各国也都把统一计量单位、保障本国量值准确可靠作为政权建设和发展经济的重要措施。

但加强计量监督管理，保障计量单位制的统一和量值的准确可靠，还不是计量立法的最终目的，计量立法的最终目的是为了促进国民经济和科学技术的发展，为社会主义现代化建设提供计量保证；为保护广大消费者免受不准确或不诚实测量所造成的危害；为保护人民群众的健康和生命、财产的安全，保护国家的权益不受侵犯。

在《中华人民共和国计量法》（以下简称《计量法》）第一条中把计量立法的宗旨高度概括为："加强计量监督管理，保障国家计量单位制的统一和量值的准确可靠，有利于生产、贸易和科学技术的发展，适应社会主义现代化建设的需要，维护国家、人民的利益"。

计量立法使我国计量工作纳入了法制管理的轨道。计量专业技术人员从事计量检定及其他计量专业技术工作有了明确的行为准则。计量检定人员既要通过计量检定来确保计量单位的统一和量值的准确可靠，更要通过计量检定来履行服务经济建设、促进科技发展、维护国家和人民的利益的根本职责。无论是计量检定规程的制订和实施，还是计量器具新产品的型式评价、计量器具产品的质量监督等工作，都应按计量监督管理的要求，从有利于经济发展、有利于科技进步、有利于保护国家和人民的利益的高度出发，来正确地处理工作中所发生的各种问题，认真做好为经济服务、为企业服务、为消费者服务的各项工作。

2.2.2.1　计量法

1985年9月6日，第六届全国人民代表大会常务委员会审议通过了《计量法》。《计量法》作为国家管理计量工作的基本法，是实施计量监督管理的最高准则。制定和实施《计量法》，是国家完善计量法制、加强计量管理的需要，是我国计量工作纳入法制化管理轨道的标志。《计量法》的目录包括：总则；计量基准器具、计量标准器具和计量检定；计量器具管理；计量监督；法律责任；附则。基本内容包括：计量立法宗旨、调整范围、计量单位制、计量基准器具、计量标准器具和计量检定、计量器具管理、计量监督、计量机构、计量人员、计量授权、计量认证、计量纠纷处理和计量法律责任等，共计六章三十四条。

1）历次修改版本

中华人民共和国计量法（2017年12月27日修正版）；

中华人民共和国计量法（2015年4月24日修正版）；

中华人民共和国计量法（2013年12月28日修正版）；

中华人民共和国计量法（2009年8月27日修正版）；

中华人民共和国计量法（于1986年7月1日生效）。

2）修订沿革

第十二届全国人民代表大会常务委员会第三十一次会议决定对《计量法》做出修改，新修改的《计量法》自2017年12月28日起施行，较2015版本改动如表2-3所示。

2017 版《计量法》与 2015 版比对修订内容 表 2-3

序号	条款	修 订 前	修 订 后
1	第三条第一款	“国家采用国际单位制。”	“国家实行法定计量单位制度。”
2	第三条第三款	“国际单位制计量单位和国家选定的其他计量单位,为国家法定计量单位。国家法定计量单位的名称、符号由国务院公布。非国家法定计量单位应当废除。废除的办法由国务院制定。”	“因特殊需要采用非法定计量单位的管理办法,由国务院计量行政部门另行制定。”
3	第九条第二款	“对前款规定以外的其他计量标准器具和工作计量器具,使用单位应当自行定期检定或者送其他计量检定机构检定,县级以上人民政府计量行政部门应当进行监督检查。”	删除第九条第二款“县级以上人民政府计量行政部门应当进行监督检查”
4	第十二条	“ 制造、修理计量器具的企业、事业单位,必须具备与所制造、修理的计量器具相适应的设施、人员和检定仪器设备,经县级以上人民政府计量行政部门考核合格,取得《制造计量器具许可证》或者《修理计量器具许可证》。”	“制造、修理计量器具的企业、事业单位,必须具有与所制造、修理的计量器具相适应的设施、人员和检定仪器设备。”
5	第十四条	“未经省、自治区、直辖市人民政府计量行政部门批准,不得制造、销售和进口国务院规定废除的非法定计量单位的计量器具和国务院禁止使用的其他计量器具。”	“任何单位和个人不得违反规定制造、销售和进口非法定计量单位的计量器具。”
6	第十五条第二款	“县级以上人民政府计量行政部门应当对制造、修理的计量器具的质量进行监督检查。”	删除第十五条第二款“县级以上人民政府计量行政部门应当对制造、修理的计量器具的质量进行监督检查。”
7	第十七条第二款	“制造、修理计量器具的个体工商户,必须经县级人民政府计量行政部门考核合格,发给《制造计量器具许可证》或者《修理计量器具许可证》。”	删除第十七条第二款“制造、修理计量器具的个体工商户,必须经县级人民政府计量行政部门考核合格,发给《制造计量器具许可证》或者《修理计量器具许可证》。”
8	第四章增加一条作为第十八条	—	第四章增加一条作为第十八条:“县级以上人民政府计量行政部门应当依法对制造、修理、销售、进口和使用计量器具,以及计量检定等相关计量活动进行监督检查。有关单位和个人不得拒绝、阻挠。”
9	第二十二条	“未取得《制造计量器具许可证》、《修理计量器具许可证》制造或者修理计量器具的,责令停止生产、停止营业,没收违法所得,可以并处罚款。”	删除第二十二条“未取得《制造计量器具许可证》、《修理计量器具许可证》制造或者修理计量器具的,责令停止生产、停止营业,没收违法所得,可以并处罚款。”

2.2.2.2 计量行政法规

国务院制定(或批准)的计量行政法规主要包括:

《中华人民共和国计量法实施细则》(以下简称《计量法实施细则》),于1987年1月19日经国务院批准,1987年2月1日由原国家计量局发布。主要对《计量法》中有关计量基准器具和计量标准器具、计量检定、计量器具的制造和修理、计量器具的销售和使用、计量监督、产品质量检验机构的计量认证、计量调解和仲裁检定、费用及法律责任等进行了细化。

《国务院关于在我国统一实行法定计量单位的命令》,于1984年2月27日由国务院发布。主要目的是明确我国在采用国际单位制的基础上,进一步统一我国的计量单位。该命令规定了《中华人民共和国法定计量单位》。

《全面推行我国法定计量单位的意见》,于1984年1月20日国务院第21次常委会通过。主要对全面推行我国法定计量单位的目标、要求、措施等做出了具体规定。

《中华人民共和国强制检定的工作计量器具检定管理办法》,于1987年4月15日由国务院发布。主要对强制检定的工作计量器具的目录、检定机构、检定的程序等做出了具体规定。

《中华人民共和国进口计量器具监督管理办法》,于1989年10月11日经国务院批准。主要对进口计量器具的型式批准、进口计量器具的审批、进口计量器具的检定、法律责任等做出了规定。

《国防计量监督管理条例》,于1990年4月5日由国务院、中央军事委员会发布。为加强国防计量工作的监督管理,保证军工产品的量值准确,对国防计量机构及职责、计量标准、计量检定、计量保证与监督做出了明确规定。

《关于改革全国土地面积计量单位的通知》,于1990年12月18日经国务院批准。主要对我国土地面积计量单位做出了具体规定。

2.2.2.3　计量规章

国务院计量行政部门发布的有关计量规章主要包括:《中华人民共和国计量法条文解释》《中华人民共和国强制检定的工作计量器具明细目录》《中华人民共和国依法管理的计量器具目录(型式批准部分)》《计量基准管理办法》《计量标准考核办法》《标准物质管理办法》《法定计量检定机构监督管理办法》《计量器具新产品管理办法》《中华人民共和国进口计量器具监督管理办法实施细则》《计量检定人员管理办法》《计量检定印、证管理办法》《计量违法行为处罚细则》《仲裁检定和计量调解办法》《零售商品称重计量监督管理办法》《定量包装商品计量监督管理办法》《商品量计量违法行为处罚规定》《计量授权管理办法》《计量监督员管理办法》《专业计量站管理办法》《社会公正计量行(站)监督管理办法》《制造、修理计量器具许可监督管理办法》等。

此外,一些省、自治区、直辖市人大和政府,以及较大城市人大也根据需要制定了一批地方性的计量法规和规章。

在我国的计量法律、计量行政法规和计量规章中,对我国计量监督管理体制、法定计量检定机构、计量基准和标准、计量检定、计量器具产品、商品量的计量监督和检验、产品质量检验机构的计量认证等计量工作的法制管理要求,以及计量法律责任都做出了明确的规定。

2.2.3　国内外计量组织管理技术机构

2.2.3.1　国际计量组织管理技术机构简介

在电测、热工计量工作中,经常碰到米制公约组织、国际法制计量组织及国际计量测试联合会等名称,为了加深对国际单位制的理解,现将这些组织的有关内容简介如下。

1)国际计量局(BIPM)——米制公约组织

“米制公约”中规定设立国际计量委员会和国际计量局(图2-5)。国际计量委员会(CIPM)受国际计量大会(CGPM)领导。它的任务是:指导和监督国际计量局的工作;建立各国计量机构间的协作;组织会员国承担国际计量大会决定的计量任务,并进行指导和协调;监督国际计量基准的保存工作。

成立日期:1791年,法国国民代表大会通过了以长度单位米为基本单位的决议。1875年5月20日,由17个国家代表在巴黎签订了“米制公约”,从而为米制的传播和发展奠定了基础。

中国加入日期:1977年5月20日,中国加入米制公约组织。

组织宗旨:保证在国际范围内计量单位和物理量测量的统一,建立并保存国际原器进行各国基准的比对和技术协调,建立国际单位制并负责改进工作,从事基础性的计量学研究工作。

组织机构:①国际计量大会(CGPM):国际计量大会由米制公约缔约国的代表参加,是米制公约组织的最高组织形式,每四年召开一次大会,第一届国际计量大会召开于1889年;②国际计量委员会(CIPM):国际计量委员会是米制公约组织的领导机构,由缔约国的18名成员组成,受国际计量大会的领导,每两年召开一次会;③国际计量局(BIPM):国际计量局是米制公约组织的常设机构,是计量科学研究工作的国际中心,其机构设在法国的巴黎;④咨询委员会:目前共设有八个咨询委员会,是国际委员会下属的学术机构。

出版物:国际计量大会会报、国际计量委员会会议记录、国际计量局工作汇编、咨询委员会会议记录、计量学(Metrologia)杂志。

2)国际法制计量组织(OIML)

为了加强各国计量部门之间在法制计量方面的相互合作和联系,促进计量技术交流,在国际范围内解决使用计量器具存在的技术与管理问题,1937年,有37个国家的代表在巴黎召开了国际法制计量大会。会议决定成立国际法制计量临时委员会,草拟成立国际法制计量组织的公约草案。1955年10月12日,有24个国家的代表在巴黎签订《国际法制计量组织公约》,决定正式成立国际法制计量组织(图2-6)。

图2-5 国际计量局

图2-6 国际法制计量组织

成立日期:1955年10月24日,由美国、联邦德国等24个国家的政府代表在巴黎签订了《国际法制计量组织公约》,同时正式宣布成立“国际法制计量组织”(OIML),它是一个政府间的国际组织。

中国加入日期:1985 年 4 月 20 日,中国成为国际法制计量组织的第 50 个成员国。

组织宗旨:促进各国在法制计量方面的合作。讨论和研究国际立法、制定法制计量法规,使法制计量工作在国际范围内获得公认,以消除国际贸易及交往中的技术壁垒。

组织机构:①国际法制计量大会:国际法制计量大会是国际法制计量组织的最高组织形式,每四年召开一次,成员国均有权派代表出席;②国际法制计量委员会(CIML):国际法制计量委员会是国际法制计量组织的领导机构,由各成员国政府任命的一名代表组成,每两年开一次会;③国际法制计量局(BIML):国际法制计量局是国际法制计量组织的常设执行机构,其机构设在巴黎;④技术委员会(TC)和分委员会(SC):目前共设有十八个技术委员会,压力计量为 TC10,秘书国为美国。

出版物:国际法制计量组织公报、国际文件、国际建议、计量器具证书制度。

3)国际计量技术联合会(IMEKO)

国际计量技术联合会(IMEKO)是一个非政府间的国际性计量学组织,原名叫"国际计量技术与仪器制造协会"(IMEKO),创始于 1958 年。冷战期间,苏联、匈牙利、波兰、民主德国等 12 个国家的计量与自动化科学协会于 1958 年 11 月在布达佩斯召开第一届国际计量会议时,决定成立"国际计量技术联合会",出席这次大会的国家均作为发起国,我国于 1960 年以"中国计量技术与仪器制造学会"名义和观察员身份参加了筹备委员会,1961 年经国务院批准正式参加,并出席了第二届大会,因此也是该组织的发起国之一。1979 年经全国科协和外交部批准改由中国计量测试学会作为该组织的成员组织。到目前为止,该组织的成员国有 26 个。

国际计量技术联合会的宗旨是:加强发展计量技术和仪器制造与应用的科技情报交流;加强本领域内科技人员的合作。该组织有别于国际计量局(BIMP)和国际法制计量组织(OIML),它侧重于工业计量测试和计量测试技术的研究和开发,是计量测试领域中一个十分重要的国际组织。该组织的最高决策机构是总务委员会(GC),每个成员国可允许 1 ~ 2 名代表参加,但只有一票表决权。总务委员会会议每年召开一次,会员代表大会每三年召开一次,秘书处设在布达佩斯。

成立日期:1958 年 11 月,第一届国际计量会议在匈牙利的布达佩斯召开,并成立了该组织,它是一个非官方的国际组织。

中国加入日期:1961 年成立该联合会,我国是发起国之一。1979 年,中国改以"中国计量测试学会"的名义作为该联合会的成员。

组织宗旨:促进计量测试理论、技术、器具等方面的国际交流。促进科学家、专家、技术人员之间的国际合作。

组织机构(图 2-7):①世界大会:世界大会是国际计量测试联合会的最高组织形式,每三年召开一次大会;②总务委员会:总务委员会是国际计量测试联合会的最高指导机构,由各成员国组织的代表组成,每年举行一次例会;③秘书处:秘书处是国际计量测试联合会的常设执行机构,其机构总部设在布达佩斯;④技术委员会:目前共设有十七个技术委员会,各技术委员会可依据具体情况组织活动。

出版物:会议记录。

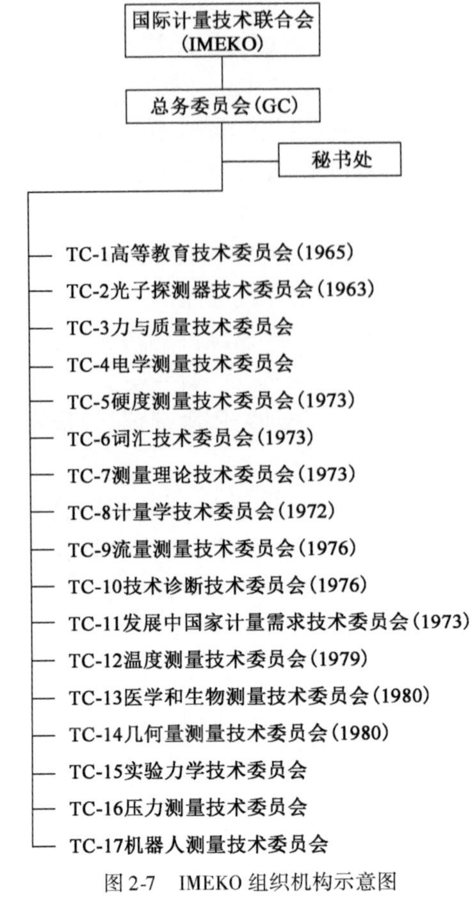

图 2-7 IMEKO 组织机构示意图

2.2.3.2 我国国家级计量技术机构

新中国成立初期,我国的计量技术机构与计量行政机构没有分开,这是因为我国早期计量工作的首要任务不是如何对计量进行管理,而是先要建立现代计量,所以技术工作是我国早期计量工作的重点。通过计量技术机构的努力,基本建立了健全的国际领先水平的计量基准和计量标准。通过加强管理,建立了健全的我国的量值传递体系和溯源体系,为计量法制化管理提供了技术保障。下面重点介绍我国计量技术机构中的权威机构。

1)中国计量科学研究院

中国计量科学研究院(图 2-8)成立于 1955 年,隶属国家质量监督检验检疫总局,是国家最高的计量科学研究中心和国家级法定计量技术机构,属社会公益型科研单位。建院以来,中国计量院瞄准国际计量科学前沿,在国家经济建设、社会发展和科技进步中发挥了重要的支撑作用,主要开展以下工作:建立、保存、维护和改进用以复现法定计量单位量值的国家最高一级的计量基准器具和标准器具;负责各项国家基准器具和标准器具复现的计量单位量值传递、计量检定和承担检定系统表、检定规程的拟定和修改工作以及其他法定计量工作以确保量值统一、准确可靠;负责与国际计量机构保存的国际计量基准器具以及与世界各国计量机构保存的国家基准器具和标准器具进行国际比对,以确保中国的国家基准器具和标准器具复现的单位量值与国际计量基准器具以及各国国家基准器具复现的单位量值一致;负责研究将计量单位量值从国家基准器具和标准器具传递到工作中计量器具的方法和手段。

图 2-8 中国计量科学研究院

2)中国测试技术研究院

中国测试技术研究院于 1980 年由原中国计量科学研究院分院和四川省计量测试研究所合并而成立。它既是我国计量测试技术的研究基地,又是国家和四川省技术监督部门法定的计量技术机构,现建有数十项国家计量基准、副基准和工作基准,160 多项社会公用计量标准,拥有员工近千人。其主要任务是:

(1)承担计量器具的性能试验、新产品定型鉴定、样机试验、材料物理性能测试、环境参数测试和安全防护测试、自动测试和在线测试、机械几何量测试、无损探伤检测技术,以及传感器的研究、评价和开发应用;

(2)研究和建立国家计量基准,并负责其量值传递工作;

(3)负责四川省乃至西南地区的部分量值传递工作;

(4)开发计量仪器产品,开展计量测试和技术咨询服务;

(5)承担技术监督部门委托的计量认证、计量仲裁、计量人员培训与考核和计量技术指导等任务。

中国测试技术研究院现设有机械工程测试处、自动化测试处、材料物理性能测试处、环境防护测试处、性能测试处和计量测试仪器实验工厂以及计划技术处和计量法制管理处。

3)国家标准物质研究中心

国家标准物质研究中心于 1989 年 1 月建立,其前身是 1980 年在原计量院化学室基础上成立的标准物质研究所,现拥有 $6500m^2$ 的恒温和超净实验大楼,1000 多台(件)各类先进仪器设备,研制完成标准物质数百种,其中有 100 多种被批准为国家一级标准物质,每年向国内外发放标准物质 2 万余件。其基本任务为:

(1)研究标准物质、标准测试方法和标准数据;保存和维护有关国家计量基准和标准;

(2)负责全国标准物质的研制、生产及使用方面的技术协调和技术指导;负责全国标准物质的统一管理;

(3)起草国家有关的计量技术法规、规范与国家标准;

(4)承担标准物质的定级认定,国家产品质检机构和计量测试机构的技术认证;

(5)开展计量器具新产品定型鉴定、检定测试、样品分析、产品质量监督和仲裁检验等；

(6)承担全国理化计量、分析测试的质量保证任务，包括人员培训考核、检测能力与结果可靠性监督检查。

目前，国家标准物质研究中心设有物理化学计量、无机分析、有机分析、物质结构、工程测试和标准物质制备研究实验室和全国标准物质技术管理室等机构。

4)七个大区计量中心

我国共有七个依法授权的国家级区域性法定计量检定机构，分别是华北国家计量测试中心(北京)，东北国家计量测试中心(沈阳)，华东国家计量测试中心(上海)，中南国家计量测试中心(武汉)，华南国家计量测试中心(广州)，西南国家计量测试中心(成都)，西北国家计量测试中心(西安)。

5)国家级专业计量站

我国依法授权的专业性国家级计量站及其分站共有63个，见表2-4。

我国国家专业计量站 表2-4

序号	计量站名称	主要授权项目	地　址
1	国家大容量第一计量站	球形金属罐、卧式金属罐、立式金属罐	辽宁省抚顺市经济开发区中兴西二街5号
2	国家变频电量测量仪器计量站	变频电量分析仪、变频电量变送器、交直流电压电流功率表、交直流标准电压源、交流功率变换器	湖南省长沙市雨花区香樟路396号
3	国家石油天然气大流量计量站南京分站	临界流文丘里喷嘴、超声流量计、涡轮流量计、气体容积式流量计、差压式流量计、速度式流量计、气体容积式流量计、科里奥利质量流量计、超声流量计 涡轮流量计、差压式流量计、速度式流量计	江苏省南京市栖霞区龙潭镇宜闸村
4	国家石油天然气大流量计量站广州分站	无数据	广东省广州市从化区鳌头镇下西村省道354四十二公里处
5	国家计量器具软件测评中心(广东)	计量器具软件数字指示秤软件	广东省东莞市石排镇东园大道南庙边王路段1号
6	国家计量器具软件测评中心	计量器具软件数字指示秤软件	北京市北三环东路18号(和平西桥东南角)
7	国家机动车专用检测设备计量站	假人膝部滑动检测装置、假人膝部冲击检测装置、假人头部跌落检测装置等	上海市嘉定区安亭镇于田南路68号
8	国家水运工程检测设备计量站	回声测深仪、声速剖面仪、闸门开度计、伺服式测斜仪、非金属声波检测仪等	天津市滨海新区塘沽新港二号路2618号
9	国家大容量第二计量站	球形金属罐、卧式金属罐、立式金属罐	山西省运城市建设北路
10	国家石油天然气大流量计量站	气体差压式流量计、流量积算仪、压力变送器、差压变送器、温度变送器、铂电阻温度计、气体超声流量计等	北京市
11	国家石油天然气大流量计量站重庆分站	CNG加气机、钟罩式气体流量标准装置、气体容积式流量计（以空气为介质)等	重庆市
12	国家石油天然气大流量计量站武汉分站	气体容积式流量计、气体速度式流量计、气体质量流量计、气体涡轮流量计等	武汉市

续上表

序号	计量站名称	主要授权项目	地址
13	国家石油天然气大流量计量站成都分站	质量流量计、速度式流量计、涡轮流量计等	成都市
14	国家石油天然气大流量计量站东营分站	原油、轻烃检定用、体积管、超声流量计、科里奥利质量流量计等	东营市
15	国家纺织计量站	纺织专用标准电阻箱（含测湿、回潮率仪）、纺织专用砝码、电容式条干均匀度仪等	北京市朝外延静里中街3号
16	国家纺织计量站上海分站	纺织专用直流电阻箱、纺织专用测力杠杆、纺织品特性测试仪等	上海市江宁路931号兴达商务园
17	国家矿山安全计量站计量	矿用风速测量仪表检定装置、矿用风压表、粉尘采样器检定装置、直读式粉尘浓度测量仪表、光干涉 甲烷测定器等	重庆市沙坪坝区上桥三村55号
18	国家矿山安全计量站乌鲁木齐分站	浮子流量计、矿用机械风速表、粉尘采样器检定装置、粉尘采样器（不含使用交流电源的采样器）、光干涉式甲烷测定器、光干涉型甲烷测定器检定仪、催化燃烧式甲烷测定器	乌鲁木齐市
19	国家轨道衡计量站	T7型检衡车、T6WK型检衡车、静态称量轨道衡、动态称量轨道衡等	北京市
20	国家轨道衡计量站沈阳分站	静态称量轨道衡	沈阳市
21	国家轨道衡计量站哈尔滨分站	静态称量轨道衡	哈尔滨市
22	国家轨道衡计量站北京分站	静态称量轨道衡	北京市
23	国家轨道衡计量站太原分站	静态称量轨道衡	太原市
24	国家轨道衡计量站呼和浩特分站	静态称量轨道衡	呼和浩特市
25	国家轨道衡计量站乌鲁木齐分站	静态称量轨道衡	乌鲁木齐市
26	国家轨道衡计量站兰州分站	静态称量轨道衡	兰州市
27	国家轨道衡计量站西安分站	静态称量轨道衡	西安市
28	国家轨道衡计量站郑州分站	静态称量轨道衡	郑州市
29	国家轨道衡计量站武汉分站	静态称量轨道衡	武汉市
30	国家轨道衡计量站济南分站	静态称量轨道衡	济南市
31	国家轨道衡计量站上海分站	静态称量轨道衡	上海市

续上表

序号	计量站名称	主要授权项目	地　址
32	国家轨道衡计量站南昌分站	静态称量轨道衡	南昌市
33	国家轨道衡计量站成都分站	静态称量轨道衡	成都市
34	国家轨道衡计量站柳州分站	静态称量轨道衡	柳州市
35	国家轨道衡计量站昆明分站	静态称量轨道衡	昆明市
36	国家轨道衡计量站南宁分站	静态称量轨道衡	南宁市
37	国家轨道衡计量站广州分站	静态称量轨道衡	广州市
38	国家铁路罐车容积计量站	液化气体铁路罐车容积、铁路罐车容积、铁路罐车	北京市
39	国家铁路罐车容积计量站沈阳分站	液化气体铁路罐车容积、铁路罐车容积、铁路罐车	沈阳市
40	国家铁路罐车容积计量站西安分站	液化气体铁路罐车容积、铁路罐车容积、铁路罐车	西安市
41	国家铁路罐车容积计量站包头分站	液化气体铁路罐车容积、铁路罐车容积、铁路罐车	包头市
42	国家铁路罐车容积计量站吉林分站	液化气体铁路罐车容积、铁路罐车容积、铁路罐车	吉林市
43	国家铁路罐车容积计量站茂名分站	液化气体铁路罐车容积、铁路罐车容积、铁路罐车	茂名市
44	国家铁路罐车容积计量站齐鲁分站	液化气体铁路罐车容积、铁路罐车容积、铁路罐车	淄博市
45	国家铁路罐车容积计量站南京分站	液化气体铁路罐车容积、铁路罐车容积、铁路罐车	南京市
46	国家铁路罐车容积计量站锦州分站	液化气体铁路罐车容积、铁路罐车容积、铁路罐车	锦州市
47	国家海洋计量站	温盐深测量仪（电导率部分）、声学验潮仪（水位计）、浮子式验潮仪（水位计）、重力加速度式波浪浮标等	天津市芥园西道219号
48	国家海洋计量站上海分站	船舶气象仪风速风向传感器、船舶气象仪温度传感器、海洋资料浮标温度传感器等	上海市
49	国家海洋计量站青岛分站	机械式温湿度计/湿度计、船舶气象仪、开端颠倒温度表、气象用双金属温度计	青岛市

续上表

序号	计量站名称	主要授权项目	地址
50	国家海洋计量站广州分站	差压式流量计/气体速度式流量计/气体容积式流量计/科里奥利质量流量计/超声流量计/涡轮流量计、其他气压传感器等	广州市
51	国家原油大流量计量站	成品油质量流量计(在线检定)、天然气检定用钟罩、天然气临界流音速喷嘴等	黑龙江省大庆市西康路31号
52	国家高电压计量站	电流比例标准、直流分压器、绝缘电阻表、高压电容电桥等	湖北省武汉市洪山区珞喻路143号
53	国家质量监督检验检疫总局深圳计量检定站	绝缘电阻表、浮标式氧气吸入器、滤纸式烟度计、一氧化碳检测报警器等	深圳市
54	国家纤维计量站	纤维检验专用电阻箱、纤维比电阻仪、纤维检验专用扭力天平等	北京市东城区安定门东大街5号
55	国家环境试验综合参数专业计量站	温度、湿度、振动综合试验设备、氙弧灯气候老化试验设备、盐雾高低温交变试验设备、高低温低气压试验设备等	广州市
56	国家道路与桥梁工程检测设备计量站	摆式摩擦系数测定仪、车载式路面激光车辙仪、车载式路面激光平整度仪、通信管道静摩擦系数测量仪等	北京市海淀区西土城路8号
57	国家气象计量站	热球风速仪、电接风向风速仪等	北京市海淀区中关村南大街46号
58	国家家用电器计量站	制冷压缩机量热计、B型换气扇风量测量装置、洗净率检测装置、空调器(机)空气焓值法检测装置等	北京市西城区下斜街29号
59	国家船舶舱大容积计量站	船舶液货舱	上海市肇嘉浜路221号
60	国家通信计量站	标准终端(反射桥)、高频电子电压表、平衡衰减器、波导衰减器等	北京市海淀区
61	国家重大技术装备几何量计量站	齿轮螺旋线检查仪、齿轮渐开线检查仪、大千分尺校对量杆(加长型)、大内径千分尺、钢围尺、钢卷尺	四川德阳
62	国家高新技术计量站	汽车前轮定位测量仪、汽车转向角检验台、便携式制动性能测试仪、汽车悬架装置检测台、非接触式汽车速度计、方向盘力角仪等	深圳
63	国家水文流量计量站	水文流量计(校准、检定)	河南开封

2.3 标准化与计量的关系

李克强总理在首届中国质量大会上强调,计量、标准、认证认可、检验检测是国际公认的国家质量基础,我国国家质量基础构架如图2-9所示。

标准是文字规范,计量是实物基准,质量是最终结果。“以质量为中心,以标准化、计量为基础”的技术监督工作方针,不仅阐明了企业的发展应走质量效益的道路,而且也反映出了标准、计量和质量之间的辩证关系,提出了质量赖以生存的基础。

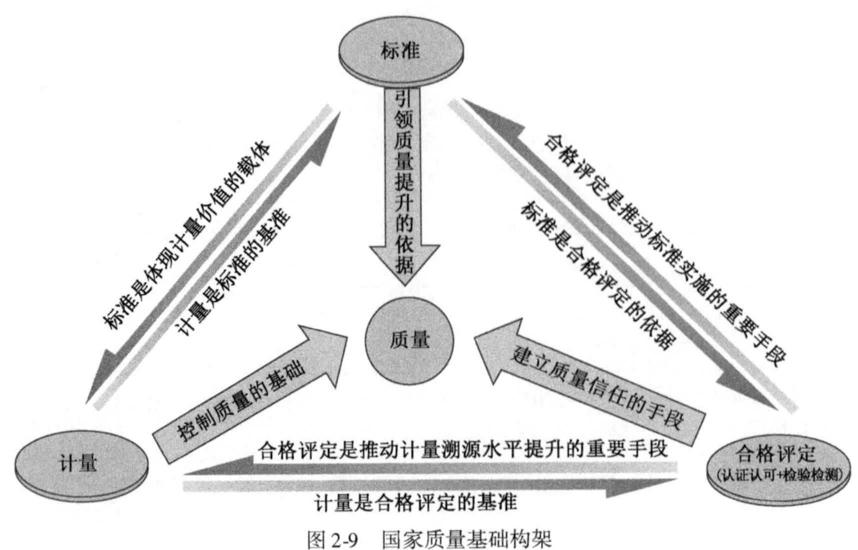

图 2-9　国家质量基础构架

2.3.1　标准化和计量是产品质量保证的基础

标准是产品质量的依据,计量是产品质量的眼睛,没有依据,无从分析产品质量的优劣;没有眼睛,就不能判断产品质量是否符合标准要求。搞好标准化和计量工作是产品质量保证的基础。产品质量是企业的生命。提高产品质量,要求标准化工作必须在提高标准水平和推进标准的实施上下功夫。没有规矩不成方圆,没有标准何谈质量。我们知道产品标准是广大消费者需求的集中体现,也是衡量和评价产品实物质量的技术依据。标准水平直接影响到产品性能是否能满足广大用户的需求,影响到产品质量是否具有竞争力。实践早已证明:若按低水平标准去组织生产,产品即使全部合格,也没有市场。因此,要提高产品质量,必须提高标准水平。有了高水平的标准,这仅仅是开始,更重要的是把这些标准在企业经营活动中认真贯彻实施。当前,产品质量问题还很严重,劣质产品流入市场,损害了用户利益,失去了信任,严重影响了企业形象,降低了产品竞争力。造成这种状态的重要原因之一,就是不严格执行产品标准,不按标准要求组织生产和检验。

产品质量的优劣主要表现在产品标准规定的技术特性和质量特性上,而这些特性绝大多数是可以用计量检测手段测量的物理量或化学量。"凭数据说话"实际上就是凭准确可靠的测量结果来评价产品质量。因此,要把住质量关,也可以说就是把住计量检测关。看一个企业的质量水平,往往从它的计量检测水平就可以看出端倪。对产品质量如此,对原材料、半成品也同样如此,对生产的全过程都必须应用各种计量检测手段对质量特性进行连续、严格的控制。从工业发达国家的实践来看,不论是早期的质量检验,中期的统计质量管理,还是现代的全面质量管理,计量工作都是产品质量中最基础的技术工作之一。

2.3.2　标准化和计量是实现企业科学管理的基础

企业的标准化和计量工作要以提高产品质量和经济效益为中心,这是更好地为促使企业适应两个根本性转变的有力措施。经济体制从传统的计划经济向社会主义市场经济体制转变,则要求企业走向市场,建立现代企业制度,实现最佳经济效益;经济增长方式从粗放型向集约型转变,要求经济发展从主要依靠增加投入、铺新摊子、追求数量转变到主要依靠科技进步、提高产品质量和增加效益的轨道上来。企业标准化和计量工作要真正面向生产、结合实际,加强在生产和经营过程中各项技术标准、管理标准的完善,加强测量的管理与服务,以解决生产中的实际问题。只有这样,标准化和计量工作才能具有真正的生命力。

要把标准化和计量工作作为建立现代企业制度,推进企业内部改革的基本内容来抓,就必须转变观念,提高认识。计量体系和标准化体系,既是质量体系的两个子体系,又是提高管理水平的重要基础性工作。标准化和计量管理工作,只有以质量体系为引导,才能使其更有效地运行和产生良好的效果。反之,质量保证体系也只有在标准化体系和计量保证体系的支撑下才会使质量活动有序化,使质量管理更具科学性。因此,建立和完善标准化体系和质量保证体系,就要充分认识到抓好这两项基础工作是提高企业科学管理水平的重要环节,是提高产品质量和档次的基本保证。没有合格的工艺标准、消耗定额标准和准确可靠的计量数据,没有科学的管理标准、工作标准和科学的量化考核手段,就不可能实现科学的企业管理。先进的管理是先进技术转化为市场竞争能力的关键,优质产品的形成过程就是先进技术和科学管理相结合的过程。因此,针对企业内部"模拟市场""成本否决""强化管理"的需要,全面加强企业标准化和计量工作的建设,提高计量检测能力,提高计量管理和标准化管理水平,充分发挥其在质量、效益和管理方面的作用,已成为管理者的共识。

2.3.3　贯彻国际标准,建立计量保证体系

为了更有效地推行质量取胜的战略,在企业贯彻 ISO 9000 系列标准,达到供方在其质量体系中用测量结果来证实产品或服务能够满足规定要求的同时,还必须积极贯彻 ISO 10012《测试设备的质量保证要求》系列标准,以实现 ISO 9000 系列标准中作为质量体系要素的计量检测设备的质量保证,使之形成一个更加完善的质量保证体系。ISO 10012系列标准是ISO 9000系列标准的支持标准,是对 ISO 9000 系列标准中有关测量管理工作的具体化。其实质就是要求供方建立计量保证体系,保证测量检测设备在确认的周期内能够满足规定的准确度要求。计量保证体系使狭义的计量管理逐步转化为广义的计量管理。测量设备是计量保证体系的管理对象,一般包括各种计量器具、各类标准物质以及各种与计量有关的辅助设备,还包括对测量设备的管理、确认和使用的有效文件资料。有符合ISO 10012标准要求的文件依据,才能保证计量体系持续有效地实施。计量保证体系的文件中,应当要求计量人员深入到生产现场,与质量管理人员协同工作,随时了解生产过程中质量控制对计量器具量值的准确性、稳定性的具体要求,使计量器具动态化管理,有效控制生产过程中工艺标准,为质量管理提供必要保证。这样的闭环管理是保证测量设备能达到预期要求,使之具有预期功能,有利于及时发现问题、及时解决问题,避免推诿延误时间,造成不必要的损失和浪费。这表明了计量工作已从过去单纯的量值传递、计量检定的概念转变为计量与测试相结合,建立科研、生产、试验、使用全过程计量保证体系的广义计量新概念;在管理上由传统的计量器具管理转化为以计量器具管理为基础的计量数据管理;在技术上由过去的离线、静态、被动的计量工作向深层次发展;使计量保证与生产控制紧密结合起来;直接或间接地为企业创造更大的效益。只有这样,企业的计量工作才会不断地推进和创新。

2.3.4 标准化和计量工作互为基础

标准化与计量关系密切,源远流长。在水运工程领域,它们都属于技术基础学科。计量是手段,标准是依据,两者都是保证水运工程质量的重要支柱和基石。

标准化和计量相互渗透、相互依存。没有计量,标准的要求就失去定量的衡量,就无法保证。因此制定标准时就应充分考虑标准中质量特性要求的计量可能性,如果标准中要求的质量特性值无法计量或检测,那么标准也失去了实际意义;标准的实施需要计量工作支持,实施标准时,需要制定符合标准要求的计量检测方法,需要有符合标准要求、能完成计量任务的测试设备。所以,标准水平的提高也与计量技术的发展相互联系、相互促进。

反之,标准化也是实现计量工作协作传递的必要条件,实现计量工作现代化的基础,标准化有利于促进计量测试设备品种的通用和合理发展,有利于保证计量器具的质量。因此说,计量工作本身需要标准化,需要制定计量术语标准、计量测试器具的质量、检定方面的标准,测试方法和量值传递方面的标准,以规范计量工作。否则,计量工作就没有统一依据,就不能保证计量工作的一致性、准确性、溯源性。例如,除贯彻有关国家通用的计量测试标准外,水运工程检测设备领域按照标准体系表的规划仍有 100 余项计量测试方面的行业标准需求。此外,计量测试工作、特别是通用、专用的计量测试器具、测试设备、基准的设计和研制、管理都要贯彻有关标准,都要按标准化的原理和原则开展标准化工作,以满足国民经济市场发展的需要、满足新型设备研制与新技术发展的需要。

可以说,标准化和计量在今后的工作中将永远相互渗透、相互依存、相互促进,密不可分。

第3章 水运工程检测设备标准化体系

根据国务院下发的《深化标准化工作改革方案》《国家标准化体系建设规划(2016—2020年)》和《"十三五"现代综合交通运输体系发展规划》,为满足标准化体系建设的要求,响应交通运输标准化体系建设,统筹推进水运工程标准化工作,急需制定水运工程检测设备标准化体系。

3.1 交通运输标准化体系概述

交通运输标准化体系是按照交通运输行业发展需求,围绕标准化工作的全要素、全过程及其内在联系构建而成的科学有机整体,包括政策制度、标准研究、制修订、国际化、实施监督、支撑保障等内容,涵盖铁路、公路、水运、民航和邮政各领域,具有系统性、协调性和前瞻性特征。

交通运输标准化体系是行业标准化工作的顶层设计,是对今后一段时期标准化政策制度建设、标准制修订、标准国际化活动、标准实施监督及支撑保障工作的宏观布局,是统筹协调铁路、公路、水运、民航和邮政标准化工作的基础和依据。

交通运输标准化体系包括标准化政策制度体系、技术标准体系、标准国际化体系、实施监督体系和支撑保障体系 5 个部分,覆盖交通运输各领域标准化工作全过程。交通运输标准化体系框架见图 3-1。其中,技术标准体系是交通运输标准化体系建设的核心,是合理规划和有效管理标准制修订工作的重要手段,有助于明确交通运输行业不同类型标准的边界,减少标准间的重复、交叉、矛盾等问题,理清政府与市场标准制修订范围,规范标准的制修订管理,提高标准的整体质量和水平,对于完善各领域、各标准化技术委员会标准体系布局,具有指导作用。交通运输标准化体系是构建各领域、各专业技术标准体系的基础,覆盖各领域、各专业技术标准体系的标准需求。

3.2 水运工程检测设备标准化体系

水运工程检测设备标准化体系是水运标准化体系的一部分,交通运输技术标准体系已将水运标准分为基础标准、安全应急、运输服务、工程建设、信息化、节能环保、设施设备等 7 类,如图 3-2 所示。水运工程检测设备属于水运工程技术标准体系的设施设备范畴。根据水运工程检测设备重点任务需求,编制水运工程检测设备技术标准体系,确定一定时期内标准制修订任务,从而指导水运工程检测设备标准制修订等工作。

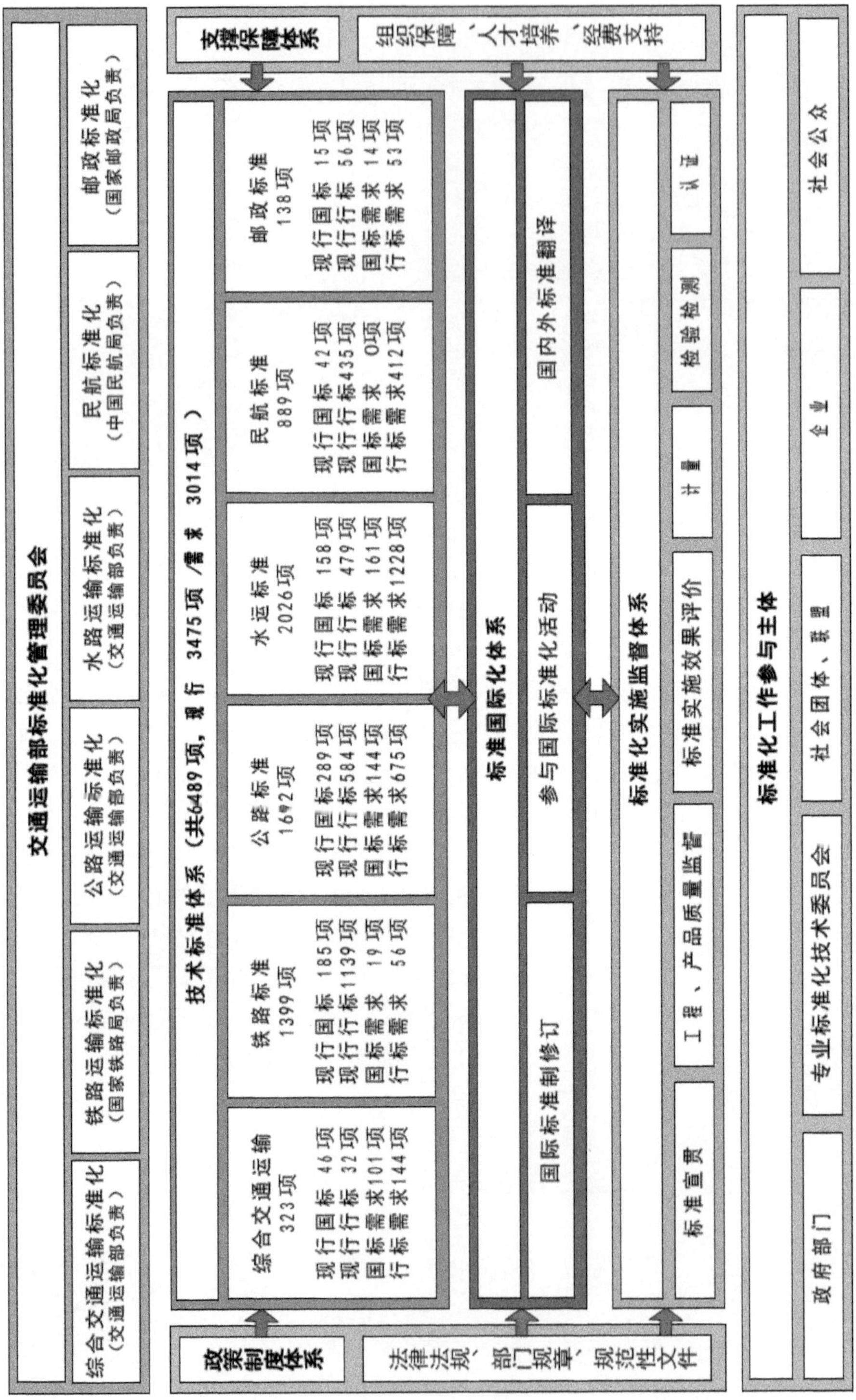

交通运输部标准化管理委员会

- 综合交通运输标准化（交通运输部负责）
- 铁路运输标准化（国家铁路局负责）
- 公路运输标准化（交通运输部负责）
- 水路运输标准化（交通运输部负责）
- 民航标准化（中国民航局负责）
- 邮政标准化（国家邮政局负责）

政策制度体系：法律法规、部门规章、规范性文件

支撑保障体系：组织保障、人才培养、经费支持

技术标准体系（共6489项，现行 3475项/需求 3014项）

综合交通运输 323项	铁路标准 1399项	公路标准 1692项	水运标准 2026项	民航标准 889项	邮政标准 138项
现行国标 46项	现行国标 185项	现行国标289项	现行国标 158项	现行国标 42项	现行国标 15项
现行行标 32项	现行行标1139项	现行行标584项	现行行标 479项	现行行标435项	现行行标 56项
国标需求101项	国标需求 19项	国标需求144项	国标需求 161项	国标需求 0项	国标需求 14项
行标需求144项	行标需求 56项	行标需求675项	行标需求1228项	行标需求412项	行标需求 53项

标准国际化体系

- 国际标准制修订
- 参与国际标准化活动
- 国内外标准翻译

标准化实施监督体系

- 标准宣贯
- 工程、产品质量监督
- 标准实施效果评价
- 计量
- 检验检测
- 认证

标准化工作参与主体

- 政府部门
- 专业标准化技术委员会
- 社会团体、联盟
- 企业
- 社会公众

图3-1　交通运输标准化体系结构图

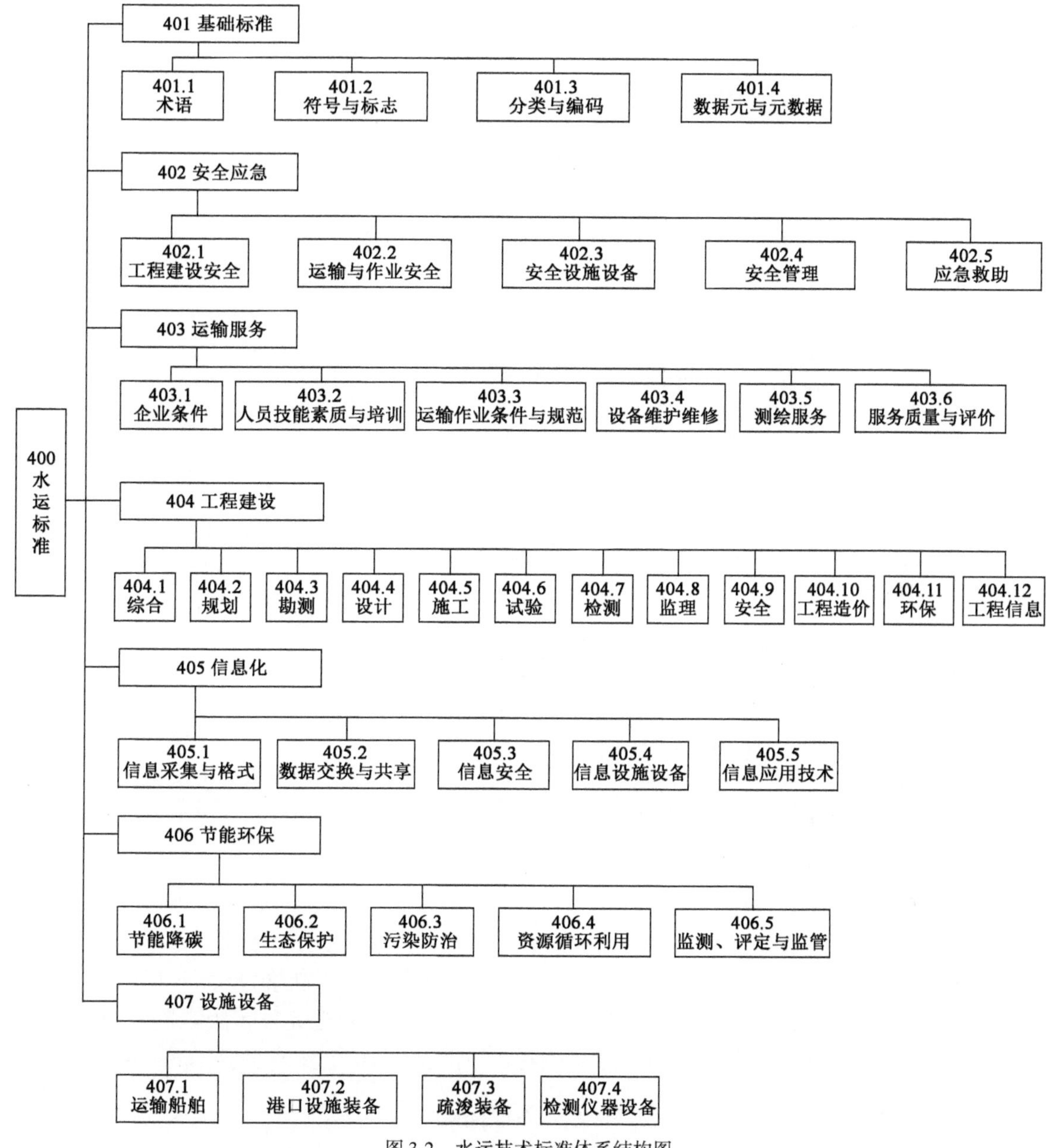

图 3-2 水运技术标准体系结构图

3.2.1 水运工程检测设备标准化体系概述

水运工程检测设备标准化体系是按照水运行业发展需求，针对水运行业检测仪器专业性强、工作原理复杂、环境涉水性和更新换代快的特点，构建而成的标准化体系，其是今后一段时期水运工程行业检测设备标准化工作的基础。

交通运输部委托国家水运工程检测设备计量站编制《水运工程试验检测仪器设备计量管理目录》（交办科技〔2016〕56 号）（以下简称《管理目录》），已于 2016 年发布实施。该管理目录系统梳理了水运工程检测仪器设备标准的现状，为水运工程检测仪器设备技术标准体系的构建奠定了基础。

水运工程检测仪器设备标准化体系是水运行业专业检测设备标准制修订、宣传贯彻和实施监督的依据。水运工程检测设备标准化工作过程，如图 3-3 所示。

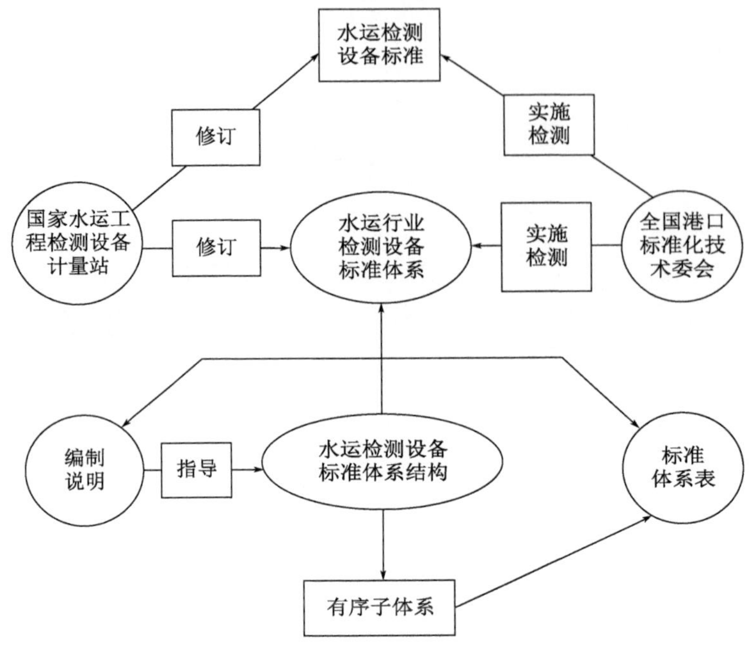

图 3-3　水运工程检测设备标准化工作过程图

3.2.2　水运工程检测设备技术标准体系构建方法

标准体系构建的方法是搜集标准和组织标准关系的理论方法，是认识和构建标准体系的根本方法，其为标准体系的构建提供理论指导。技术标准体系是水运工程检测设备标准化体系建设的核心，是合理规划和有效管理标准制修订工作的重要手段，对于明确水运工程检测设备标准的边界，减少标准间的重复、交叉、矛盾等问题，规范标准的制修订管理，提高标准的整体质量和水平意义重大。水运工程检测设备技术标准体系属于创新型标准体系，它的构建方法与标准体系构建相同，标准体系的全寿命周期程序流程由 10 个步骤组成，如图 3-4 所示。

3.2.3　水运工程检测设备技术标准体系表构建

根据文献查阅、专业人士访问等方式总结出当前水运工程检测设备现行技术标准存在的问题：一，标准数量不足，部分专业标准缺失；二，部分标准标龄过长、标准老化现象严重；三，行业间标准之间存在交叉、矛盾；四，标准技术水平偏低，不能充分反应新方法、新技术、新工艺的要求。

根据标准通用化、规范化和特殊化功能，建立科学合理的水运工程检测设备技术标准体系，主要目标为：一，重新评价现有标准，逐步解决现阶段水运工程行业标准存在的问题，提出标准制修订项目，使水运工程检测设备都有标准相对应；二，对水运工程未来规范化发展提供技术规范支持。

基于此，我们将水运工程检测设备技术标准体系框架分为三个部分：一是，建立水运工程检测仪器设备技术标准体系分类结构图，该部分包括对水运工程检测设备技术标准体系进行需求分析，结构设计和层次划分，最终形成水运工程检测设备技术标准体系分类结构图；二是，对水运工程检测设备技术标准体系所需标准进行研究；三是，编写水运工程检测设备技术标准体系明细表以及水运工程检测设备技术标准体系编制说明。

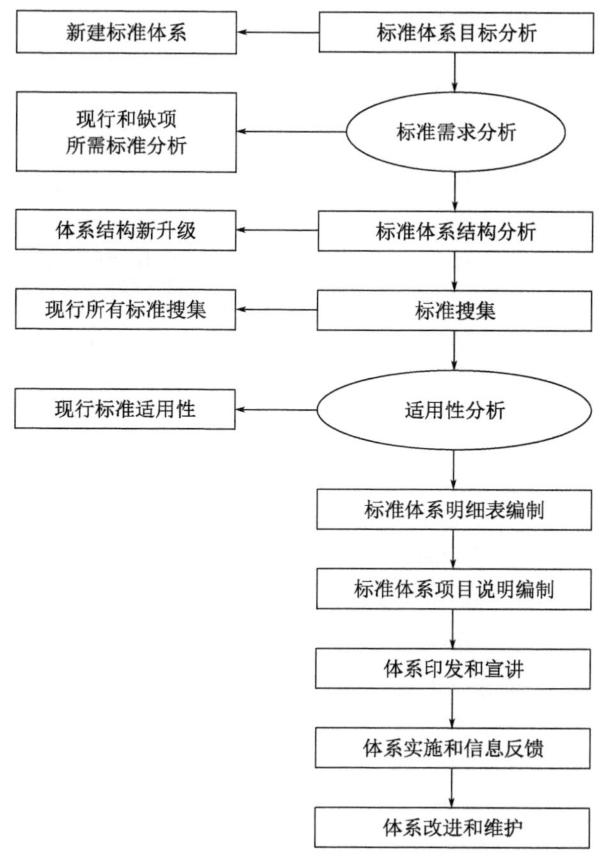

图 3-4　标准体系构建全寿命周期图

3.2.3.1　水运工程检测设备技术标准体系分类结构图

1）需求分析

在水运工程领域，对标准的需求主要体现在以下几个方面：一、标准体系需满足水运工程检测设备所涉及的各个专业领域要求；二、技术标准体系需满足水运工程检测设备发展的新趋势、新技术、新工艺的要求；三、技术标准体系需满足水运工程行业特殊仪器设备的要求。

水运行业检测设备的基础标准和通用标准目前还处于空白阶段，后续需根据实际需要建立符合水运行业检测设备需求的基础和通用标准。

对于专业标准来说，我们已进行了部分研究，为了便于后期的管理，我们将水运行业检测设备专用标准根据检测内容的不同划分为材料、结构、水文地质测绘、港口机械和助航设施5类进行详细的标准需求分析。

（1）材料类标准需求分析

水运工程建设离不开各种材料，材料类检测设备的准确性、稳定性是保障水运工程建设安全的基础。因此对材料类检测设备进行标准化工作就显得尤为必要。我们将水运工程材料类分为水泥，粗、细集料，水和外加剂，土工合成材料，砂浆，水泥混凝土，钢绞线，沥青，黏结材料，土，结构混凝土，钢结构防腐共计12个项目，仪器设备45种，列入水运工程检测设备标准研究范围。

(2)结构类标准需求分析

水运工程建设离不开各种结构及构件的支撑，结构类检测设备对结构安全性能的把控及其重要，如果结构类检测设备没有相应的标准可依，那么水运工程建设的质量及安全将得不到保障。因此对结构类检测设备进行标准化工作必不可少。水运工程结构类分为结构混凝土，结构及构件，基桩，地基共4个项目，仪器设备24种，列入水运工程检测设备标准研究范围。

(3)水文地质测绘类标准需求分析

水运工程建设领域使用的测绘类仪器设备既有社会通用型的，又有专业性质的，仪器设备多为国外进口，且缺乏相应的检定规程和校准规范。水文地质测绘类仪器设备计量性能关系到水运工程建设过程中的测量精度和结构安全性。因此，水文地质测绘类检测设备标准的制修订刻不容缓。我们将水运工程水文地质测绘类检测设备分为定位定向，浪潮流沙，地形地貌和重磁共4个项目，仪器设备28种，列入水运工程检测设备标准研究范围。

(4)港口机械类标准需求分析

大型港口机械上多安置角度检测仪、输送带速度检测仪等在线监测和检测设备，这类仪器设备难于拆卸，基本处于无检运行状态。因此，需要加强港口机械类检测设备标准的研究工作。我们将水运工程港口机械类分为重力，位移及速度和安全设施共3个项目，仪器设备14种。

(5)助航设施类标准需求分析

我国是内河通航比较发达的国家，助航设施类检测设备计量性能对于保障内河通航安全和人民的生命财产安全至关重要。因此，水运工程助航设施类检测设备标准为水运行业的健康有序发展提供支撑作用。我们将水运工程助航设施类分为航标和船闸共2个项目，仪器设备2种。

2)结构设计与层次划分

标准体系的结构，是标准体系中标准安排、放置的方式，它可以表达各级标准之间的关系，是标准体系中标准组成关系的全貌反映。

水运工程检测设备标准体系根据检测工作内容将标准分为材料、结构、水文地质测绘、港口机械和助航设施检测设备5类，采用分类层次结构来构建。体系号的第一位数字为标准层次号；第二位数字为专业类别号；第三位为项目类别号；第三位数字以后的数字为序号。

标准体系的层次划分是一定范围内一定数量的共性标准的集合，反映了水运工程检测设备标准之间的内在联系。

水运工程检测设备技术标准体系层次划分如下。

(1)第1层次：基础标准层次，是制定水运工程检测设备标准时必须遵守的共性标准，将具有本领域内广泛指导意义的标准列入该层次，包括编写规定、术语、单位和符号等标准。

(2)第2层次：通用标准层次，是在某一专业范围内通用的标准或者第3层次专用标准中共性内容提升上来的标准。

(3)第3层次：专用标准层次，是针对某一个专业中某一个单项而制定的标准，覆盖面较窄。

前两层为远期规划，在框图中以虚线表示，第三层为近期规划，以实线表示。

综合水运工程检测设备的层次划分依据、原则以及需求，水运工程检测设备技术标准体系分类结构图如图3-5所示。

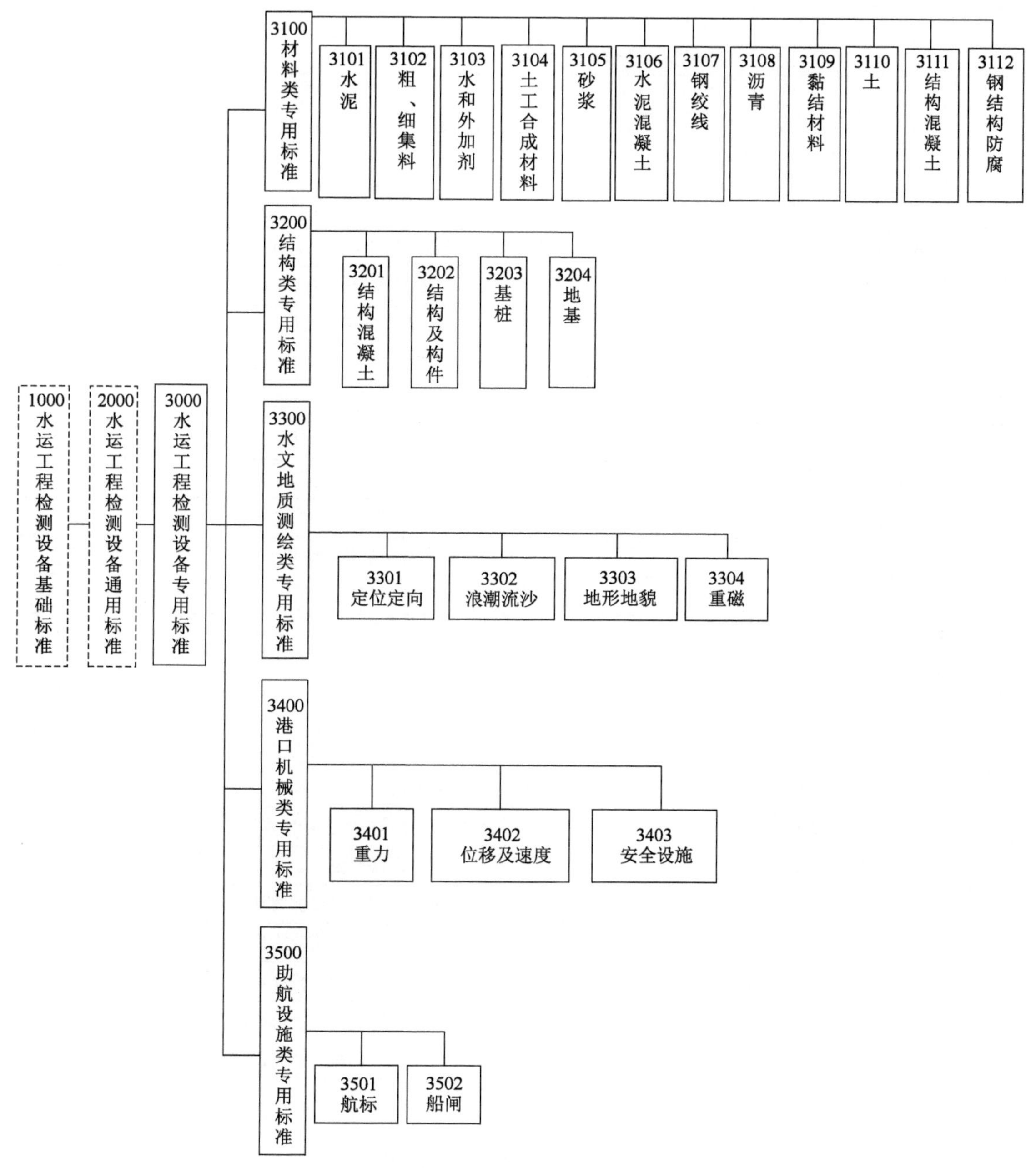

图3-5 水运工程检测设备标准体系分类结构图

3.2.3.2 水运工程检测设备技术标准体系标准研究

水运工程检测设备技术标准体系标准指对仪器设备进行标准化过程中所依据的规范性文

件。水运工程检测设备技术标准体系标准研究主要包括现行标准文件搜集和拟制定标准情况调查。

1)现行标准文件搜集

通过搜集和整理交通运输标准化信息平台公示的相关标准,汇总出水运工程检测设备相关标准如表3-1所示。

水运工程行业现行检测设备标准汇总表 表3-1

序号	标准号	标准名称
1	GB/T 2419—2005	水泥胶砂流动度测定方法
2	GB/T 9138—2015	回弹仪
3	GB/T 11828.1—2002	水位测量仪器　第1部分:浮子式水位计
4	GB/T 11828.2—2005	水位测量仪器　第2部分:压力式水位计
5	GB/T 22541—2008	土工试验仪器击实仪
6	GB/T 24558—2009	声学多普勒流速剖面仪
7	JT/T 569—2004	水运工程　超声波流速仪
8	JT/T 570—2004	水运工程　旋桨式流速仪
9	JT/T 571—2015	水运工程　回声测深仪
10	JT/T 572—2015	水运工程　地下水位计
11	JT/T 573—2015	水运工程　超声波水位计
12	JT/T 574—2004	水运工程　桩基静载仪
13	JT/T 575—2015	水运工程　闸门开度计
14	JT/T 576—2015	水运工程　非金属声波检测仪
15	JT/T 577—2017	钢弦式钢筋计
16	JT/T 578—2004	水运工程　钢弦式锚索测力计
17	JT/T 579—2004	水运工程　伺服式测斜仪
18	JT/T 580—2017	钢弦式孔隙水压力计
19	JT/T 581—2004	水运工程　电位器式多点位移计
20	JT/T 582—2004	水运工程　滑线电阻式位移计
21	JT/T 583—2004	水运工程　钢弦式锚杆测力计
22	JT/T 584—2004	水运工程　差动电阻式应力计
23	JT/T 585—2004	港口机械　数字式角度检测仪
24	JT/T 586—2004	港口机械　负荷传感器二次仪表
25	JT/T 587—2004	港口机械　数字式起重力矩限制器
26	JT/T 588—2004	港口机械　输送带速度检测仪
27	JT/T 615—2017	沥青软化点试验仪
28	JT/T 653—2015	沥青针入度试验仪
29	JT/T 756—2009	混凝土贯入阻力测定仪
30	JT/T 964—2015	水运工程　声速剖面仪

续上表

序号	标准号	标准名称
31	JT/T 1083—2016	混凝土钢筋位置测定仪
32	JT/T 1154—2017	多波束测深仪 浅水
33	JT/T 1155—2017	水运工程 浅地层剖面仪

2)拟制定标准情况调查

我们主要通过发放征求意见、实地走访召开调研会议和征求仪器生产厂家意见3种方式对水运工程检测设备标准体系的5类专业设备进行调查研究,拟出未来拟制定标准。

三种调研形式兼顾了数据收集的广泛覆盖性、针对性和真实性,听取仪器设备使用者、计量检测机构、监督管理部门及仪器生产厂家对仪器设备依据标准方面的各种意见,汇总意见得到水运工程检测设备拟制定标准情况。这里仅列出拟制定的水运行业检测设备专用标准情况,如表3-2所示。

拟制定的水运工程检测设备专用标准 表3-2

序号	专业	类别	设备名称	状态
1	材料检测设备	水泥	维卡仪	待编
2			雷氏夹膨胀值测定仪	待编
3			沸煮箱	待编
4			负压筛析仪	待编
5			电动抗折试验机	待编
6			水泥水化热测定设备	待编
7		粗、细集料	容量筒	待编
8			针片状规准仪	待编
9			压碎指标值测定仪	待编
10		水和外加剂	含气量测定仪	待编
11		土工合成材料	渗透仪	待编
12			纵向通水量试验仪	待编
13			无侧限测厚仪	待编
14			垂直渗透仪	待编
15			落锤穿透仪	待编
16		砂浆	砂浆稠度仪	待编
17		水泥混凝土	混凝土搅拌机	待编
18			维勃稠度仪	待编
19			坍落度筒	待编
20			抗渗仪	待编
21			冷冻设备	待编
22			动弹性模量测定仪	待编
23			电通量测定仪	待编

续上表

序号	专业	类别	设 备 名 称	状　态
24	材料检测设备	水泥混凝土	氯离子扩散系数测定仪	在编(2016)
25			涂层湿膜厚度规	待编
26			显微镜式测厚仪	待编
27			拉脱式涂层粘结力测试仪	待编
28		钢绞线	松弛试验机	待编
29		沥青	延度计	待编
30		土	环刀	待编
31			灌砂筒	待编
32			液塑限联合测定仪	待编
33			击实仪	待编
34			无侧限抗压强度测定仪	待编
35			三轴仪	待编
36		结构混凝土	钢筋锈蚀仪	在编(2016)
37			裂缝宽度测试仪	待编
38		钢结构防腐	涂膜附着力测试仪	在编(2016)
39	结构检测设备	结构及构件	激光挠度仪	待编
40			500 吨以上千斤顶	待编
41		基桩	基桩高应变仪	在编(2016)
42			基桩低应变仪	在编(2016)
43			井径仪(超声波成孔成槽质量检测仪)	在编(2017)
44		地基	动力触探仪	待编
45			电阻应变式孔隙水压力计	待编
46			土压力计	在编(2017)
47			弦式接收仪	待编
48			分层沉降仪	在编(2015)
49			水位计	待编
50			十字板剪切板仪	待编
51			电阻应变式钢筋计	待编
52			光纤光栅钢筋计	待编
53	水文地质测绘设备	定位定向	全球导航卫星系统(GNSS)	在编(2016)
54			罗经	待编
55			超短基线定位系统	在编(2016)
56			长基线定位系统	待编
57		浪潮流沙	重锤式料/液位仪	待编
58			超声式波浪测量仪	在编(2016)

续上表

序号	专业	类别	设备名称	状态
59	水文地质测绘设备	浪潮流沙	压力式波浪测量仪	在编(2016)
60			电磁流速仪	待编
61			直读式海流计	待编
62			含沙量测定仪	在编(2017)
63			颗粒分析仪	待编
64			测冰仪	待编
65		地形地貌	姿态测量仪	在编(2015)
66			侧扫声呐	在编(2017)
67			扫描声呐	待编
68		重磁	海洋磁力仪	待编
69			海洋重力仪	待编
70	港口机械检测设备	位移及速度	起升高度检测仪	待编
71			重锤式角度检测仪	待编
72			同步位移传感器	待编
73			起重小车位移检测仪	待编
74			料位高度检测仪	待编
75			伺服加速度传感器	待编
76			胶带偏斜指示器	待编
77		安全设施	光电式旋转编码器	待编
78			起重机运行偏斜限制器	待编
79	助航设施检测设备	航标	航标灯光发射角测量仪	待编

3.2.3.3 水运工程检测设备技术标准体系表

我国水运工程建设一直十分重视检测仪器设备的开发和应用,为保证这些仪器设备的测量精度、稳定性和可靠性,必须定期、科学、准确地对这些检测设备进行计量检定,并不断完善和提高检测设备的质量和技术水平。随着水运工程建设事业的发展,新技术、新工艺、新材料不断得到应用,加强对水运工程建设中检测设备的宏观管理,促进标准构成的科学合理化,适应水运工程标准化的发展,迫切需要制定一个能够指导水运工程检测设备标准化工作的指导性文件,该体系表是制定检测设备标准年度和长远计划的主要依据之一,包括水运工程检测设备技术标准体系的标准统计表和明细表。该体系表的制定要遵循的指导思想和基本原则如下:

1)指导思想

(1)依据《中华人民共和国标准化法》和《中华人民共和国标准化法实施条例》的有关规定,参照《标准体系表编制的原则和要求》(GB/T 13016—2009),结合我国水运工程检测仪器设备的标准化工作实践制定体系表。

(2)体系表的编制应有利于贯彻执行国家和交通运输部的相关方针、政策、法律、法规,推动行业检测仪器标准化工作,推动检测科学技术的进步。

(3)体系表的编制做到初步建立一个结构合理,层次分明、协调配套、水平先进的标准体系表,以适应社会主义市场经济体制发展的需要。

(4)体系表为今后制定水运工程检测设备标准化的中长期规划、年度计划和管理提供依据。

2)基本原则

(1)全面成套原则:充分研究当前预计到的经济、科学、技术及其管理中需要协调统一的各种事物和概念,力求在一定范围内的应有标准全面成套;

(2)层次恰当原则:根据标准的适用范围,恰当地将标准安排在不同的层次上,在大范围内协调统一的标准不在数个小范围内各自制定,达到体系组成量合理简化;

(3)划分明确原则:体系表主要按专业及社会经济活动性质的同一性进行划分,而不是按行政系统进行划分。

(4)可操作性原则:必须考虑其在经济和技术上的可行性,必须与当今社会经济技术发展水平相适应。

(5)循序渐进原则:构建水运工程检测仪器设备技术标准体系表是一个循序渐进、不断完善的过程,随着社会的发展、科技的进步,标准要进行更新淘汰,标准体系也要不断地进行完善。

3)水运工程检测设备技术标准体系统计

根据3.2.3.1中对水运工程领域的检测仪器设备技术标准体系进行的基础标准、通用标准和专用标准的需求分析,我们这里仅对专用标准的现状进行统计。

我们根据检测内容将水运工程领域的检测设备专用标准划分为结构、材料、水文地质测绘、港口机械和助航设施5类,并对设备专用标准进行综合统计。表3-3为水运工程检测设备专用标准综合统计。

水运工程检测设备专用标准统计表 表3-3

标准分类		第3层专用标准					
		材料类	结构类	水文地质类	港口机械类	助航设施类	合计
按等级分	国标	3	0	3	0	0	6
	行标	43	23	23	14	2	107
	合计	46	23	26	14	2	113
按现状分	已颁	8	9	8	5	1	32
	待编	38	14	18	9	1	81
	合计	46	23	26	14	8	113

4)水运工程检测设备技术标准体系明细

表3-4为水运工程检测设备专用标准明细表。表中的“体系号”是对每一个纳入水运工程检测仪器设备的唯一编号,采用统一的编码来表示,其对应关系如图3-6。

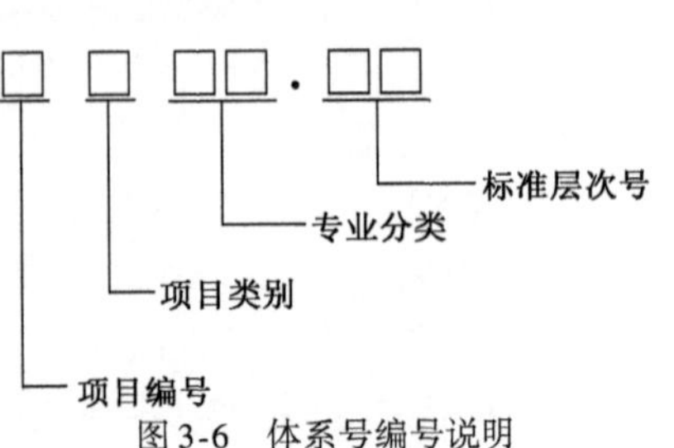

图3-6 体系号编号说明

“项目编号”是仪器设备所属项目的顺序号,其中材料专业和结构专业是按照《等级标准》的水运工程材料和结构甲级分别编排；水文地质测绘是按定位定向、浪潮流沙、地形地貌、重磁为顺序编排；港口机械是按照重力、位移及速度、安全设施为顺序编排。助航设施是按航标、船闸为顺序编排。

设备名称指具体的检测设备在交通行业内所使用的名称。原则上与《等级标准》表中“设备配置”中的名称一致。当一类设备包含多种不同原理或规格的设备时，则分别列出。

水运工程检测设备专用标准明细表　　表3-4

序号	专业	类别	体系号	设备名称	标准号
1	材料类	水泥	3101.01	维卡仪	待编
2			3101.02	雷氏夹膨胀值测定仪	待编
3			3101.03	沸煮箱	待编
4			3101.04	负压筛析仪	待编
5			3101.05	电动抗折试验机	待编
6			3101.06	水泥水化热测定设备	待编
7			3101.07	水泥胶砂流动度测定方法	GB/T 2419
8		粗、细集料	3102.01	容量筒	待编
9			3102.02	针片状规准仪	待编
10			3102.03	压碎指标值测定仪	待编
11		水和外加剂	3103.01	含气量测定仪	待编
12			3103.02	混凝土贯入阻力测定仪	JT/T 756—2009
13		土工合成材料	3104.01	渗透仪	待编
14			3104.02	纵向通水量试验仪	待编
15			3104.03	无侧限测厚仪	待编
16			3104.04	垂直渗透仪	待编
17			3104.05	落锤穿透仪	待编
18		砂浆	3105.01	砂浆稠度仪	待编
19		水泥混凝土	3106.01	混凝土搅拌机	待编
20			3106.02	维勃稠度仪	待编
21			3106.03	坍落度筒	待编
22			3106.04	抗渗仪	待编
23			3106.05	冷冻设备	待编
24			3106.06	动弹性模量测定仪	待编
25			3106.07	电通量测定仪	待编
26			3106.08	氯离子扩散系数测定仪	在编(2016)
27			3106.09	涂层湿膜厚度规	待编
28			3106.10	显微镜式测厚仪	待编
29			3106.11	拉脱式涂层黏结力测试仪	待编
30		钢绞线	3107.01	松弛试验机	待编
31		沥青	3108.01	沥青软化点试验仪	JT/T 615—2017

续上表

序号	专业	类别	体系号	设备名称	标准号
32	材料类	沥青	3108.02	延度计	待编
33			3108.03	沥青针入度试验仪	JT/T 653—2015
34		黏结材料	3109.01	黏度计	待编
35		土	3110.01	环刀	待编
36			3110.02	灌砂筒	待编
37			3110.03	液塑限联合测定仪	待编
38			3110.04	击实仪	待编
39			3110.05	无侧限抗压强度测定仪	待编
40			3110.06	三轴仪	待编
41		结构混凝土	3111.01	回弹仪	GB/T 9138—2015
42			3111.02	水运工程　非金属声波检测仪	JT/T 576—2015
43			3111.03	混凝土钢筋位置测定仪	JT/T 1083—2016
44			3111.04	钢筋锈蚀仪	在编(2016)
45		钢结构防腐	3112.01	涂膜附着力测试仪	在编(2016)
46	结构类	结构混凝土	3201.01	裂缝宽度测试仪	待编
47		结构及构件	3202.01	激光挠度仪	待编
48			3202.02	水运工程　电位器式多点位移计	JT/T 581—2004
49			3202.03	水运工程　滑线电阻式位移计	JT/T 582—2004
50			3202.04	500 吨以上千斤顶	待编
51		基桩	3203.01	桩基静载仪	JT/T 574—2018
52			3203.02	基桩高应变仪	在编(2016)
53			3203.03	基桩低应变仪	在编(2016)
54			3203.04	井径仪(超声波成孔成槽质量检测仪)	在编(2017)
55		地基	3204.01	动力触探仪	待编
56			3204.02	伺服式测斜仪	JT/T 579—2018
57			3204.03	钢弦式孔隙水压力计	JT/T 580—2017
58			3204.04	电阻应变式孔隙水压力计	待编
59			3204.05	土压力计	在编(2017)
60			3204.06	弦式接收仪	待编
61			3204.07	分层沉降仪	在编(2015)
62			3204.08	水位计	待编
63			3204.09	十字板剪切板仪	待编
64			3204.10	钢弦式钢筋计	JT/T 577—2017
65			3204.11	电阻应变式钢筋计	待编
66			3204.12	光纤光栅钢筋计	待编

续上表

序号	专业	类别	体系号	设 备 名 称	标 准 号
67	结构类	地基	3204.13	钢弦式锚索测力计	JT/T 578—2018
68			3204.14	钢弦式锚杆测力计	JT/T 583—2018
69			3204.15	水运工程 差动电阻式应力计	JT/T 584—2004
70	水文地质测绘类	定位定向	3301.01	船用定位仪	在编(2016)
71			3301.02	罗经	待编
72			3301.03	超短基线水声定位仪	在编(2016)
73			3301.04	长基线定位系统	待编
74		浪潮流沙	3302.01	水运工程 超声波水位计	JT/T 573—2015
75			3302.02	水运工程 地下水位计	JT/T 572—2015
76			3302.03	水位测量仪器 第1部分:浮子式水位计	GB/T 11828.1—2002
77			3302.04	水位测量仪器 第1部分:压力式水位计	GB/T 11828.1—2002
78			3302.05	重锤式料/液位仪	待编
79			3302.06	超声式波浪测量仪	在编(2016)
80			3302.07	压力式波浪测量仪	待编
81			3302.08	旋桨式流速仪	JT/T 570—2018
82			3302.09	超声波流速仪	JT/T 569—2018
83			3302.10	电磁流速仪	待编
84			3302.11	直读式海流计	待编
85			3302.12	声学多普勒流速剖面仪	GB/T 24558—2009
86			3302.13	含沙量测定仪	在编(2017)
87			3302.14	颗粒分析仪	待编
88			3302.15	测冰仪	待编
89		地形地貌	3303.01	多波束测深仪 浅水	JT/T 1154—2017
90			3303.02	水运工程 回声测深仪	JT/T 571—2015
91			3303.03	水运工程 声速剖面仪	JT/T 964—2015
92			3303.04	姿态测量仪	在编(2015)
93			3303.05	水运工程 浅地层剖面仪	JT/T 1155—2017
94			3303.06	侧扫声呐	在编(2017)
95			3303.07	扫描声呐	待编
96		重磁	3304.01	海洋磁力仪	待编
97			3304.02	海洋重力仪	待编
98	港口机械类	重力	3401.01	港口机械负荷传感器二次仪表	JT/T 586—2004
99			3401.02	港口机械数字式起重力矩限制器	JT/T 587—2004
100		位移及速度	3402.01	港口机械数字式角度检测仪	JT/T 585—2004
101			3402.02	港口机械输送带速度检测仪	JT/T 588—2004

续上表

序号	专业	类别	体系号	设备名称	标准号
102	港口机械类	位移及速度	3402.03	起升高度检测仪	待编
103			3402.04	重锤式角度检测仪	待编
104			3402.05	同步位移传感器	待编
105			3402.06	起重小车位移检测仪	待编
106			3402.07	料位高度检测仪	待编
107			3402.08	伺服加速度传感器	待编
108			3402.09	胶带偏斜指示器	待编
109		安全设施	3403.01	光电式旋转编码器	待编
110			3403.02	起重力矩限制器	JT/T 587—2004
111			3403.03	起重机运行偏斜限制器	待编
112	助航设备类	航标	3501.01	航标灯光发射角测量仪	待编
113		船闸	3502.01	水运工程　闸门开度计	JT/T 575—2015

3.3　水运工程检测设备行业标准简介

水运工程行业产品标准是对产品结构、规格质量和检验方法所做的技术规定。它是一定时期和一定范围内具有约束力的产品技术准则，是产品组织生产、出厂检验、选购验收、质量监督检查、使用维护、洽谈贸易和仲裁的技术依据。

到目前为止，交通运输部已发布的水运工程检测设备行业标准有23项，包括《水运工程　超声波流速仪》(JT/T 569—2004)、《水运工程　旋桨式流速仪》(JT/T 570—2004)、《水运工程　回声测深仪》(JT/T 571—2015)、《水运工程　地下水位计》(JT/T 572—2015)、《水运工程　超声波水位计》(JT/T 573—2015)、《水运工程　桩基静载仪》(JT/T 574—2004)、《水运工程　闸门开度计》(JT/T 575—2015)、《水运工程　非金属声波检测仪》(JT/T 576—2015)、《钢弦式钢筋计》(JT/T 577—2017)、《水运工程　钢弦式锚索测力计》(JT/T 578—2004)、《水运工程　伺服式测斜仪》(JT/T 579—2004)、《钢弦式孔隙水压力计》(JT/T 580—2017)、《水运工程　电位器式多点位移计》(JT/T 581—2004)、《水运工程　滑线电阻式位移计》(JT/T 582—2004)、《水运工程　钢弦式锚杆测力计》(JT/T 583—2004)、《水运工程　差动电阻式应力计》(JT/T 584—2004)、《港口机械　数字式角度检测仪》(JT/T 585—2004)、《港口机械　负荷传感器二次仪表》(JT/T 586—2004)、《港口机械　数字式起重力矩限制器》(JT/T 587—2004)、《港口机械　输送带速度检测仪》(JT/T 588—2004)、《水运工程　声速剖面仪》(JT/T 964—2015)、《多波束测深仪　浅水》(JT/T 1154—2017)、《水运工程　浅地层剖面仪》(JT/T 1155—2017)。这些行业内的产品标准对于规范设备的生产和使用维护具有重要意义。

3.3.1　水运工程超声波流速仪行业标准及应用

《水运工程　超声波流速仪》(JT/T 569—2004)行业标准适用于江河、沿海、港口、航道和通航建筑物等原型测量平均流速或瞬时流速的超声波流速仪。其规定了超声波流速仪的产品分类、技术要求、试验方法、检验规则及标志、包装、运输和储存。

超声波流速仪按测量原理分为超声波时差法流速仪和超声波多普勒流速仪；按测速矢量分为一维超声波流速仪和多维(二维和三维)超声波流速仪；按传感器安放位置分为走航式、固定式和坐底式；按测量区间分为超声波流速仪和超声波流速剖面仪。

技术要求对基本参数(超声波时差法流速仪和多普勒流速仪测量范围、使用距离分辨力、采样频率、交直流电源和绝缘电阻)、准确度(超声波时差法流速仪和多普勒流速仪最大允许示值误差)、重复性、功能要求、使用环境条件(工作环境温度、相对湿度和超声波时差法流速仪和多普勒流速仪入水深度、超声波二、三维多普勒流速仪位置需固定和含沙量不大于3kg/m^3，声道无严重气泡、水中无水草和大的悬浮物、抗较强电磁干扰)进行了规定。

试验方法包括试验设备(检定槽、标准流速仪、电压调整设备、电磁干扰器和环境条件专用测试设备)、试验环境条件(环境温度和相对湿度)和试验程序。试验程序主要规定了测速范围、分辨力、重复性及准确度试验、重复性试验、电压波动试验、抗干扰性试验、工作环境温度试验、工作环境湿度试验、盐雾试验、绝缘电阻及水密试验、振动试验、冲击试验、自由跌落试验、倾斜和摇摆试验、整机检测、贮存温度和贮存湿度试验的要求。

3.3.2　水运工程旋桨式流速仪行业标准及应用

《水运工程　旋桨式流速仪》(JT/T 570—2004)行业标准适用于江河、沿海、港口、航道和通航建筑物等天然水体中测量点平均流速和流向的旋桨式流速仪。其规定了旋桨式流速仪的产品分类与结构、技术要求、试验方法、检验规则及标志、包装、运输和储存。

旋桨式流速仪按运行方式可分为机械接触式和磁激式，按悬挂方式可分为测杆便携式和悬索悬挂式，按支承结构可分为球轴承支承和轴尖支承。

技术要求对基本参数(流速和流向测量范围、流速和流向分辨力)、准确度(流速和流向)、重复性、使用环境条件(正常工作环境条件、水温、水深、盐度和含沙量)、整机要求、结构与材料(结构、定向尾翼、流向传感器、悬挂部分和显示器)进行了规定。

试验方法包括试验设备(检定水槽、标准流速仪和环境条件专用测试设备)、试验环境条件(室温、相对湿度和水温)和试验程序。试验程序主要规定了测速范围、分辨力、重复性及准确度试验、使用环境的试验、信号质量、定向情况、温度试验、湿度试验、盐雾试验、水密试验、振动试验、冲击试验、自由跌落试验、摇摆试验、整机检测、贮存温度和贮存湿度试验的要求。

3.3.3　水运工程回声测深仪行业标准及应用

《水运工程　回声测深仪》(JT/T 571—2015)行业标准适用于水运工程中单波束回声测深仪(以下简称测深仪)的生产和使用。其规定了回声测深仪的产品分类、技术要求、试验方法、检验规则及标志、包装、运输和储存。

测深仪按工作频率的个数分为单频测深仪和双频测深仪。

技术要求对基本要求(测量范围、测深仪测深分辨力、工作频率和波束角、交直流供电电源、电气性能和抗干扰性)、功能要求、准确度(测深准确度和盲区)、重复性、工作环境条件和整机要求进行了规定。

试验方法包括试验设备(交直流稳压调压器、试验水槽、测深仪模拟校准仪、温度计、激光测距仪及其调节器、温湿度计)、试验环境条件(环境温度、水温和相对湿度)和试验程序。试验程序主要规定了供电电源、电气性能、抗干扰性、功能要求、准确度、盲区、重复性、工作环境条件、整机、储存温度和湿度的要求。

3.3.4 水运工程地下水位计行业标准及应用

《水运工程　地下水位计》(JT/T 572—2015)行业标准适用于水运工程地下水位计的生产和使用。其规定了地下水位计的产品分类与结构、技术要求、试验方法、检验规则及标志、包装、运输和储存。

地下水位计按照工作原理的不同可分为悬锤式、跟踪式、浮子式和压力式四种类型。浮子式水位计由浮子、编码器和显示记录器组成,浮子浮在水面随水位变化,浮子上的测绳带动挂轮和编码器将水位演变成数码输入显示记录器。悬锤式水位计由驱动机构、计数器、编码器、水位读数盘、卷线轮等组成。跟踪式水位计又称接触式水位计,利用重锤上的电测针接触水面发出电信号,使电机正转或逆转,随时跟踪水面点的位置,从而测定水位。由压力传感器将不同水位产生的压力经中继箱输入显示记录器。

技术要求对基本参数(埋深范围、水位变幅、分辨力、水位变率、供电电源、电气性能和抗干扰性)、准确度(地下水位计准确度等级和计时装置的最大允许误差)、重复性、工作环境条件(传感器工作温度、记录装置工作温度和相对湿度)、材料要求、整机要求进行了规定。

试验方法包括试验设备(交直流稳压调压器、100V 绝缘电阻表、10.5m 水塔及水位调节装置、压力容器、钢卷尺、精密压力表或标准活塞压力计、标准时钟、温湿度计、500V 兆欧表)、试验环境条件(环境温度和相对湿度)和试验程序。试验程序主要规定了供电电源、电气性能、抗干扰性、最大允许误差(浮子式水位计和压力式水位计)、灵敏阈(浮子式水位计和压力式水位计)、回差、计时准确度、重复性、工作环境温度、整机和贮存温度和贮存湿度的要求。

3.3.5 水运工程超声波水位计行业标准及应用

《水运工程　超声波水位计》(JT/T 573—2015)行业标准适用于水运工程中超声波水位计的生产和使用。其规定了超声波水位计的产品分类、产品结构、技术要求、试验方法、检验规则及标志、包装、运输和储存。

超声波水位计按照声波传播介质可分为气介式水位计和液介式水位计;按照连接方式可分为分体式水位计和一体式水位计。

超声波水位计由探头(超声波换能器)、多芯电缆、主机箱和打印机组成。

技术要求对基本要求(测量范围、分辨力、盲区、水密性、供电电源、电气性能)、功能要求(预置实时时间和测量周期、数字存储和数据读出)、抗干扰性、准确度(最大允许误差)、重复性、工作环境条件(温度、湿度和其他)和整机要求进行了规定。

试验方法包括试验设备(水塔、水容器、钢卷尺、标准计时器、环境条件专用测试设备、交直流稳压调压器、电磁干扰仪或手电钻、温湿度计、100V 绝缘电阻表和压力容器)、试验环境条件(温度和相对湿度)、盲区、水密性、供电电源、电气性能、功能要求、抗干扰性、准确度、重复性、工作环境温度、工作环境湿度、整机和存储温度和存储湿度的试验要求。

3.3.6　水运工程桩基静载仪行业标准及应用

《水运工程　桩基静载仪》(JT/T 574—2004)行业标准适用于船闸、码头、船坞等水工或通航建筑物中检测桩基承载力的桩基静载仪(以下简称静载仪)。其规定了静载仪的产品结构、工作原理、技术要求、试验方法、检验规则、标志、包装、运输和储存。

桩基静载仪由工业控制计算机、显示器、输入装置、中继器和电源适配器组成。桩基静载仪与位移传感器、荷载传感器(包含压力变送器、压力传感器或荷重传感器)、千斤顶等共同构成桩基静载荷测试系统。

技术要求对基本参数(位移和荷载检测通道范围、分辨力)、准确度(位移检测示值误差、位移检测回程误差、荷载检测示值误差和荷载检测回程误差)、安全要求(绝缘电阻、耐压性能、漏电流和接地)、环境要求、工作环境条件(工作温度和工作湿度)、电源(交流电源和直流电源)、显示、软件和整机要求进行了规定。

试验方法包括试验设备(百分表检定仪、标准力机和环境条件专用测试设备)、试验环境条件(温度、湿度、交流电源和无强烈电磁场合机械振动)和试验程序。试验程序主要规定了位移通道检测、荷载通道检测、基本安全试验、环境性能试验和整机检验的要求。

3.3.7　水运工程闸门开度计行业标准及应用

《水运工程　闸门开度计》(JT/T 575—2015)行业标准适用于水运工程中闸门开度计(或阀门开度计)的生产和使用。其规定了闸门开度计的产品分类、技术要求、试验方法、检验规则及标志、包装、运输和储存。

闸门开度计按闸门开度传感器信号源输出方式分为绝对量(全量程)数字编码输出、增量式编码直接输出或转换成绝对量后输出、模拟电量输出;按传感原理分为机电式闸门开度计、电子式闸门开度计和光电式闸门开度计;按信道传输方式分为有线传输和无线传输。

技术要求对基本要求(闸门开度计测量范围、分辨力、交直流供电电源、抗干扰性)、准确度(闸门开度测量最大允许误差和回差)、重复性、工作环境条件(工作环境温度和相对湿度)、功能要求和整机要求进行了规定。

试验方法包括试验设备(水塔、透明水位连通管、钢卷尺、水位控制调节装置、视频跟踪显示装置、恒温恒湿试验箱、100V 绝缘电阻表)、试验环境条件(环境温度和相对湿度)、供电电源、抗电磁干扰、准确度(最大允许误差和回差)、重复性、工作环境温度、工作环境相对湿度、功能要求、整机、贮存温度和贮存湿度的要求。

3.3.8　水运工程非金属声波检测仪行业标准

《水运工程　非金属声波检测仪》(JT/T 576—2015)适用于水运工程中非金属声波检测仪(简称声波仪)的生产和使用。其规定了声波仪的技术要求、试验方法、检验规则、标志、包装、运输和储存。

技术要求对基本参数(发射电压、换能器标称频率、放大器频带、接收灵敏度、频率响应、衰减器调节范围、输入噪声电压、波形记录长度和采样频率)、准确度(发射电压幅值稳定度、幅值相对误差、空气中平面换能器声时值测量相对误差和水介质中径向换能器声时值测量相对误差)、基本要求(声波仪的电气和机械结构、连续工作时间、显示器状态和抗电磁干扰性能)、安全要求(绝缘电阻、耐压性能、漏电流和接地)、工作环境条件(环境温度和相对湿度)、供电电源(直流和交流)和整机要求(外观、整机结构和零件)进行了规定。

试验方法主要包括试验要求和试验程序两部分。其中实验要求对实验设备(6位半数字万用表、信号发生器、500V兆欧表、空气声程调节装置、温度计、光直尺、测量水听器、水下声程调节装置、数字示波器和交、直流稳压调压器)、试验环境条件(室温、水温和相对湿度)进行了规定。试验程序主要是对发射电压幅值稳定度、幅值准确度、空气声时值和水介质声时值等参数的试验步骤进行规定。

3.3.9 水运工程钢弦式钢筋计行业标准及应用

《钢弦式钢筋计》(JT/T 577—2017)行业标准适用于安装在钢筋混凝土建筑物内部检测钢筋应力的钢弦式钢筋计(以下简称钢筋计)。其规定了钢筋计的产品结构和基本参数、技术要求、试验方法、检验规则、标志、包装、运输和储存。

钢筋计是一种长期检测钢筋混凝土建筑物内部钢筋应力的传感器,由连杆、钢套、线圈、钢弦及专用电缆组成。

技术要求对基本参数(连杆直径、钢套断面面积、长度、拉力、压力和分辨力)、正常工作条件(温度和水压力)、工作参数(分辨力、滞后、重复性、线性度、综合误差)、防水密封性、温度影响、绝缘电阻、电气性能、过范围限、稳定性、耐盐雾和外观进行了规定。

试验方法包括试验条件(温度和大气压力)、试验设备(1%精度的600kN万能材料试验机、分辨力为0.01Hz的钢弦频率测定仪、万用表和示波器)和试验程序。试验程序主要规定了试验步骤、防水密封性试验、温度影响试验、绝缘电阻试验、加长电缆试验、过范围限试验、稳定性试验、耐盐雾试验和外观检验的要求。

3.3.10 水运工程钢弦式锚索测力计行业标准及应用

《水运工程 钢弦式锚索测力计》(JT/T 578—2004)行业标准适用于安装在岩石高边坡、地下围岩、港口码头等工程中检测预应力锚索张力的钢弦式锚索测力计(以下简称锚索测力计)。其规定了锚索测力计的产品结构和基本参数、技术要求、试验方法、检验规则、标志、包装、运输和储存。

锚索测力计由受力环、线圈、钢弦及专用电缆组成。

技术要求对基本参数(测量范围、穿心孔径、最大外径、分辨力和输入频带变化范围)、正常工作条件(温度和水压力)、工作参数(分辨力、滞后、重复性、线性度和综合误差)、防水密封性、温度影响、绝缘电阻、电气性能、过范围限、稳定性、耐盐雾和外观进行了规定。

试验方法包括试验条件(温度和大气压力)、试验设备(1%精度的600kN万能材料试验机、分辨力为0.01Hz的钢弦频率测定仪、万用表和示波器)和试验程序。试验程序主要规定了试验步骤、防水密封性试验、温度影响试验、绝缘电阻试验、加长电缆试验、过范围限试验、稳定性试验、耐盐雾试验和外观检验的要求。

3.3.11 水运工程伺服式测斜仪行业标准及应用

《水运工程 伺服式测斜仪》(JT/T 579—2004)行业标准适用于岩土边坡、堤坝、港口码头及地下建筑工程内检测其深层水平位移的便携式仪器(以下简称为测斜仪)。其规定了测斜仪的产品结构和基本参数、技术要求、试验方法、检验规则、标志、包装、运输和储存。

测斜仪是由电缆插座、导向轮、伺服传感器及壳体组成。

技术要求对基本参数(传感器尺寸、导轮间距和分辨力)、正常工作条件(温度和水压力)、工作参数(分辨力、滞后、重复性、线性度、综合误差)、防水密封性、温度影响、绝缘电阻、加长电缆、过范围限、稳定性、耐盐雾和外观进行了规定。

试验方法包括试验条件(温度和大气压力)、试验设备(专用标定台、专用读数仪、0.01mm卡尺、万用表和压力容器及加压设备)和试验程序。试验程序主要规定了试验步骤、防水密封性试验、温度影响试验、绝缘电阻试验、加长电缆试验、过范围限试验、稳定性试验、盐雾试验和外观检验的要求。

3.3.12 水运工程钢弦式孔隙水压力计行业标准及应用

《钢弦式孔隙水压力计》(JT/T 580—2017)行业标准适用于钢弦式孔隙水压力计的生产、检验和使用。其规定了钢弦式孔隙水压力的分类、结构和基本参数、技术要求、试验方法、检验规则、标志、包装、运输和储存。

钢弦式孔隙水压力计根据安装方法不同,分为钻孔埋入型和填方埋入型两种。钢弦式孔隙水压力计由屏蔽电缆、盖帽、壳体、支架、线圈、钢弦、承压膜、底盖、透水体、锥头等组成。钢弦式孔隙水压力计基本参数包括直径、长度和输出频率范围。

技术要求对工作环境条件(温度和水压力)、外观、性能参数(分辨力、滞后、重复性、线性度和综合误差)、防水密封性、绝缘电阻、电气性能、压力和温度过范围限、稳定性(满量程重复加、卸荷载稳定性和静置90d稳定性)、耐颠振和耐盐雾进行了规定。

试验方法包括试验环境条件(温度、相对湿度和大气压力)、试验仪器设备(压力容器、加压设备、精密压力校验器、示波器、大气压力表、精密压力计、精密压力表、钢弦式仪器读数仪和温度计)、外观、性能参数(分辨力、滞后、重复性、线性度和综合误差的实验步骤)、防水密封性试验、绝缘电阻试验、电气性能试验、压力和温度过范围限试验、满量程重复加、卸荷载稳定性和静置90d稳定性试验、耐颠振试验和耐盐雾试验的要求。

3.3.13 水运工程电位器式多点位移计行业标准及应用

《水运工程 电位器式多点位移计》(JT/T 581—2004)行业标准适用于安装在岩石高边坡和地下围岩内部检测岩石高边坡和地下围岩位移的电位器式多点位移计(以下简称多点位移计)。其规定了多点位移计的基本参数、技术要求、试验方法、检验规则、标志、包装、运输和储存。

基本参数包括测头(测杆)数、最大测杆长度、测杆传递精度和分辨力。

技术要求对正常工作条件(温度和水压)、工作参数(分辨力、测杆传递精度、端基线性度误差、滞后、重复性、线性度、综合误差)、防水密封性、温度影响、绝缘电阻、加长电缆、过范围限、稳定性、耐盐雾和外观进行了规定。

试验方法包括试验条件(温度和大气压力)、试验设备(位移传感器专用标定架、千分表、万用表、压力容器及加压设备和专用测读仪)和试验程序。试验程序主要规定了测杆传递精度试验、端基线性度误差试验、防水密封性试验、温度影响试验、绝缘电阻试验、加长电缆试验、过范围限试验、稳定性试验、耐颠振试验和耐盐雾试验的步骤和要求。

3.3.14 水运工程滑线电阻式位移计行业标准及应用

《水运工程 滑线电阻式位移计》(JT/T 582—2004)行业标准适用于安装在岩土工程、混凝土建筑物内及建筑物与岩土边坡连接处检测岩土工程、建筑物位移的滑线电阻式位移计(以下简称位移计)。

其规定了位移计的基本参数、技术要求、试验方法、检验规则、标志、包装、运输和储存。

基本参数包括量程范围、线性度、仪器标准长度、工作电压和分辨力。

技术要求对正常工作条件(温度和水压力)、工作参数(分辨力、端基线性度误差、滞后、重复性、线性度、综合误差)、防水密封性、温度影响、绝缘电阻、加长电缆、过范围限、稳定性、耐盐雾和外观进行了规定。

试验方法包括试验条件(温度和大气压力)、试验设备(位移传感器校准仪、千分表和专用测读仪)和试验程序。试验程序主要规定了端基线性误差试验、防水密封性试验、温度影响试验、绝缘电阻试验、加长电缆试验、过范围限试验、稳定性试验、颠振试验和盐雾试验的要求。

3.3.15 水运工程钢弦式锚杆测力计行业标准及应用

《水运工程 钢弦式锚杆测力计》(JT/T 583—2004)行业标准适用于安装在岩石高边坡和地下围岩内部检测锚杆应力的钢弦式锚杆测力计(以下简称锚杆测力计)。其规定了锚杆测力计的产品结构和基本参数、技术要求、试验方法、检验规则、标志、包装、运输和储存。

锚杆测力计由钢套、钢弦、线圈及专用电缆组成。基本参数包括锚杆直径、钢套断面面积、长度、拉力、压力和分辨力。

技术要求对正常工作条件(温度和水压力)、工作参数(分辨力、滞后、重复性、线性度、综合误差)、防水密封性、温度影响、绝缘电阻、电气性能、过范围限、稳定性、耐盐雾和外观进行了规定。

试验方法包括试验条件(温度和大气压力)、试验设备(1%精度的600kN万能材料试验机、分辨力为0.1Hz的钢弦频率测定仪、万用表和示波器)、防水密封性试验、温度影响试验、绝缘电阻试验、电气性能试验、过范围限试验、稳定性试验、颠振试验、盐雾试验和外观检验的要求。

3.3.16 水运工程差动电阻式应力计行业标准及应用

《水运工程 差动电阻式应力计》(JT/T 584—2004)行业标准适用于安装在混凝土建筑物内检测混凝土内部压应力的差动电阻式应力计(以下简称应力计)。其规定了应力计的产品结构和基本参数、技术要求、试验方法、检验规则、标志、包装、运输和储存。

应力计由传感组件、电阻钢丝、中性油、传压液体、传压板、感应背板、护套、封闭螺丝、电缆组成。基本参数包括长度、传压板直径、0℃时自由状态电阻比、分辨力、温度测量范围和误差。

技术要求对正常工作条件(温度和水压力)、工作参数(分辨力、温度为0℃时自由状态电阻比、端基线性度误差、滞后、重复性、线性度、综合误差)、温度测量误差、防水密封性、绝缘电阻、加长电缆、过范围限、稳定性、耐盐雾和外观进行了规定。

试验方法包括试验条件(温度和大气压力)、试验设备(1%精度的600kN万能材料试验机、分辨力为0.1Hz的钢弦频率测定仪、万用表和符合要求的测量仪表)、端基线性误差试验、温度测量误差试验、防水密封性试验、绝缘电阻试验、加长电缆试验、过范围限试验、稳定性试验、颠振试验、耐盐雾试验和外观检验的要求。

3.3.17　港口机械数字式角度检测仪行业标准及应用

《港口机械　数字式角度检测仪》(JT/T 585—2004)行业标准适用于港口装卸机械和其他起重机械上使用的数字式角度检测仪(以下简称角度检测仪)。其规定了港口机械数字式角度检测仪的基本参数、技术要求、试验方法、检验规则及标志、包装、运输和储存。

角度检测仪基本参数包括角度测量范围和分辨力。

技术要求对工作环境条件(角度检测仪的温度、相对湿度和工作方式)、外观、功能(角度测量和自动控制)、准确度、线性度、迟滞、重复性、零位误差、零位示值的漂移、耐振动性能、电磁兼容性(电磁场辐射抗扰度和静电放电敏感度)、绝缘电阻和防护等级进行了规定。

试验方法包括试验环境条件(温度、室温变化、相对湿度和周围环境)、试验设备(光学分度头和多齿分度台)、外观检验、功能检验(角度测量功能和自动控制功能)、分辨力、线性度、迟滞、重复性、零位误差、允许误差限、零位示值的漂移、耐振动性能、电磁兼容性(电磁场辐射抗扰度和静电放电敏感度)和绝缘性能的要求。

3.3.18　港口机械负荷传感器二次仪表行业标准及应用

《港口机械　负荷传感器二次仪表》(JT/T 586—2004)行业标准适用于不涉及幅度及吊臂长度变化的起重设备之数字式超负荷保护装置的二次仪表(以下简称二次仪表)。其规定了港口机械超负荷保护和起重量实时检测用负荷传感器二次仪表的技术要求、试验方法、检验规则及标志、包装、运输和储存。

技术要求对工作环境条件(温度、相对湿度和工作方式)、显示内容(额定起重量、实际起重量和实际起重量与额定起重量的百分比率)、功能(检测和控制、自动执行规定、故障预警和报警、清零)、信号(预警、报警)、显示误差、综合误差、耐振动性能、耐电压波动能力、绝缘性能、可靠性(首次故障前工作时间、可靠性时间和使用寿命)、抗干扰性、防护等级、控制回差、外观及其他进行了规定。

试验方法包括试验条件(温度、室温变化、相对湿度、周围环境)、显示内容、外观及其他检验、功能(检测、控制和试验结果)、显示误差、综合误差、耐振动性能、耐电压波动能力、绝缘性能、可靠性、抗干扰性、控制回差的要求。

3.3.19　港口机械数字式起重力矩限制器行业标准及应用

《港口机械　数字式起重力矩限制器》(JT/T 587—2004)行业标准适用于额定起重量随工作幅度变化的港口机械使用的力矩显示器,其他臂架型起重机使用的力矩限制器可参照执行。其规定了港口机械数字式起重力矩限制器的技术要求、试验方法、检验规则及标志、包装、运输和储存。

技术要求对工作环境条件（力矩限制器的工作温度、相对湿度和工作方式）、显示内容（额定起重量、实际起重量、工作幅度、臂架倾角、实际起重力矩和实际起重力矩与额定起重力矩的百分比率）、功能（检测、控制、自动执行规定、故障预警和报警、清零）、信号（预警、报警）、显示误差、综合误差、耐振动性能、耐电压波动能力、过载能力、可靠性、抗干扰性、绝缘性能、防护等级、控制回差、外观及其他进行了规定。

试验方法包括试验条件（温度、室温变化、相对湿度、周围环境）、功能（检测、控制）、显示误差、综合误差、耐振动性能、耐电压波动能力、过载能力、绝缘性能、可靠性、抗干扰性、控制回差的要求。

3.3.20 港口机械输送带速度检测仪行业标准及应用

《港口机械　输送带速度检测仪》（JT/T 588—2004）行业标准适用于各种带式输送机的输送带运行速度及打滑程度的检测与控制装置。其规定了港口机械输送带速度检测仪（以下简称速度检测仪）的产品分类、技术要求、试验方法、检验规则及标志、包装、运输和储存。

速度检测仪按工作环境分为户内型和户外型；按基准带速方式分为以驱动滚筒转速为基准的双测速头对比式和人工设定基准的单测速头式；按现场显示方式分为有数字显示和无数字显示；按测速方式分为接触式测速轮测速、接触式联轴器测速和非接触式测速（感应式）。

技术要求对工作环境条件（温度、相对湿度、工作方式和周围环境）、显示内容（实际带速、工作状态、额定带速、驱动滚轮周长和改向滚轮周长）、打滑信号（双测速头检测仪和单测速头检测仪）、测速范围和测速精度、摆动幅度和接触压力、绝缘电阻、工频耐压、抗扰性、变压器温升、电气间隙及爬电距离、耐湿热能力、外壳防护等级、外观及其他要求进行了规定。

试验方法包括试验环境条件（环境温度、相对湿度、周围环境）、打滑信号（双测速头和单测速头非接触式检测仪、双测速头和单测速头接触式检测仪）、测速范围和测速精度、摆动幅度和接触压力、绝缘电阻、工频耐压、抗扰性、变压器温升、电气间隙及爬电距离、耐湿热能力、外壳防护等级和一般检查的要求。

3.3.21 水运工程声速剖面仪行业标准及应用

《水运工程　声速剖面仪》（JT/T 964—2015）行业标准适用于水运工程声速剖面仪的生产和使用。其规定了声速剖面仪的产品分类、技术要求、试验方法、检验规则及标志、包装、运输和储存。

声速剖面仪可分为自容式和直读式声速剖面仪。

技术要求对声速和水深测量范围、功能要求、工作环境条件（环境温度、相对湿度和水温）、外观、声速和水深最大允许误差、重复性、密封要求和抗干扰性进行了规定。

试验方法包括试验设备（二等标准铂电阻、六位半数字万用表、恒温水槽和数字精密压力表）、试验环境温度（环境温度、相对湿度、气压和水温）、外观检测、声速示值误差及重复性试验、水深示值误差及重复性试验、密封试验和抗干扰性试验的要求。

3.3.22 多波束测深仪 浅水行业标准及应用

《多波束测深仪　浅水》（JT/T 1154—2017）行业标准适用于水深测量范围小于 600m 的

多波束测深仪的生产、检验和使用。其规定了多波束测深仪的产品组成与规格、技术要求、试验方法、检验规则及标志、包装、运输和储存。

多波束测深仪通常由换能器、控制单元(包括控制电脑和控制软件)、发射单元和连接电缆等组成。对多波束测深仪的工作频率、水深测量范围、发射声源级、扇区开角和波束角进行了要求。

技术要求对功能、外观、准确度(斜距、发射声源级、扇区开角和波束角的最大允许误差)、斜距和发射声源级的重复性、交直流工作电源、电气性能和抗干扰性进行了规定。

试验方法包括试验环境条件(环境温度、水温和相对湿度)、试验设备(试验水槽、温度计、温湿度计、激光测距仪、声速剖面仪、标准水听器和标准反射靶)、功能、外观、准确度和重复性(斜距、发射声源级、扇区开角和波束角的最大允许误差和重复性)、工作电源、电气性能和抗干扰性的要求。

3.3.23　水运工程浅地层剖面仪行业标准及应用

《水运工程　浅地层剖面仪》(JT/T 1155—2017)行业标准适用于水运工程浅地层剖面仪的生产、检验和使用。其规定了浅地层剖面仪的产品组成和分类、技术要求、试验方法、检验规则及标志、包装、运输和储存。

浅地层剖面仪主要由换能器、发射单元、控制处理单元、电缆等部分组成。浅地层剖面仪根据声波产生的原理可分为压电陶瓷式,其发声原理是压电效应,即在压电陶瓷片上施以音频电压,产生机械振动,发出声波;电磁脉冲式发声原理是电磁效应,即脉冲电流通过处于磁场中的线圈时,将使作为线圈负荷的金属板产生相对位移,从而引起周围介质产生振荡而发出声波;电火花声源发声原理为高压放电,即利用高压电在水中放电,导致电极周围水体在极短时间里分解成气体,产生脉冲振动。

技术要求对工作环境条件(环境温度、水温和相对湿度)、功能要求、外观、水深和穿透深度最大允许误差、水深、垂直分辨力和穿透深度重复性、工作电源、绝缘性能和抗干扰性进行了规定。

试验方法包括试验环境条件(环境温度、水温和相对湿度)、试验设备(交直流稳压调压器、500V 绝缘电阻表、试验水槽、试验土槽、激光测距仪、声速剖面仪、钢卷尺和温度计)、功能要求、外观、最大允许误差(水深、垂直分辨力和穿透深度最大允许误差)、重复性(水深、垂直分辨力和穿透深度重复性)、工作电源、绝缘性能、抗干扰性、储存温度和湿度的要求。

第 4 章　水运工程检测设备计量体系

目前我国尚未形成交通运输计量体系。交通运输计量属于工程计量，涵盖了公路、水运、铁路、航空、邮政计量等方面。现代交通运输计量工作自计量法发布至今已经历 30 年的建设和发展，取得了一定的成绩和长足的进步，也存在很大的发展空间。计量体系是为实现单位统一、量值准确可靠，根据计量学特征建立起来的，由相互关联或相互作用的计量要素构成的整体。水运工程检测设备计量体系主要由计量管理体系和计量技术体系组成。

4.1　交通运输计量体系

4.1.1　交通运输计量的组成

交通运输管理部门的改革经历了最早的“四大部时代”（交通部、邮电部、中国民航局、铁道部）到“交通运输部 + 铁道部”，再到大部制改革后的交通运输部的发展历程，如图 4-1。目前，交通运输部管理职能涵盖公路、水运、民航、铁路以及邮政，是一个综合性的行政主管部门。因此，交通运输计量也涵盖了公路水运计量、铁路计量以及航空、邮政计量等方面。

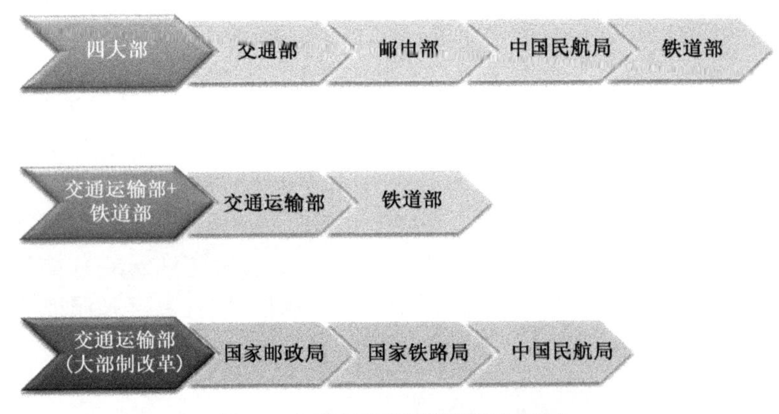

图 4-1　国家交通运输管理体系的变化

交通运输计量工作的建设和发展，通过宣传、贯彻、实施计量法及其实施细则和有关法律、法规，取得了一定的成绩和长足的进步。在行业计量规章及规划方面，1993 年原交通部体改法规司发布《交通部专业计量检定站管理办法（试行）》（交体发〔1993〕49 号文件），1996 年发布《交通专用计量器具管理目录（第一批）》，并制定《“九五”期间交通计量工作规划》。在行业计量组织及法定计量检定机构方面，2000 年成立交通计量专业技术委员会，筹建 4 个国家级计量站，其中国家汽车检测设备计量站由于种种原因未获得正式授权（表 4-1）。此外，交通运输部在北京、上海、天津、山东、江苏、福建等省市批准建立了22家检定站。交通运输部对计量检定人员的管理，尤其是计量检定人员的考核及培训，一直以来都高度重视。截至2015年底，交通运输部对交通运输行业的计量检定人员开展多批次培训考核发证及复核换证工作，共发证722人次。其中，公路工程检测仪器计量检定员培训班办了9期，发证448人次，汽车检测设备计量检定员培训班办了8期，发证266人次，水运工程检测仪器计量检定员培训班办了1期，发证8人次。培训和考核的开展，有力地推动了交通运输行业计量人员队伍的建设，确保了行业计量人员的业务素质。

交通运输行业计量组织及法定计量检定机构　　表4-1

序号	机　构	概　况
1	交通计量专业技术委员会	2000年，为落实国家计量工作座谈会精神，交通部成立了“交通计量专业技术委员会”，设公路工程、汽车检测设备、港口和水运等四个专业计量学组。计量专业技术委员会自成立以来，在部科教司的指导下，起到了行业计量管理部门助手和行业计量检定机构与行业计量管理部门的桥梁、纽带的作用。但在2006年以后，委员会的工作和各项活动基本停滞
2	全国公路专用计量器具计量技术委员会	2016年，全国公路专用计量器具计量技术委员会成立。该委员会秘书处挂靠在交通运输部公路科学研究院(国家道路与桥梁工程检测设备计量站)，是从事公路交通专业有关计量技术工作的非法人组织，将负责公路领域内计量技术规范制修订和推广应用及开展计量比对等归口管理工作
3	全国水运专用计量器具计量技术委员会	2017年，全国水运专用计量器具计量技术委员会成立。该委员会秘书处挂靠在交通运输部天津水运工程科学研究院(国家水运工程检测设备计量站)，是水运领域筹建的从事计量技术性工作的技术组织，成立后将主要负责水运专用计量器具国家计量技术规范的制定、修订及推广应用工作，组织制修订水运专业计量技术规范、配合行业计量标准化项目实施、编制完善行业计量技术规范管理办法、研究建立行业计量技术规范体系、组织开展水运计量知识培训宣传贯彻等方面开展工作，为行业提供专业性计量技术支撑
4	国家船舶舱容积计量站	1985年，交通部船舶燃油舱计量检定站在交通部科学研究院成立，1993年经国家质检总局授权升级为国家船舶舱容积计量站，主要承担国内外液货船舶舱容积计量检定/校准，并进行油品计量员培训
5	国家汽车检测设备计量站	1993年，交通部向国家技术监督局申请筹建国家汽车检测设备计量站，1994年国家技术监督局正式来函同意交通部筹建“国家汽车检测设备计量站”。后来由于种种原因，一直未能正式授权
6	国家道路与桥梁工程检测设备计量站	2008年，国家质量监督检验检疫总局批准在交通运输部筹建“国家道路与桥梁工程检测设备计量站”，该站设在交通运输部公路科学研究院。2010年底通过国家法定机构考核。2011年初国家质检总局同意机构正式成立并颁发了相关授权证书
7	国家水运工程检测设备计量站	2003年，交通部批准交通运输部天津水运工程科学研究所成立“交通水运工程检测仪器计量检定中心”，并于2004年年底获得国家质检总局的专项授权。2014年5月质检总局批复筹建“国家水运工程检测设备计量站”，并于2015年3月正式获得法定计量机构的授权

4.1.2 交通运输计量体系概况

4.1.2.1 铁路计量

铁路计量伴随着我国铁路事业逐步发展起来，目前设立的主要机构有铁道标准计量研究所（从属于铁道科学研究院）、国家轨道衡计量站（17 个分站）、国家铁路篷车容积计量站（8 个分站）；发布的主要管理办法有《铁道部计量管理办法》（1987）、《铁路计量管理办法》（2000）、《铁路专用计量器具管理目录》（2006、2015）等；先后成立了铁路计量技术委员会、铁路专用计量器具以及计量技术委员会。由于铁路系统长期处于独立运行状态，因此铁路计量的发展相对于交通计量较为独立。铁路计量管理如图 4-2。

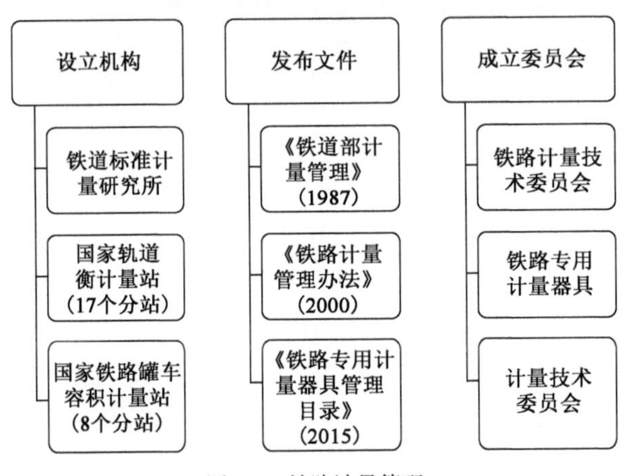

图 4-2 铁路计量管理

4.1.2.2 民航计量

民航计量工作起步较晚。民航作为一个装备现代化、技术密集的智能型行业，其计量工作是保证飞机维修、机场设施和空中交通管制系统正常工作的要素之一，具有特殊的专业性，关系到飞行安全、正点运营、优质服务。自 1986 年以来，计量工作在民航内得到了重视和发展，各大航空公司、机场相继建立了自己的计量机构，引进了大量先进的专用计量器具，为飞机维修、机场设施提供了可靠的安全保证。可以说民航专业计量技术工作是在较高的起点上起步的。计量法规和计量技术法规的制定，是一项非常重要的基础性工作，事关整个技术管理工作及民航计量技术工作的标准化、程序化、规范化。自 1992 年以来，首先开始了制定本行业计量检定规程和计量技术规范的工作，1996 年发布《中国民用航空计量管理规定》。

目前，中国民航局设立一、二、三级计量技术机构，一级计量技术机构为中国民航计量检测中心。中心的主要任务包括：①贯彻执行计量法律、法规、方针、政策和有关规定。②组织制定民航计量管理法规，编制、审核民航专用计量器具检定规程。③完善民航专用计量器具量值传递系统，组织民航专用计量器具的量值传递。④建立民航专用计量标准器，并对专用计量器具进行检定。⑤对民航专用计量器具进行维修。⑥研究计量测试理论、方法、技术及其应用，解决检定、维修中的技术问题。⑦协调各航空公司计量中心专用计量标准器的建立，防止重复建标造成浪费，并组织其认证、管理工作。⑧审核与认可各航空公司计量中心对专用计量器具的检定工作。⑨参与引进飞机、设施中计量器具的技术鉴定和验收工作。⑩参与科研项目、技术改造及改扩建工程中有关计量器具配备审核。

4.1.2.3　公路计量

公路计量方兴未艾。2011 年 1 月，经国家质量监督检验检疫总局（以下简称“国家质检总局”）授权，国家道路与桥梁工程检测设备计量站正式取得国家法定计量检定机构资质，作为交通运输部公路科学研究院所属的独立运转二级机构，在交通运输部科技司和国家质检总局计量司直接领导下开展工作。图 4-3 为国家质检总局和交通运输部领导为计量站揭牌。

图 4-3　国家质检总局和交通运输部领导为计量站揭牌

作为国家专业站，该站目前拥有部门最高计量标准 7 项，2015 年 1 月，国家质检总局计量司同意该站开始建立第二批 5 项计量标准，目前正在准备申请计量授权。依托授权的计量标准，该站目前累计已为行业 1700 余台（套）专业和大型试验检测设备提供了量值溯源检定和校准服务，行业甲级试验检测机构送检率达到 91%，覆盖全国 21 个省、市和自治区。图 4-4 为公路检测仪器设备计量检定现场图。

图 4-4　公路检测仪器设备计量检定

4.1.2.4　邮政计量

称重计量是邮政部门应用最广泛的一项计量工作。在邮政行业中，许多邮件资费的计算都是以邮件的重量参数为依据来计算的。因此重量计量的准确与否直接关系到邮政资费的收取,在邮政企业化改革、狠抓经济效益提高的今天,邮政计量工作尤为重要。然而目前邮政重量计量工作的现状却不容乐观。随着科技的发展,邮政企业为适应市场需要,提高邮件处理速度,先后引进大量现代化的邮件处理设备,但是检测手段却相对落后,表现为:缺乏具体的重量计量设备的配置标准,造成计量设备的选择不当;相关人员缺乏计量意识,没有规范的设备使用方法可依据;邮政企业尚未建立健全的计量体系;尚无国家级专业计量技术组织机构;尚未出台行之有效的邮政计量管理办法或规章制度。

当前,邮政计量需要领导层高度重视,需要计量部门的努力。应按 ISO 9000 标准建立邮政质量保证体系,建立健全管理办法、规章制度、组织机构;加强计量器具管理;注重计量数据管理;严守计量监督检查;提升计量意识观念。使从事计量工作的员工做到“有法可依”,使计量工作落到实处,为邮政经营提供技术保证。

4.1.2.5 水运计量

水运计量是交通运输计量的重要组成部分。国家船舶舱容积计量站(以下简称“舱容站”)是经国家质量监督检验检疫总局授权,承担国内外液货船舶舱容积计量检定/校准的国家法定计量检定机构。舱容站的前身是 1985 年设立的“交通部船舶燃油舱计量检定站”,是我国最早开展船舶液货舱容积计量检定的技术机构。1993 年由国家质检总局授权和交通部批准,舱容站成为国家级专业计量站。目前,计量站在业务上受国家质检总局的领导,在行政上受交通运输部和交通运输部科学研究院领导,独立对外开展计量检定、校准及计量技术知识的培训工作。国家船舶舱容积计量站结构组成如图 4-5 所示。

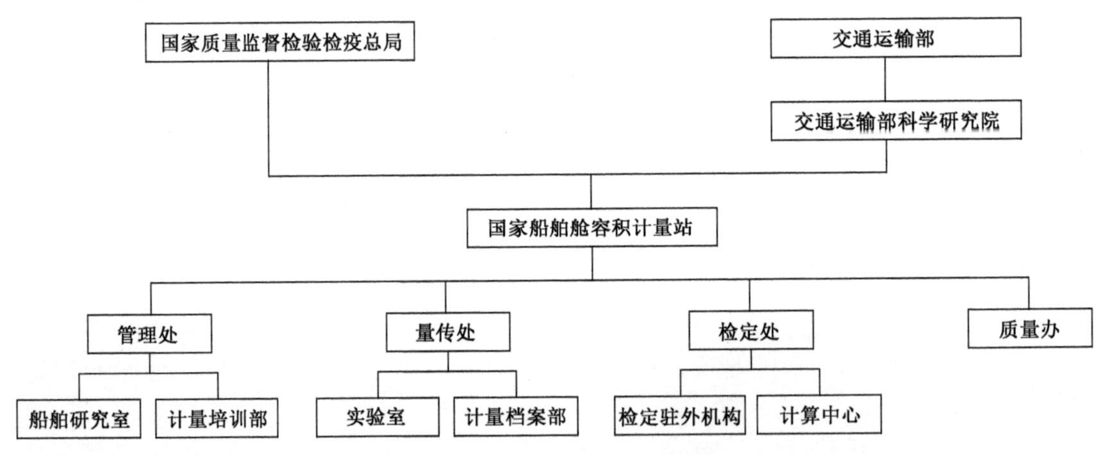

图 4-5 国家船舶舱容积计量站机构组成

计量站的主要职责有:①宣传、贯彻国家的计量法律法规;②研究、建立计量基准、社会公用计量标准;③承担授权范围内的量值传递和法律规定的其他检定、校准和测试任务;④研究、起草计量检定规程、计量技术规范;⑤承办有关计量监督中的技术性工作;⑥培训计量技术人员,组织经验交流,参加国内外有关的计量学术活动;⑦负责授权范围内船舶舱容积计量的计量管理并承办有关计量监督工作。

国家水运工程检测设备计量站(以下简称“国家水运计量站”),前身为交通水运工程检测仪器计量检定中心,隶属于交通运输部天津水运工程科学研究院,于 2015 年 3 月 16 日获得国家质检总局法定计量检定机构计量授权(图4-6),是面向全国开展水运行业计量检定/校准/测试服务的国家级专业计量站。业务上受国家质检总局和交通运输部共同领导,主要开展交通运输水运行业计量标准建设和计量标准维护以及量值传递工作;负责承担行业计量检定人员培训、计量监督管理等工作。同时开展交通运输行业计量标准研究和建设工作,不断完善交通运输行业计量标准体系;承担交通运输部科技司委托的标准及检定规程制修订、计量质量及软科学方面的研究项目,促进交通运输行业计量科学的发展。图4-7为国家水运检测设备计量站组织机构图。

图4-6　国家质检总局和交通运输部领导为国家水运检测设备计量站揭牌

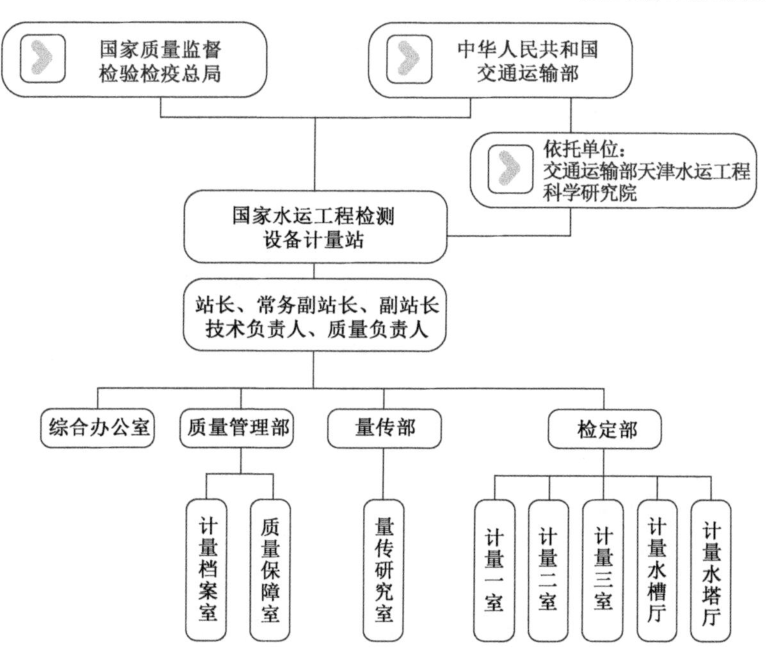

图4-7　国家水运计量站组织机构

4.2　水运工程检测设备计量体系

水运工程建、管、养、用各阶段的计量检测需求量巨大,随着交通运输由高速增长向高质量发展的跨越升级,建设安全便捷、经济高效、绿色智慧、开放融合的现代综合交通运输体系对水运专业的计量检定工作提出了更高的标准和更高的要求,依据国家法律法规严格管理和计量检定水运专业检测设备已成为水运行业迫切需要解决的问题。

我国水运工程检测设备计量体系正在建设之中,能够基本有效地对测量设备、计量人员和环境条件进行管理,但尚不健全。水运工程检测设备计量体系是指在国家、交通计量体系框架下,以计量测试技术为依托、法律法规为保证、行政管理为手段,实现水运工程检测仪器设备量值准确一致、测量数据可靠的全部要素和工作整体,由计量管理体系和计量技术体系组成。近年来,水运计量管理部门一直在进行计量保障模式研究,经过调研、研讨和分析,提出了水运计量体系模型,如图 4-8 所示。

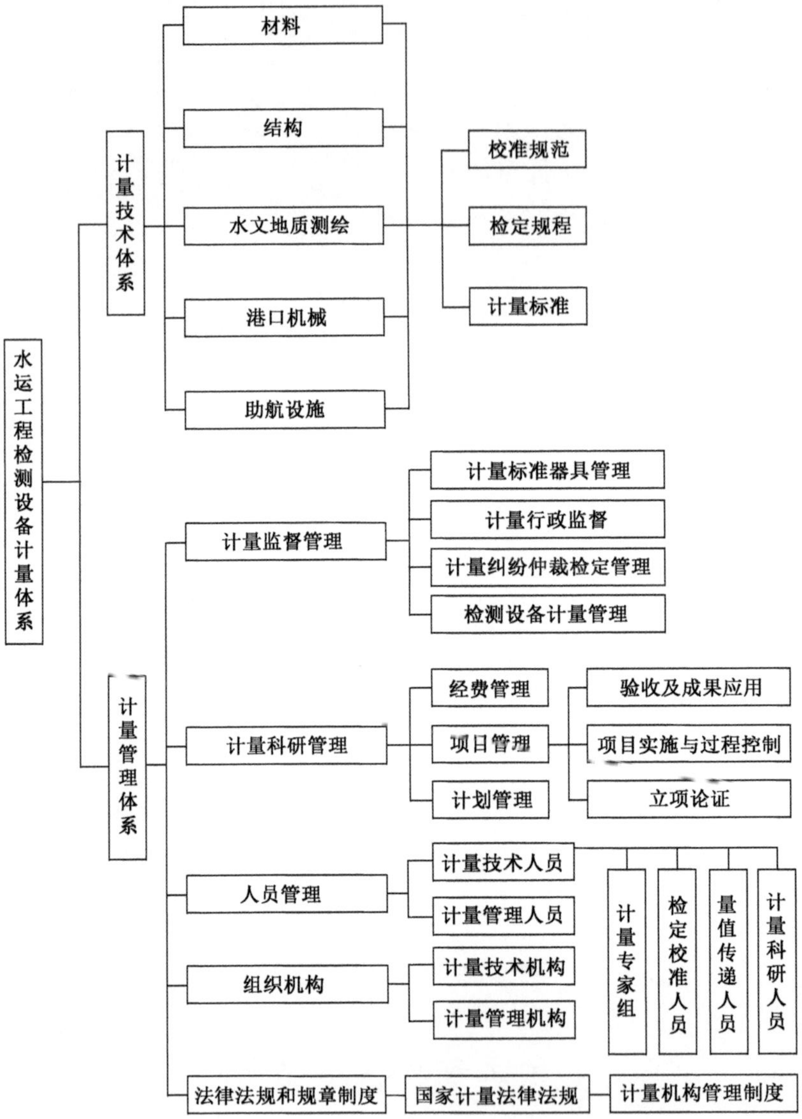

- 水运工程检测设备计量体系
  - 计量技术体系
    - 材料
    - 结构
    - 水文地质测绘
    - 港口机械
    - 助航设施
    - (以上各项) → 校准规范、检定规程、计量标准
  - 计量管理体系
    - 计量监督管理
      - 计量标准器具管理
      - 计量行政监督
      - 计量纠纷仲裁检定管理
      - 检测设备计量管理
    - 计量科研管理
      - 经费管理
      - 项目管理
      - 计划管理
      - (以上各项) → 验收及成果应用、项目实施与过程控制、立项论证
    - 人员管理
      - 计量技术人员
        - 计量专家组
        - 检定校准人员
        - 量值传递人员
        - 计量科研人员
      - 计量管理人员
    - 组织机构
      - 计量技术机构
      - 计量管理机构
    - 法律法规和规章制度
      - 国家计量法律法规
      - 计量机构管理制度

图 4-8　水运工程检测设备计量体系模型

随着交通水运事业的蓬勃发展,水运计量保证需求不断深化,为此计量技术也取得了很大的进步。近十几年,水运计量工作遵循国家计量法规、标准规范、量值传递体系和溯源途径,接受国家质检总局等计量行政管理部门对计量技术机构、计量检定人员、计量标准器具、校准装

置和测试系统的指导、考核和监督，针对水运工程专用计量器具的特殊需求开展计量测试技术研究、工程参量量值传递和计量测试服务，取得一些有益成果。

4.2.1 水运工程检测设备计量管理体系

4.2.1.1 水运计量管理体系框架

1）计量法律法规体系

国务院计量行政部门发布的有关计量法律规章主要包括：《中华人民共和国计量法》《中华人民共和国计量法实施细则》《中华人民共和国计量法条文解释》《中华人民共和国强制检定的工作计量器具明细目录》《中华人民共和国依法管理的计量器具目录（型式批准部分）》《计量基准管理办法》《计量标准考核办法》《标准物质管理办法》《法定计量检定机构监督管理办法》《计量器具新产品管理办法》《中华人民共和国进口计量器具监督管理办法实施细则》《计量检定人员管理办法》《计量检定印、证管理办法》《计量违法行为处罚细则》《仲裁检定和计量调解办法》《零售商品称重计量监督管理办法》《定量包装商品计量监督管理办法》《商品量计量违法行为处罚规定》《计量授权管理办法》《计量监督员管理办法》《专业计量站管理办法》《社会公正计量行（站）监督管理办法》等。

交通运输行业总体依照国务院计量行政部门发布有关计量法律规章开展计量工作，并发布有《水运工程试验检测仪器设备计量管理目录》，要求行业加强目录中113种水运工程试验检测仪器设备的计量管理工作，积极争取新建计量标准的授权，扩大计量检定服务范围，提高计量服务能力；制定研究《交通运输部门计量检定规程管理办法》，以期加强对交通运输部门计量检定规程（技术规范）的管理，保障计量检定、校准工作有序进行；《公路水运工程试验检测管理办法》（交通运输部令〔2016〕第80号）要求检测机构使用的检测仪器必须开展量值溯源工作，为此制定了《水运工程试验检测仪器设备检定/校准指导手册》，以期指导工程质量监督机构对试验检测行业的计量管理工作，加强水运工程试验检测机构（含工地试验室）和水运工程水文勘察测绘机构开展仪器设备的检定/校准工作。

另外，依据《中华人民共和国计量法》等计量法律法规，交通运输部颁布的《内河航道维护技术规范》（JTJ 287—2005）、《海事测绘产品质量评定方法及要求》（JT/T 952—2014）等行业标准均要求对水运测量仪器进行定期检定/校准。

2）计量组织体系

水运计量组织体系主要包括行政组织体系和技术组织体系。行政机构体系主要包括质检总局计量司、交通运输部科技司以及地方计量行政等单位；技术组织体系主要有水运计量站、水运计量委员会和地方交通水运计量机构，目前水运计量站和水运计量委员会均已批复成立，随着地方交通水运计量技术机构的不断建设和完善，水运计量组织体系基本搭建完成。

国家水运计量站于2015年获得国家质量监督检验检疫总局法定计量检定机构授权，业务上受国家质量监督检验检疫总局和交通运输部共同领导，是交通运输行业内承担水运工程专业法定计量工作的国家级计量技术机构，主要开展水运工程检测、测绘等专业仪器计量标准建设和计量标准维护以及量值传递工作；同时，负责承担行业计量检定人员培训、计量监督管理等工作。

2017 年 5 月 20 日，在纪念“5・20 世界计量日”主题活动上，由质检总局与交通运输部联合筹建的国家能源计量中心(城市交通)和全国水运专用计量器具计量技术委员会(图 4-9)正式揭牌。全国水运专用计量器具计量技术委员会秘书处设在国家水运工程检测设备计量站，是质检总局批准在水运领域筹建的从事计量技术性工作的技术组织，成立后将主要负责水运专用计量器具国家计量技术规范的制定、修订及推广应用工作。

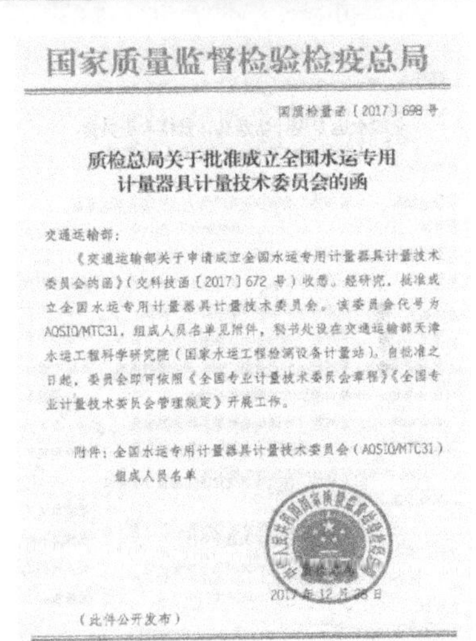

国家质量监督检验检疫总局

国质检量函〔2017〕698 号

质检总局关于批准成立全国水运专用
计量器具计量技术委员会的函

交通运输部：

《交通运输部关于申请成立全国水运专用计量器具计量技术委员会的函》(交科技函〔2017〕672 号)收悉。经研究，批准成立全国水运专用计量器具计量技术委员会。该委员会代号为 AQSIQ/MTC31，组成人员名单见附件，秘书处设在交通运输部天津水运工程科学研究院(国家水运工程检测设备计量站)。自批准之日起，委员会即可依照《全国专业计量技术委员会章程》《全国专业计量技术委员会管理规定》开展工作。

附件：全国水运专用计量器具计量技术委员会(AQSIQ/MTC31)组成人员名单

2017 年 12 月 28 日

(此件公开发布)

图 4-9　全国水运专用计量器具计量技术委员会成立

地方交通计量站正在逐步建设中，在广东、贵州、四川等地已推进落实，还需在上海、湖北等地推进地方计量站建设工作。

4.2.1.2　水运工程检测仪器设备计量管理目录

为加强交通运输行业计量器具的管理，保证其量值传递的准确、统一，进一步完善交通运输计量管理体系，根据《计量法》和《计量法实施细则》关于计量器具管理的相关规定，交通运输部组织编制了《水运工程试验检测仪器设备计量管理目录》(以下简称《目录》)。《目录》是交通运输水运工程试验检测仪器设备计量管理的推荐性目录，规定了水运工程试验检测仪器设备计量管理范围，作为各级交通运输主管部门和有关单位对水运工程试验检测仪器设备进行计量监督管理及开展相关工作的基本依据，通过“交通运输部办公厅关于发布水运工程试验检测仪器设备计量管理目录的通知”(交办科技〔2016〕56 号)予以发布。

通知要求各单位应高度重视试验检测仪器设备的计量管理工作，强化计量工作对保证交通运输工程和产品质量的基础支撑作用，要结合自身情况，制定具体的计量/校准管理办法和规章制度，规定本单位管理的计量仪器设备明细目录及相应的检定周期。对纳入《目录》的计量器具，使用单位应当自行定期检定或者送其他计量检定机构检定/校准，以保证仪器设备检测结果的准确性。已取得计量标准器具授权的单位要加强实施与管理，保证相关计量检定/校准工作的有效开展。各级交通运输主管部门要加强与各级计量主管部门协调，积极争取新建计量标准器具的授权，扩大计量检定服务范围，提高计量服务能力。鼓励有条件和能力的单位积极参与交通运输行业计量检定规程的制修订工作。

该文件将对水运工程检测设备的计量方式及技术要求提出推荐性意见，为交通运输部有关职能部门提供技术支持，并推动水运计量技术工作有计划有步骤地开展。根据行业使用需求，《管理目录》的设备分为结构、材料、水文地质测绘、港口机械和助航设施五大类见表4-2。《管理目录》是水运工程中使用的试验检测仪器信息汇总的主要载体，其涉及内容具有科学性、针对性和完整性的特点，主要用于交通运输主管部门对行业内仪器使用单位进行监督管理。

水运工程试验检测仪器设备计量管理目录 表4-2

专业	类别	设备名称
材料检测设备	一、水泥	维卡仪、雷氏夹膨胀值测定仪、沸煮箱、负压筛析仪、电动抗折试验机、水泥水化热测定设备、胶砂流动度测定仪
	二、粗、细集料	容量筒、针片状规准仪、压碎指标值测定仪
	三、水和外加剂	含气量测定仪、贯入阻力仪
	四、土工合成材料	渗透仪、纵向通水量试验仪、无侧限测厚仪 垂直渗透仪、落锤穿透仪
	五、砂浆	砂浆稠度仪
	六、水泥混凝土	混凝土搅拌机、维勃稠度仪、坍落度筒、抗渗仪、冷冻设备、动弹性模量测定仪、电通量测定仪、氯离子扩散系数测定仪、涂层湿膜厚度规、显微镜式测厚仪、拉脱式涂层黏结力测试仪
	七、钢绞线	松弛试验机
	八、沥青	软化点仪、延度仪、针入度仪
	九、黏结材料	黏度计
	十、土	环刀、灌砂筒、液塑限联合测定仪、击实仪、无侧限抗压强度测定仪、三轴仪
	十一、结构混凝土	***回弹仪、*非金属超声波检测仪**、钢筋保护层测定仪、钢筋锈蚀仪
	十二、钢结构防腐	涂膜附着力测试仪
结构检测设备	十三、结构混凝土	裂缝宽度测试仪
	十四、结构及构件	激光挠度仪、电位器式多点位移计、滑线电阻式位移计、500吨以上千斤顶
	十五、基桩	***静载试验仪、*基桩高应变仪、*基桩低应变仪**、井径仪(超声波成孔成槽质量检测仪)
	十六、地基	动力触探仪、测斜仪、***钢弦式孔隙水压力计**、电阻应变式孔隙水压力计、土压力计、弦式接收仪、分层沉降仪、水位计、十字板剪切板仪、钢弦式钢筋计、电阻应变式钢筋计、光纤光栅钢筋计、钢弦式锚索测力计、钢弦式锚杆测力计、差动式电阻应力计

续上表

专业	类别	设备名称
水文地质测绘设备	十七、定位定向	GNSS 定位仪、罗经、超短基线定位系统、长基线定位系统
	十八、浪潮流沙	**＊超声波水位计、＊地下水位计、＊浮子式验潮仪、＊压力式验潮仪**、重锤式料/液位仪、超声式波浪测量仪、压力式波浪测量仪、旋桨式流速仪、超声波流速仪、电磁流速仪、直读式海流计、声学多普勒流速剖面仪(ADCP)、含沙量测定仪、颗粒分析仪、测冰仪
	十九、地形地貌	多波束测深仪、**＊回声测深仪**、声速剖面仪、姿态测量仪、浅地层剖面仪、侧扫声呐、扫描声呐
	二十、重磁	海洋磁力仪、海洋重力仪
港口设施检测设备	二十一、重力	负荷传感器二次仪表、数字式起重力矩限制器
	二十二、位移及速度	角度检测仪、输送带速度检测仪、起升高度检测仪、重锤式角度检测仪、同步位移传感器、起重小车位移检测仪、料位高度检测仪、伺服加速度传感器、胶带偏斜指示器
	二十三、安全设施	光电式旋转编码器、起重力矩限制器、起重机运行偏斜限制器
助航设施检测设备	二十四、航标	航标灯光发射角测量仪
	二十五、船闸	**＊闸门开度计**

注:"＊"为已经获得授权的计量标准。

4.2.1.3 水运工程试验检测仪器设备检定/校准指导手册

为提高试验检测机构仪器设备管理水平,规范其检定/校准工作,确保试验检测数据准确、可靠,根据《交通运输部办公厅关于发布水运工程试验检测仪器设备计量管理目录的通知》(交办科技〔2016〕56 号)的有关要求,交通运输部组织编制了《水运工程试验检测仪器设备检定/校准指导手册》(以下简称《指导手册》)。

《指导手册》涵盖了《公路水运工程试验检测机构等级标准》中水运工程材料甲级、结构甲级,以及依据《测绘资质管理规定》《测绘资质分级标准》和《港口标准体系表》(2014 年 3 月修改)总结的与水运工程密切相关的仪器设备,明确了水运工程试验检测仪器设备的管理方式、依据标准及计量参数,是试验检测仪器设备检定/校准工作的重要依据。对《指导手册》解释说明如下。

1)适用范围

《水运工程试验检测仪器设备检定/校准指导手册》(以下简称《指导手册》)适用于工程质量监督机构对试验检测行业的计量管理,指导水运工程试验检测机构(含工地试验室)和水运工程水文勘察测绘机构开展仪器设备的检定/校准工作。仪器设备生产、使用等单位可参考使用。

2)引用文件

(1)《中华人民共和国计量法》;

(2)《中华人民共和国标准化法》;

(3)《中华人民共和国计量法实施细则》;

(4)《公路水运工程试验检测机构等级标准》(交安监发〔2017〕113 号);

(5)《水运工程试验检测仪器设备计量管理目录》(交办科技〔2016〕56号);

(6)《测绘资质分级标准》(国测管发〔2014〕31号);

(7)JJF 1001—2011　通用计量术语及定义;

(8)CNAS-CL31:2001　内部校准要求。

3)术语和定义

下列术语和定义适用于本手册。

(1)计量标准:具有确定的量值和相关的测量不确定度,实现给定量定义的参照对象。

(2)计量器具:指能用以直接或间接测出被测对象量值的装置、仪器仪表、量具和用于统一量值的标准物质,包括计量基准、计量标准、工作计量器具。

(3)内部校准:在实验室或其所在组织内部实施的,使用自有的设施和测量标准,校准结果仅用于内部需要,为实现获认可的检测活动相关的测量设备的量值溯源而实施的校准。

4)有关说明

(1)编号

"编号"是对本《指导手册》所列仪器设备的唯一标识,统一采用字母加数字的10位字符编码,其对应关系见图4-10。

10位编码中,除表示水运行业的"SY"为英文字母外,其余均为数字,字母后两位表示仪器设备使用时所归属的专业,共分为三个专业:材料检测专业(01)、结构(地基)检测专业(02)和水文地质测绘专业(03)。

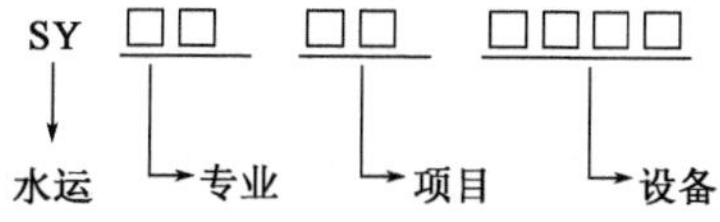

图4-10　《指导手册》设备标识编号说明

"项目"编码是指仪器设备所属"专业"中"试验检测项目"的顺序号,其中材料检测专业项目为01~19,结构(地基)检测专业项目为01~06,水文地质测绘专业项目为01~04。

最后四位编码按照《水运工程试验检测机构等级标准》(以下简称《等级标准》)附件水运工程试验检测机构等级标准(材料甲级)中表2-1、水运工程试验检测机构等级标准[结构(地基)甲级]中表2-4"仪器设备配置"的顺序以及其他参照文件仪器设备名称依次编排方便使用。当《指导手册》中出现相同设备时,采用首次出现时定义的编号,未重复设备序号顺延。

(2)项目类别

"项目类别"中材料检测专业和结构(地基)检测专业内容与《等级标准》附件中的"试验检测项目"对应。《指导手册》中编号SY0101~SY0119对应《等级标准》附件水运工程试验检测机构等级标准(材料甲级)中表2-1"试验检测能力基本要求及主要仪器设备"中的1~19项。SY0201~SY0206对应《等级标准》附件水运工程试验检测机构等级标准[结构(地基)甲级]中表2-4"试验检测能力基本要求及主要仪器设备"中的1~6项。

"项目类别"中水文地质测绘专业内容与《测绘资质分级标准》中海洋工程测量仪器设备对应。《指导手册》中编号SY0301~SY0304对应水文地质测绘专业仪器设备4个分类。

(3)设备名称

指具体的仪器设备在交通行业内所使用的名称。原则上与《等级标准》中"仪器设备配置"中的名称一致。

(4)管理类别

指仪器设备量值溯源的具体方式。分为三类：

Ⅰ类：共计126种。有公开发布的国家计量检定规程及校准规范，一般应送至质量技术监督部门依法设置的计量检定单位（如国家、省、市、县计量院、所）或具备相应仪器设备计量能力的专业计量站、校准实验室进行检定/校准，并取得检定证书或校准证书。

Ⅱ类：共118种。指水运行业计量管理的专业检测仪器设备，分两种情况进行管理：

Ⅱ-1：有公开发布的国家或交通运输部部门计量检定规程及校准规范的仪器设备（42种），在“依据标准”中标明具体文件。建议试验检测机构将此类仪器设备送至国家水运工程检测设备计量站（或参加其集中检定/校准活动），或地方交通运输专业检定机构进行检定/校准，如以上计量机构不具备某项仪器计量标准授权，则可将该仪器送至有技术能力的计量机构，根据“依据标准”和“计量参数”所示内容进行检定/校准。

Ⅱ-2：无公开发布的国家或交通运输部部门计量检定规程及校准规范的仪器设备（76种），在“依据标准”中为空白栏。这类仪器设备的检定/校准目前尚没有可直接依据的公开发布的技术文件，在行业检测中对结果影响重大，需要编制国家或交通运输部部门计量检定规程及校准规范。检测机构可将设备送至有技术能力的计量机构，按检测标准/规范要求，对影响检测的主要参数进行检定/校准；待国家或行业公开发布有直接依据的技术文件后，按照Ⅱ-1进行管理。

Ⅲ类：共计74种。此类仪器设备应开展内部校准或自行维护。检测机构根据计量参数，定期实施内部校准，保证检测结果准确；根据仪器设备产品标准、试验检测方法等技术文件，定期对仪器设备进行功能核查，保证其功能运转正常，并留存相应技术和管理记录。

(5)依据标准

指对仪器设备进行检定/校准时，应依据的技术文件。包括以下公开发布的技术文件：

①国家计量检定规程及校准规范；

②交通运输部部门计量检定规程及校准规范。

(6)计量参数

指除外观质量等目测、手感项目外的，影响仪器设备量值准确性的技术参数。当“依据标准”为计量检定规程时，列出检定规程中首次检定和后续检定的全部项目；当“依据标准”为校准规范时，列出全部校准项目；当无“依据标准”时，则根据水运工程试验检测专业特点并结合其他公开发布的技术文件，列出推荐校准项目。

对仪器设备进行检定时，若设备为首次检定，检定参数为全部项目，若设备为后续检定，检定参数为非下划线项目；对仪器设备进行校准，可根据仪器设备使用场合的实际需要，校准全部或部分必要的计量参数。

(7)建议检定/校准周期

Ⅰ类和Ⅱ-1类仪器设备中，“依据标准”为计量检定规程的仪器设备，采用计量检定规程中要求的检定周期；“依据标准”为校准规范的仪器设备，校准规范中有建议校准周期的，采用建议的校准周期；无建议校准周期的，根据仪器设备量值溯源的需要给出建议校准周期。

Ⅱ-2类仪器设备，根据仪器设备量值溯源的需要，给出建议的溯源周期。

(8)备注

指附加说明,主要包括的说明类型如下:

①对仪器设备的附加说明;

②对尚无“依据标准”的设备,给出参考性的技术文件,包括国家及其他部委部门计量检定规程、产品标准和检测规范等;

③对部分Ⅲ类设备给出了维护保养的方法或指明需开展内部校准。

4.2.2　水运工程检测设备计量技术体系

“十三五”期间,国家重大水运工程任务十分繁重,大量新技术、新材料、新工艺的应用,对计量测试工作提出了新的更多的需求。需要系统梳理相关计量测试技术需求,在对比现有的计量技术能力的基础上,大力研发具有水运专业特点的高水平的先进计量技术,也要大力研发适应周期短、数量多、批量需求的适用计量测试技术,进一步完善计量技术体系。同时,由于一些专用测试设备目前还没有有效的校准方法和手段,许多动态、在线、现场、综合测量等计量关键技术和校准系统亟待研究和建立。

4.2.2.1　水运计量技术体系框架

水运计量技术体系主要包括通用性计量技术规范以及专业性计量技术规范。通用性计量技术规范主要包括《通用计量术语及定义》《国家计量检定规程编定规则》《法定计量检定机构考核规范》《计量标准考核规范》《测量不确定度评定与表示》《标准物质通用术语和定义》《计量检测体系确认规范》《测量仪器特性评定》《计量标准命名与分类编码》《计量器具型式评价通用规范》《计量比对》等。

专业性计量技术体系框架主要包括量值溯源图、检定规程、校准规范、测量方法、型评大纲等类别,涵盖的专业应有材料检测、结构检测、水文测绘、港口机械、助航设施等类别。目前,水运计量技术体系以《水运工程试验检测仪器设备计量管理目录》和《水运工程试验检测仪器设备检定/校准指导手册》作为总体指导。

随着科学技术的发展,计量行业刮起了由主要面向计量器具向面向计量参数和计量方法拓展的浪潮,同时这也符合水运工程测量的需要。以往,由于水运工程很多测量是在水中进行,看不到,摸不着,所以工程建设对水运测量数据的要求并不是很严格,如水深数据,由于涉及测深仪、声速仪、姿态仪等多种仪器以及复杂的测量环境,测量数据量值的准确度无法通过单一的计量器具的检定/校准进行评定,这就要求开展量值评定方法的研究;另外计量行业正在向零链条计量发展,这就要求开展远程在线计量方法的研究,完善水运计量技术体系。

4.2.2.2　水运工程检测设备计量检定规程

水运工程检测设备尚缺国家计量检定规程,大都是部门计量检定规程。无论是数量还是层次都难以满足日益增长的水运计量需求,因此计量检定规程的制修订工作不容滞缓。全国水运专用计量器具计量技术委员会的成功筹建势必为将来水运工程检测设备计量检定规程的制修订工作奠定坚实的技术基础,为建立健全水运工程检测设备计量体系提供全面保障。表4-3为已发布水运行业部门计量检定规程。

水运工程部门计量检定规程发布情况　表 4-3

序号	计量检定规程名称	规　程　号	发 布 情 况
1	水运工程　闸门开度计	JJG(交通)026—2015	首次发布时间为 2004 年 再次发布时间为 2015 年
2	水运工程　非金属声波检测仪	JJG(交通)027—2015	
3	水运工程　回声测深仪	JJG(交通)032—2015	
4	水运工程　地下水位计	JJG(交通)033—2015	
5	水运工程　超声波水位计	JJG(交通)034—2015	
6	水运工程　桩基静载仪	JJG(交通)028—2004	首次发布时间为 2004 年 已列入 2015 年修订计划
7	水运工程　超声波流速仪	JJG(交通)030—2004	首次发布时间为 2004 年 已列入 2015 年修订计划
8	水运工程　旋桨式流速仪	JJG(交通)031—2004	
9	水运工程　伺服式测斜仪	JJG(交通)038—2004	
10	水运工程　钢弦式钢筋计	JJG(交通)035—2004	首次发布时间为 2004 年
11	水运工程　钢弦式锚索测力计	JJG(交通)036—2004	
12	水运工程　钢弦式孔隙水压力计	JJG(交通)029—2004	
13	水运工程　电位器式多点位移计	JJG(交通)039—2004	
14	水运工程　滑线电阻式位移计	JJG(交通)040—2004	
15	水运工程　钢弦式锚杆测力计	JJG(交通)037—2004	
16	水运工程　差动电阻式应力计	JJG(交通)041—2004	
17	港口机械　数字式角度检测仪	JJG(交通)042—2004	
18	港口机械　负荷传感器二次仪表	JJG(交通)043—2004	
19	港口机械　数字式起重力矩限制器	JJG(交通)044—2004	
20	港口机械　输送带速度检测仪	JJG(交通)045—2004	
21	水运工程　声速剖面仪	JJG(交通)122—2015	首次发布时间为 2015 年
22	水运工程　浅地层剖面仪	JJG(交通)140—2017	首次发布时间为 2017 年
23	多波束测深仪　浅水	JJG(交通)139—2017	
24	声学多普勒流速剖面仪	JJG(交通)138—2017	

4.2.2.3　已建最高计量标准

目前,水运行业已建最高计量标准 12 项,可开展 18 项检定/校准项目,已获授权的计量标准如表 4-4 所示。

水运行业已建最高计量标准　　表4-4

序号	计量标准	授权内容
1		闸门开度计检定装置 计量依据:JJG(交通)026—2004《水运工程　闸门开度计》 开展项目:闸门开度计 测量范围:(0~40)m 可分段测量 MPE: ±0.1%F·S±10mm 地下水位计 测量范围:(0~10)m MPE: ±0.1%F·S±10mm 超声波水位计 测量范围:(0~10)m MPE: ±0.1%F·S±10mm
2		非金属声波检测仪检定装置 计量依据:JJG(交通)027—2004《水运工程　非金属声波检测仪》 开展项目:非金属声波检测仪 测量范围:(0~250)mm 幅值准确度相对误差不大于3% 空气中声速值准确度相对误差不大于0.5%
3	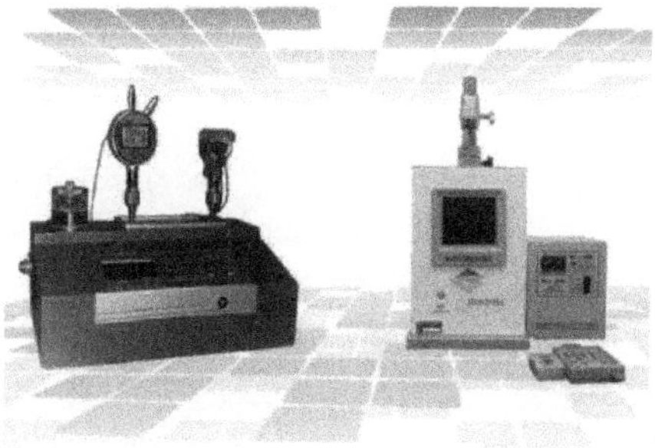	桩基静载仪检定装置 计量依据:JJG(交通)028—2004《水运工程　桩基静载仪》 开展项目:桩基静载仪 测量范围:压力:(0~60)MPa 位移:(0~50)mm MPE:压力 1.0% F·S 位移: ±0.05mm
4		回声测深仪检定装置 计量依据:JJG(交通)023—2015《水运工程　回声测深仪》 开展项目:单波束测深仪 测量范围:(0~40)m MPE: ±5cm(水深≤5m); ±1%d(水深≥5m,d 为水深) 多波束测深仪 MPE: ±(0.1%d±0.1)m

续上表

序号	计量标准	授权内容
5		基桩动态测量仪检定装置 计量依据:JJG 930—1998《基桩动态测量仪》 开展项目:基桩动测仪 测量范围: 频率:(20 ~ 2000)Hz 最大加速度:100m/s^2 加速度系统参考灵敏度:$U=2\%$,$k=2$
6		钢弦式孔隙水压力计检定装置 计量依据:JJG(交通)029—2004《钢弦式孔隙水压力计》 开展项目:基桩动测仪 测量范围:(0 ~ 1)MPa MPE = ±2.5%F·S
7		压力验潮仪检定装置 计量依据:JJG 946—1999《压力验潮仪》 开展项目:压力验潮仪 测量范围:(0 ~ 100)m 潮位 MPE:±0.04m;±0.10m;±0.04m
8	 	浮子验潮仪检定装置 计量依据:JJG 946—1999《压力验潮仪》 开展项目:浮子验潮仪 测量范围:(0 ~ 8)m 潮位 MPE: 1 级　±3mm 2 级　±10mm 3 级　±20mm 4 级　±40mm

续上表

序号	计量标准	授权内容
9		声速剖面仪检定装置 计量依据:JJG(交通)122—2015《水运工程　声速剖面仪》 开展项目:声速剖面仪 声速:测量范围(1400～1600)m/s,最大允许误差±0.2m/s 水深:测量范围(0～100)m,最大允许误差±1% F·S
10		伺服式测斜仪检定装置 计量依据:JJG(交通)038—2004《水运工程　伺服式测斜仪》 开展项目:伺服式测斜仪 测量范围:－180°～＋180° 综合误差:±1‰F·S
11		混凝土回弹仪检定装置 计量依据:JJG 817—2011《回弹仪检定规程》 开展项目:混凝土回弹仪 测量范围:(0～100)d 最大允许误差:±1.5 分度数
12	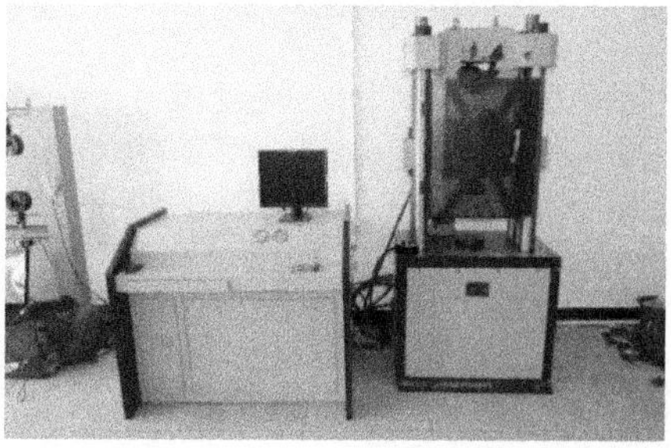	钢弦式锚杆测力计(钢弦式钢筋计)检定装置 计量依据:JJG(交通)037—2004《水运工程　钢弦式锚杆测力计》;JJG(交通)035—2004《水运工程　钢弦式钢筋计》 开展项目:钢弦式锚杆测力计,钢弦式钢筋计 测量范围:(0～250)kN 综合误差:±2.5%F·S

4.2.2.4 筹建的最高计量标准

国家水运计量站对水运工程检测设备量值溯源现状进行了调研与梳理，根据行业发展与企业的需求，拟申请授权的15项测量仪器的计量标准是最为急需和必要的，并具有明显的水运工程专业特点，如表4-5所示。

申请增建的水运工程检测设备计量标准项目(2018—2021年) 表4-5

序号	计量标准名称	状态	应用简介	计划年限	主要检定项目
1	氯离子扩散系数(电通量)测定仪检定装置	部门检定规程正在报批	氯离子对混凝土中钢筋的锈蚀是混凝土最大的破坏和负面影响。钢筋是混凝土中承受拉力的最主要的结构，钢筋强度是混凝土强度中的重要指标，钢筋锈蚀严重影响钢筋强度。混凝土中氯离子较大时，会降低混凝土抗化学侵蚀和耐磨性及抗折强度，致使混凝土膨胀、疏松；导致钢筋提劲膨胀，引起混凝土结构开裂。水运工程项目规模大，造价高，对港口安全及周围局面的人身和财产安全具有较大影响。氯离子扩散系数测定仪是水运工程领域重要的材料检测设备	2018—2019	氯离子扩散电压、标准电阻和扩散电流等参数进行量值溯源工作
2	分层沉降仪检定装置	部门检定规程正在制定	分层沉降仪的工作原理是将沉降管与岩土层固定，通过测量沉降管移动的距离从而检测地基、土层的纵向沉降的检测设备，主要用于水坝、水工建筑物以及围海造陆时地基、土层的沉降检测。分层沉降仪是水运工程领域用于长期观测的结构检测设备，其类型主要有电磁式、机械式以及光栅式，对水运工程安全检测具有重要意义	2018—2019	分层沉降最大允许误差、测量重复性、分层分辨力、量程
3	波浪观测仪检定装置	部门检定规程正在报批	波浪测量是水运工程水文测绘的基本指标，是极其重要的水动力参数。波浪观测仪是对近海进行波浪观测的重要仪器设备，波浪观测仪可以对波浪的大小、波浪方向进行观测。波浪观测仪的原理多样，利用声学多普勒原理、压力原理和浮子原理进行波浪测量。波浪对水工建筑物影响巨大，波浪会对水工建筑物的产生极大的影响。为了保证水工建筑物的安全和使用寿命，往往需要在沿海或沿河建设大量的防波堤，并在防波堤上布置碎浪设施	2018—2019	波浪传播方向最大允许误差、重复性；波高最大允许误差、重复性；波浪周期测量最大允许误差等参数开展量值溯源工作
4	声学多普勒流速剖面仪检定装置	JJG138—2017《声学多普勒流速剖面仪》	流速是水运工程水文测绘中基本指标之一，流速大小对船舶航行安全、水工建筑物设计与布局、航道的适航条件有较大的影响。声学多普勒流速剖面仪是利用声学多普勒原理对不同剖面深度的流速进行测量的仪器设备，可用于内河断面流量测量，河道中含沙量的推算、悬沙浓度的测量、三维水流模拟等新领域有比较广泛的应用	2018—2019	流速大小、流速方向

续上表

序号	计量标准名称	状 态	应 用 简 介	计划年限	主要检定项目
5	波浪补偿仪检定装置	部门检定规程正在报批	波浪补偿仪安装在任何船只或其他设备来实现水上、水下等设备的运动数据进行采集，协助完成数据勘测、声呐成像补偿、姿态测量等。波浪补偿仪在水运工程中作为多波束测深仪等测深仪器的配套仪器，用以补偿测量船在进行测深作业时，受风浪上下摇摆产生的测深误差，常作为精确地形测量时的修正数据；波浪补偿仪也常常作为船舶姿态测量的仪器。波浪补偿仪测量的准确度对水运工程领域的水深测量、水下地形绘制以及船舶姿态测量有较大的影响	2019—2020	横摇、纵摇、艏向角度偏差和涌浪（或上下升沉）长度偏差
6	井径仪检定装置	部门检定规程正在报批	井径仪是利用井眼直径发生变化时，测量杆相应收张引起电位器电位的变化，从而实现对井眼直径的测量的仪器。井径资料对于综合判断岩性、解释其他测井曲线和计算固井水泥量都是非常重要的。随着技术的不断进步，井径仪还可用于检测套管变形，测量井孔椭圆度，测量灌注桩钻孔质量，监测岩体应变领域	2018—2019	井径测量最大允许误差、测量重复性、分辨力和量程等参数
7	超短基线检定装置	部门检定规程正在制定	超短基线水下声学定位系统主要用于海洋探测研究、海洋工程、水下建筑物施工、潜水员水下作业、水下考古、海洋国防建设等领域中的水下定位工程，与GPS、姿态传感器和电罗经组合使用。该系统能够为潜水员水下作业提供高精度定位信息，确保潜水员的安全，也能够在水下无人潜水器或自主潜水器（ROV）等设备进行水下建筑物勘测时，提供精确的位置资料	2019—2020	定位最大允许误差、基线长度、测量重复性等参数
8	含沙量测定仪检定装置	部门检定规程正在制定	含沙量测量是水文测绘的基本指标之一，含沙量对航道的通航条件、航道和河口的地形淤积演变、水运工程设计都具有较大的影响，对工程造价和航行安全具有较大影响。含沙量测定仪是用于直接测量水域内含沙量的重要设备，通过透光率、电磁等方法测量单位体积水内含沙的质量。与传统的采样后烘干、称重的方法相比，含沙量测定仪可以进行实时测量，并且可以对较深水层进行含沙量测量，具有较高的测量效率和较好的便利性	2019—2020	含沙量最大允许误差等参数
9	钢筋锈蚀仪检定装置	部门检定规程正在制定	钢筋是混凝土中承受拉力的最主要的结构，钢筋强度是混凝土强度中的重要指标，钢筋锈蚀严重影响钢筋强度。钢筋锈蚀仪是一种以非接触的方式，以电化学测量方法为原理，对钢筋的锈蚀程度和混凝土重量损失比进行测量的仪器，具有操作简便，测量速度快的特点，是水运工程领域应用广泛的材料检测仪器	2019—2020	测量电位最大允许误差、重量损失比等参数

续上表

序号	计量标准名称	状态	应用简介	计划年限	主要检定项目
10	钢筋笼测定仪检定装置	部门检定规程正在制定	在水运工程施工时利用机器冲孔和水磨钻孔，并且孔深达到设计要求，然后向桩孔下放钢筋笼，再插入导管进行混凝土浇注。钢筋笼主要起抗拉作用，对桩身混凝土起到约束的作用，使之能承受一定的水平力。钢筋笼测定仪可以自动钢筋笼的结构、钢筋的长度和直径以及钢筋笼的角度进行测量，是水运工程领域必不可少的结构检测设备	2019—2020	钢筋笼长度测量最大允许误差、钢筋定位最大允许误差、测量重复性等参数
11	无侧限抗压强度测定仪检定装置	部门检定规程正在制定	无侧限抗压强度测定仪是水运工程领域重要的材料检测设备，可以根据不同的检测材料（例如岩石、预制板等材料），在无侧向压力的条件下，对被检测各个部位的抗压强度进行测量，测量被测材料受力以及形变的程度	2019—2020	无侧限抗压强度及灵敏度、压力测量最大允许误差、位移测量最大允许误差、重复性
12	侧扫声呐仪检定装置	部门检定规程正在制定	侧扫声呐是从船舶拖曳的拖体向航道两侧发射声脉冲，利用回声测深原理，探测河（海）床带状区内河（海）底、地貌和水下物体的仪器，在水运工程测量中得到广泛应用。与多波束的地形扫测具有相近的用途，但是应用的领域、扫描范围和测量精度都不相同，属于水运工程应用较多的水下地形测量设备，其量值溯源势在必行	2019—2020	水平波束宽度、垂直波束宽度、声源级、对应水深范围内的底物分辨力
13	多波束测深仪检定装置	JJG139—2107《多波束测深仪浅水》	多波束回声测深仪是利用多波束回声信号测量、绘制海底地形和水深的仪器设备，它把测深技术从点、线扩展到面，并进一步发展到立体测深和自动成图，特别适合进行大面积的海底地形探测。在水运工程领域，多波束测深仪已经被广泛应用于适航水深测量、近海地形测量、航道地形测量等领域。近年来，随着多波束应用技术的不断成熟，多波束也被用于海底沉船打捞、水下救援等新的领域	2020—2021	水深、波束角、发射声源级、深度分辨力和底物分辨力
14	颗粒分析仪检定装置	部门检定规程正在制定	水运工程新建港口和扩建港口、港地附近的泥沙底质粒径分布情况（河床或海床）是科研、设计、施工部门普遍关心的问题。颗分仪便是用于分析河床、海床底质组成成分的仪器，分析后的成果表可为港口航道设计科研提供科学依据。颗粒分析是水文测绘中泥沙的另一个重要指标，对工程实施可行性、工程施工方案以及淤积地形演变具有较大的影响	2020—2021	颗粒质量、颗粒直径、粒径分层等参数
15	浅地层剖面仪检定装置	JJG140—2017《水运工程 浅地层剖面仪》	浅地层剖面仪是探测水下浅部地层结构以及水底管线走向的探测仪器，在港口码头施工前期以及部分航道开挖中应用。该装置用以测试浅地层剖面仪的技术性能是否符合规程要求。浅地层剖面仪供港口、码头、基桩定位、管线铺设设置选位使用，还可在航道勘测中测量河（海）底的浮泥厚度	2020—2021	水深测量最大允许误差、垂直分辨力、穿透深度等参数

4.2.2.5 水运计量标准需求分析

建设水运计量标准是完善国家计量技术体系的需要。随着工业和科学技术的发展，计量工作的重要性不断突显出来。现代计量广泛应用于工农业生产、国防建设、科学研究、国内外贸易、环境保护、医疗卫生以及人民生活等各个领域，是国民经济的一项重要技术基础工作。国家计量基准、计量标准是统一我国计量单位制度，保证全国量值准确可靠的手段。我国虽然已建立了几百种国家计量基准、计量标准，但大多只能满足国民经济的一般需要。交通运输部对水运工程领域涉及的检测设备进行了梳理，共有205种。在这205种检测设备中，除去可向社会公用计量标准溯源的设备和无量值输出的设备，仍有需要行业管理的检测设备113种，在113种仪器设备中，仅有12项建立了计量标准，缺口巨大。为此，国家水运计量站已做好计量标准建设的规划，拟于"十三五"期抓住重点，集中攻关20项涉及水运工程安全类的计量标准和装置，逐步完善水运计量技术体系，从而达到完善国家计量技术体系的目的。

建设水运计量标准是交通水运行业发展的需要。国家对水运行业的投入和其自身的快速发展给水运工程建设带来了前所未有的机遇和挑战。很多在以往需要较长时间才能完成的工程建设项目，如今只在较短的时间内就能完工。一方面工程施工工艺较过去得到了较大的完善和提升，另一方面人们在进度要求的压力下加快了施工速度，更有甚者片面追求经济效益，偷工减料，违规操作，这就使得工程质量的检测工作成为质量检查工作的重中之重，检测设备的量值溯源工作成为质量监督工作的基础。确保工程质量需要未雨绸缪，即重视工程前各项科学依据的把关工作。这些工作包括前期测量、科研、设计等，而测量工作又是这些前期工作的重要依据和基础，因此，控制测量质量是确保工程质量的首要任务。目前，交通运输部和测绘部门都加大了对拥有水运工程测绘资质部门的监管力度，对相关仪器设备都提出了定期检定和校准的要求，但受国家水运计量站计量标准数量限制，仅有部分仪器的量值溯源工作能够落实，若要与上级部门的要求和当前水运行业发展的速度紧密结合起来，必须尽快增建急需且具有水运工程特色的检测仪器的计量标准，以更有利于行业的计量管理。

建设水运计量标准是水运工程检测、测量工作的迫切需要。水运工程检测仪器品种多、专业性强，包括结构检测、材料检测、水文地质测绘、港口机械和助航设施五个方向。交通运输部为了规范全国公路和水运行业检测活动，保证工程质量，于2005年发布第12号令以及交质监发〔2005〕547号文件，其中列出的码头建设检测的主要仪器设备有103个，包括了材料和结构两大块，按资质级别对检测仪器设备提出检定要求，而这些仪器设备目前在社会公用计量单位大多都能完成检定和校准，基本满足要求，而一些水运工程水文和地质地貌专用测绘仪器，由于缺少计量检定规程和技术标准，在检定领域上还属空白。水运港口工程的前期科研、勘察设计、航道整治和疏浚等均会涉及浪、流、沙、底质、水位、水深6个基本参数的技术指标。海洋、水利2个行业有些工程也需要，但要求的精确度和检测仪器使用的环境和客观条件并不相同。以水深为例，水深是港口航道通航能力大小和通航船舶吨位最主要的参数，也是船舶航行安全的保证；在港口、航道疏浚工程中水深是计算挖掘土方量的重要参数，可作为甲、乙双方财务结算的依据；在淤泥质河段和港口航道，河底淤泥的密度和厚度不同，船舶允许在低密度泥水中航行，因此在水运行业存在"适航水深"的问题；在沿海港口、航道水深测量中会遇到波浪和水温引起声速变化继而影响到测量精度等问题，为此，在水运工程测量过程中使用的测深仪，为了保证测量的准确，应配备声速剖面仪和波浪补偿仪。根据测深的需求，当前在水运工程水深测量中除使用单波束回声测深仪之外，还广泛使用双频测深仪和多波束测深仪等仪器设备。综上所述，水运工程检测仪器计量检定工作具有突出的专业特色，并已成为当前和未来一段时期内水运工程检测、测量工作的迫切需要。

4.2.2.6 水运行业计量业务

水运行业计量检定机构的水运行业计量服务内容主要分为以下几项：

(1)开展水运行业检测设备的检定/校准/测试/能力验证工作

计量检定。根据交通运输部公布的水运试验检测仪器设备计量管理目录列出的专用仪器设备中，对已有国家或部门正式发布的计量检定规程的仪器设备，建立计量标准，申请计量授权，开展授权能力范围内的检定工作。

计量校准。对于水运试验检测尚未发布检定规程的专用仪器设备，但具有公开发布技术文件的仪器，建立计量标准，申请中国合格评定国家认可委员会(CNAS)认可考核，取得校准资质，开展能力范围内的校准业务。

通用计量器具检定/校准。针对水运试验检测中涉及的通用计量器具，为满足试验检测机构的实际需要，依据相关技术文件，进行建标，申请考核授权后开展检定/校准工作。

计量测试能力。对于水运试验检测仪器设备中无法开展检定/校准的仪器设备，可根据试验检测机构实际需求，开展计量测试。测试可参照相关仪器设备计量管理指南、产品标准、测试规程、试验方法等，编制仪器设备测试工作指导性技术文件。

能力验证。对于暂时还不能量值传递的仪器设备，检定机构可以组织开展行业内的测试能力验证活动，保证其专用仪器设备实验检测结果的可靠性。

目前水运行业计量服务覆盖范围以天津为中心，辐射河北、北京、辽宁、江苏，湖北、浙江、上海等省市。国家水运计量站现已启动水运行业计量服务网络研究布局与地方计量站筹建工作，立足拓宽计量服务市场，重点开发长江沿线、内河、港口主要城市计量检定市场，力争"十三五"期形成覆盖全国的计量服务链。

(2)交通运输水运行业计量标准的研究与建设

承担交通运输水运行业计量标准的研究与建设，不断完善交通运输行业计量标准体系，同时承担国家与行业有关水运计量技术等研究项目，为各省、市质监部门及港口企业提供计量与标准化技术咨询服务，满足行业提出的重大计量技术需求。

(3)承办计量培训宣贯、计量技术交流会及相关活动

水运行业计量服务既独具特色又涵盖全面、自成体系，服务科研项目见表4-6。图4-11～图4-13为水运计量相关的服务形式和部分工作项目现场。

图4-11 纪念5·20世界计量日暨第一届水运交通计量工作创新交流会

图 4-12　标准与计量知识讲座

a)测探仪计量检定

b)浅地层剖面仪技术培训

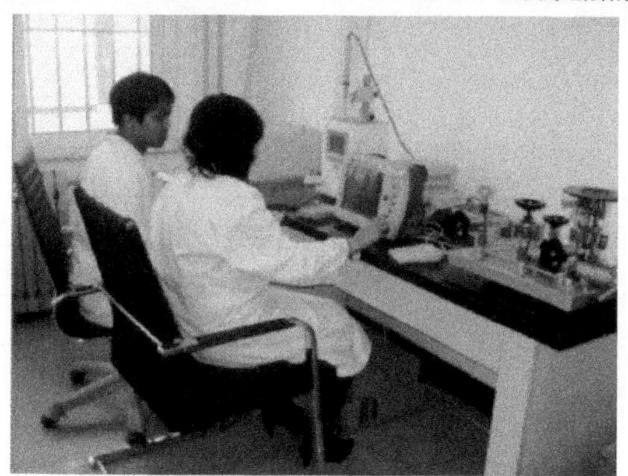

c)桩基静载仪计算检定

图 4-13　计量检定实操培训

水运计量服务科研项目　　表 4-6

序号	项目类型	项　目　名　称	立项部门
1	软科学	水运工程建设检测设备计量检定体系研究与规程制定	交通部科技司
2	软科学	水运工程建设检测仪器计量检定现状与对策研究	交通运输部科技司
3	软科学	交通水运行业计量现状调查与研究	交通运输部科技司

续上表

序号	项目类型	项 目 名 称	立项部门
4	软科学	交通运输行业计量发展规划	交通运输部科技司
5	软科学	交通运输标准化"十三五"发展规划	交通运输部科技司
6	软科学	京津冀交通标准一体化研究	交通运输部科技司
7	软科学	滨海新区计量现状管理及管理对策研究	滨海新区质监局
8	软科学	天津港计量工作现状及长期规划	天津港集团
9	计量标准及质量	交通运输部环保相关标准研究与制定(2015)	交通运输部科技司
10	计量标准及质量	交通运输部安全相关标准研究与制定(2015)	交通运输部科技司
11	计量标准及质量	水运工程试验检测仪器设备技术标准	交通运输部水运局
12	计量标准及质量	水运工程检测设备检定/校准管理目录	交通运输部科技司
13	计量标准及质量	交通水运工程质量监督检验体系研究	交通运输部科技司
14	计量标准及质量	交通行业计量检定规程管理办法研究	交通运输部科技司
15	计量标准及质量	声速剖面仪计量标准技术研究	交通运输部科技司
16	计量标准及质量	浅底层剖面仪计量标准技术研究	交通运输部科技司
17	计量标准及质量	多波束测深仪计量标准技术研究	交通运输部科技司
18	计量标准及质量	声学多普勒流速仪(ADCP)计量标准技术研究	交通运输部科技司
19	计量标准及质量	伺服式测斜仪计量标准技术研究	交通运输部科技司
20	计量标准及质量	氯离子扩散系数测定仪计量标准技术研究	交通运输部科技司
21	标准化	波浪观测仪计量标准研究	交通运输部科技司
22	标准化	基桩高应变仪计量标准研究	交通运输部科技司
23	标准化	水运工程 侧扫声呐 标准及规程	交通运输部科技司
24	标准化	水运工程 差动电阻式应力计 标准及规程	交通运输部科技司
25	标准化	水运工程 电位器式多点位移计 标准及规程	交通运输部科技司
26	标准化	水运工程 含沙量测定仪 标准及规程	交通运输部科技司
27	标准化	水运工程 滑线电阻式位移计 标准及规程	交通运输部科技司
28	标准化	水运工程 井径仪 标准及规程	交通运输部科技司
29	标准化	非金属声波检测仪等6种检测设备行业标准和部门检定规程	交通运输部科技司
30	标准化	水运工程 土压力计 标准及规程	交通运输部科技司
31	标准化	振弦式应变测量系统标准及规程制修订	交通运输部科技司
32	标准化	水运工程 动力触探仪行业标准及检定规程制修订	交通运输部科技司
33	标准化	水运工程 水位计行业标准及检定规程制修订	交通运输部科技司

4.3 水运工程检测设备计量检定规程介绍与应用

交通运输部在水运工程建设中一直十分重视检测仪器设备的计量工作,科学、准确、可靠的计量检定设备和方法是保障水运工程建设质量的必要前提。本节将简要介绍现行水运工程检测设备及其计量检定规程，以期为水运工程检测设备使用者与计量工作者提供参考。

4.3.1　超声波流速仪计量检定规程

图4-14　超声波流速仪

超声波流速仪是利用超声波在水流中的传播特性，用一组或多组超声波换能器来测量单层或多层平均流速或某测点的瞬时及平均流速的仪器，见图4-14。它由水下传感器及水上显示记录器两大部分组成。根据测流原理不同，可分为超声波时差法流速仪和超声波多普勒流速仪。超声波时差法流速仪是根据超声波在顺流和逆流中传播的时间差而实现流速测量的；超声波多普勒流速仪则是利用声学换能器所发射的声脉冲在随运动水体中的悬浮物所产生的多普勒频移进行流速测量。《水运工程　超声波流速仪》[JJG(交通)030—2004]主要规定了超声波时差法流速仪和超声波多普勒流速仪的流速测量范围、分辨力、采样频率、准确度、重复性等内容，并规定了其检定设备和检定方法。

4.3.2　旋桨式流速仪计量检定规程

旋桨式流速仪是以旋桨作为转子，在水流作用下旋桨绕着水平轴转动，根据转速与周围水流的流速成单值对应关系的原理测量流速的仪器，见图4-15。它由水上显示器和水下探测器两部分组成，水下探测器主要由旋桨、尾翼、铅鱼、悬挂设备(或测杆)、流向传感器、信号线等部分组成。《水运工程　旋桨式流速仪》[JJG(交通)031—2004]根据水运工程行业特点，对旋桨式流速仪提出流速/流向测量的要求，并明确给出了流速/流向的分辨力及准确度，规定了其检定设备和检定方法；根据当前国内的技术水平，对流速仪显示器提出自动化功能的要求；由于流速仪显示器均使用超低压干电池电压，故对电源进行规定。

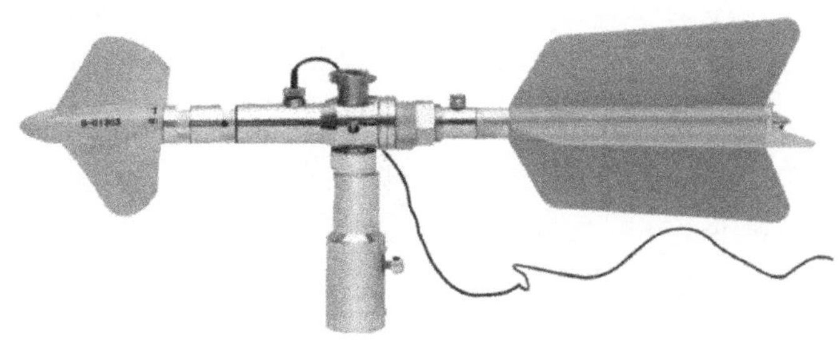

图4-15　旋桨式流速仪

4.3.3　回声测深仪计量检定规程

回声测深仪是利用超声波在水中传播至水底产生回波反射的特性来测量水深的仪器，见图4-16。它广泛应用于江河、沿海、港口、航道、通航建筑物，航道疏浚，海事救捞以及各类大中型船舶在航行中的水深测量。使用时可根据测深需要在调节面板上进行低速量程、定标、灵敏度等操作，水下换能器向水底发射并接收超声波脉冲信号，测量的深度分别用纸带记录和数字

显示。《水运工程 回声测深仪》[JJG(交通)032—2015]针对水运工程使用的回声测深仪主要用于航道整治和通航建筑物等特点,对测量的准确度及性能要求并不高;根据中国国情对其在深水含沙水域的性能提出要求;对双频回声测深仪提出观测水底浮泥厚度的要求,这对航道疏浚具有现实意义;为了体现沿海水运工程测量的行业特色,还对其提出波浪补偿和多波束宜配备纵倾和横摇补偿装置的要求;此外,对其最大测深的计算给出了参照公式,规定了计量性能的检定设备和检定方法。

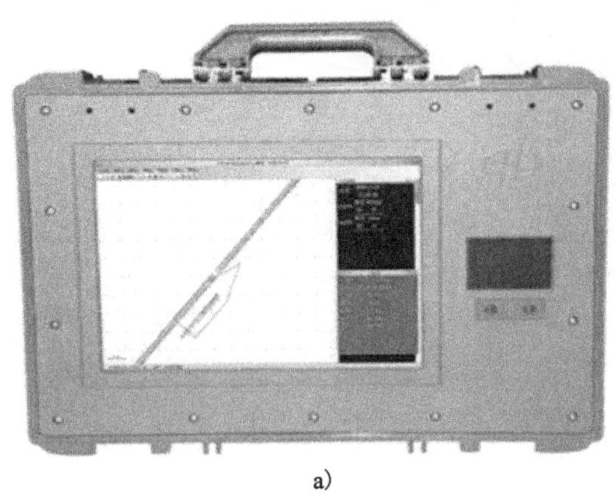

a)

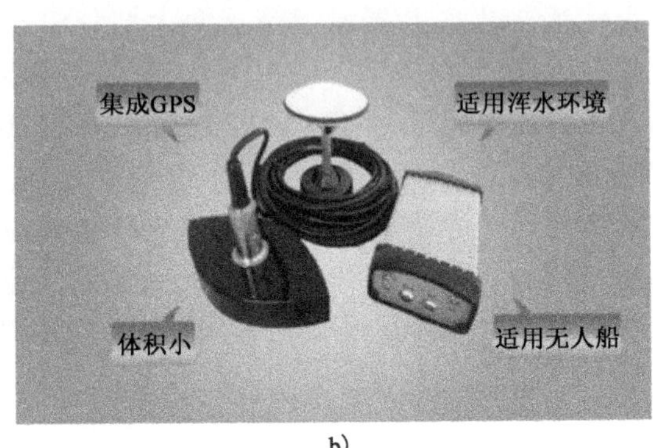

b)

图 4-16 单波束回声测深仪

4.3.4 地下水位计计量检定规程

地下水位计是测量观测井(孔)中地下水的自由水面相对于国家基准面高程的仪器,见图 4-17。它被应用于水工建筑物周边地下水及地表水的测量,也可以用于船舶各水舱中水位及岸边潮位的监测。根据测量原理不同可以分为悬锤式、跟踪式、浮子式及压力式,其中最常用的是浮子式和压力式水位计。浮子式水位计由浮子、编码器和显示记录器组成;压力式则由压力传感器将不同水位产生的压力经中继箱输入显示记录器。《水运工程 地下水位计》[JJG(交通)033—2015]对浮子式和压力式水位计的水位变幅、分辨力、准确度等级、重复性、回差、计时装置准确度以及通用技术要求进行了规定;同时,以《水文仪器安全要求》(GB 18523)为依据对工作环境安全的要求也进行了规定;鉴于地下水位计包含的种类较多,在试验程序中分别对浮子式和压力式的检定设备和检定方法进行了规定。

4.3.5 闸门开度计计量检定规程

闸门开度计是由闸门开度传感器、有线或无线传输设备、显示器或记录器等组成的测量闸门开度的仪器,见图 4-18。它能用来检测船舶过闸时闸门开启度的直线距离,并将直线距离转换成转角经编码器输出给计算机。《水运工程 闸门开度计》[JJG(交通) 026—2015]中准确度是参照《水文仪器基本参数及通用技术条件》(GB/T 15966—1995)分别以“最大允许误差”和满量程的相对值给出;根据国内产品的实际情况和闸门开度计传感部分的特点,准确度和回差等指标定得较高;考虑到国内船闸闸门已实现或正在实现计算机控制,信号传输也要经过相当的距离,在规程中功能技术要求方面都做了详细的规定。

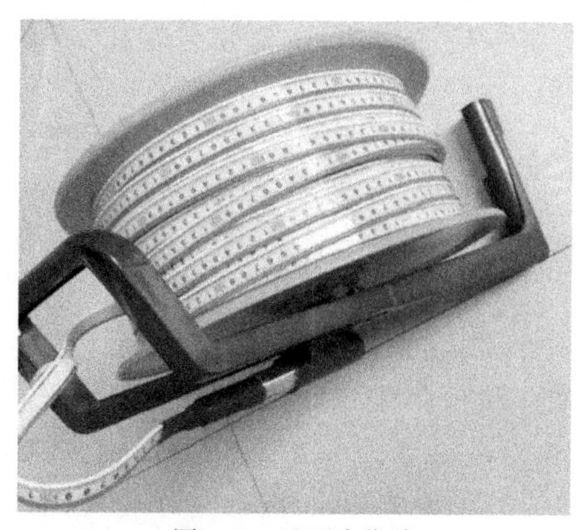
图4-17　地下水位计

图4-18　闸门开度计

4.3.6　非金属声波检测仪计量检定规程

非金属声波检测仪包括主机、直流电源、换能器等，见图4-19。它通过声波测试的方法，测定被测介质中的声波传播速度、振幅、频率和波形等声学参数的变化。从而了解被测介质（非金属）的物理学特性。它与其他设备配套使用被广泛应用于水运工程建设中对混凝土等非金属结构的缺陷、强度检测。《水运工程　非金属声波检测仪》[JJG（交通）027—2015]对被测介质中的声波传播速度、振幅、频率和波形等声学参数进行了规定，由于判断混凝土构件内部的孔隙、裂缝等质量问题，还需对上述声学参数进行分析、计算、处理等，占据篇幅较大且叙述困难，因此没有对最终检定的参数进行规定。

4.3.7　桩基静载仪计量检定规程

桩基静载仪由工业控制计算机、显示器、输入装置、中继器和电源适配器组成，见图4-20。它与位移传感器、压力传感器、千斤顶等组成桩基静载荷测试系统，可对桩的承载进行检测。广泛应用于水运工程建设中港口、码头、水工建筑物及民用建筑物等桩基的静载荷检测。《水运工程　桩基静载仪》[JJG（交通）028—2004]主要对桩基静载仪的供电电源、电源适配器工

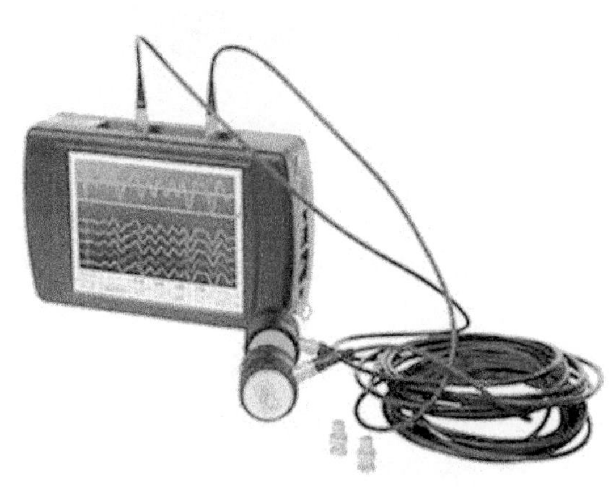
图4-19　非金属声波检测仪

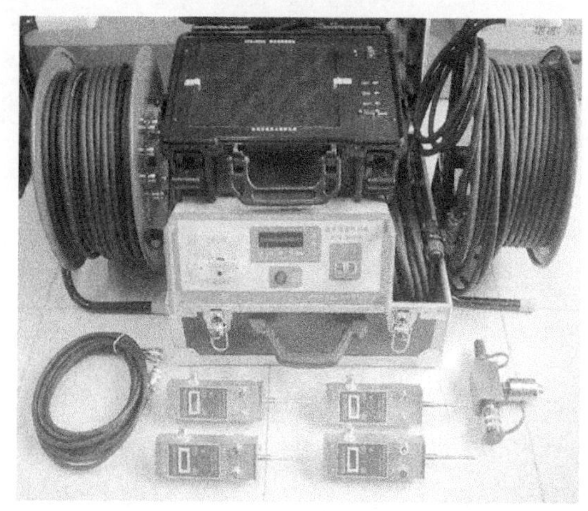
图4-20　桩基静载仪

作电压、工作温度、工作湿度、频率信号检测通道、电流信号检测通道、控制信号输出通道等进行了规定。

4.3.8 超声波水位计计量检定规程

超声波水位计是利用超声波在不同介质中的界面处产生反射的特性来测量水位的仪器，见图4-21。它可应用于江河、沿海、湖泊、船闸、船坞、大型船舶水舱及地下水等水位监测中。按照超声波传播介质的区别可分为：液介式超声波水位计和气介式超声波水位计。它主要由探头(超声波换能器)、多芯电缆、主机箱和打印机构成。将探头安装在空气中使发射面向下，声波向下发射到达水面后向上反射谓之气介式；将探头安装在水下使声波向上发射则构成液介式。《水运工程　超声波水位计》[JJG(交通) 034—2015]从水运工程的实际需要出发，对超声波水位计测量范围、分辨力、盲区、功能、准确度、工作环境等进行了明确要求，对其检定设备和检定方法进行了规定。

4.3.9 数字式角度检测仪计量检定规程

港口机械用数字式角度检测仪是利用电子倾角传感器、单片机技术、集成电路技术等研制而成的现代测量倾角的仪器，见图4-22。它具有绝对角度与相对角度测量、角度锁定、CPU防伪、与计算机对接、多个工作面等功能。其具有精度高、使用方便、功能齐全等特点，广泛用于机械行业。《港口机械　数字式角度检测仪》[JJG(交通) 042—2004]根据测量范围和分辨力的不同，将角度检测仪分为不同精度等级，该参数具有国内领先水平，部分参数与国外先进水平相当；工作环境条件规定为温度 -25℃ ~ +60℃，湿度为95%，基本能够适应各种港口机械的工作要求；考虑到角度检测仪固定安装在港口机械上，对温度、湿度等环境适应性、耐振动冲击性能、电磁兼容性、防护等级等要求较高，因此将这些项目作为试验检测的重要内容加以规定。

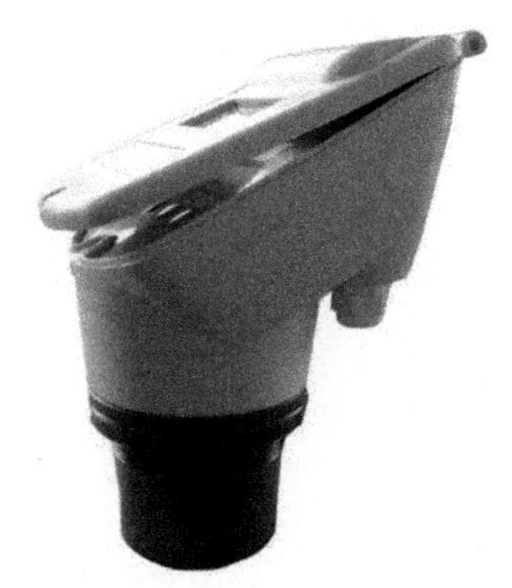

图4-21　超声波水位计

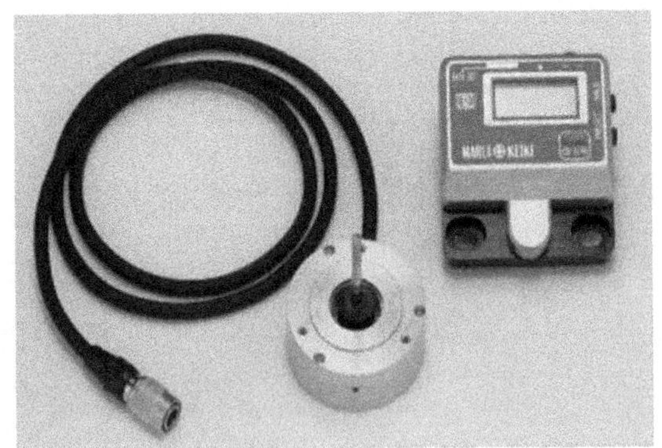

图4-22　数字式角度检测仪

4.3.10 数字式起重力矩限制器计量检定规程

数字式起重力矩限制器主要由主机仪表、起重传感检测装置、角度传感检测装置、长度传感检测装置、信号传输及控制线路等组成，见图4-23。图文汉字型起重机力矩限制器主要功能：动态显示起重机工作幅度、吊臂角度、额定起重量、实际起重量、负荷百分率，起重量达到或超过允许的范围时，能自动报警或自动停止起重机向危险方向运行，是集微机技术、电气自动化技术、起重机技术等一体化的机电智能产品，可与各种起重机配套使用。仪器还具有“黑匣子”功能（特别情况时作为分析事故的主要依据之一）和时钟功能。《港口机械　数字式起重力矩限制器》[JJG（交通）044—2004]首次对可能影响港口机械正常工作的力矩限制器控制回差问题进行了规定，明确提出了力矩限制器应合理设计，对于速度较高的港口机械满载工作时，力矩限制器不得因港口机械吊臂的摇动而频繁地控制、释放，以免影响港口机械的正常工作。

4.3.11　负荷传感器二次仪表计量检定规程

负荷传感器二次仪表是对负荷传感器的输出信号进行采集、处理、显示，并根据设定点进行相应控制的仪表，见图4-24。它既可以用来进行超负荷限制，又可以用来实时地动态地、检测起重量的大小，并将检测结果在显示器上显示出来，如采用PLC控制，还可以将检测结果传给PLC控制系统，进行统计、累加等数据处理。《港口机械　负荷传感器二次仪表》[JJG（交通）043—2004]对二次仪表的关键技术进行了规定：①考虑本标准的适用范围，显示误差和综合误差均规定为±5%；②规定了显示数值清零的功能；③首次对控制回差进行了规定。

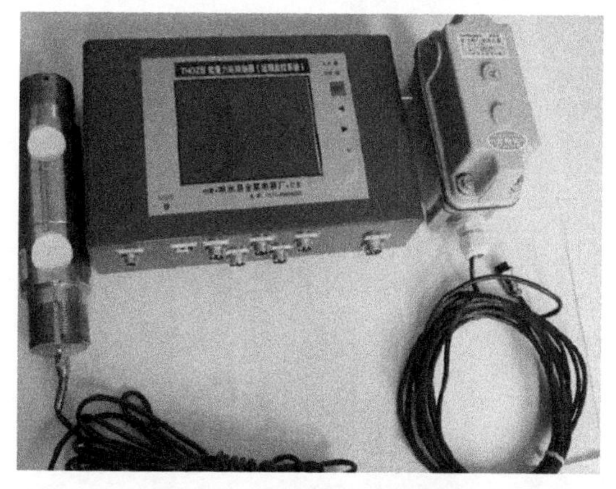

图4-23　数字式起重力矩限制器

图4-24　负荷传感器二次仪表

4.3.12　输送带速度检测仪计量检定规程

输送带速度检测仪固定安装在港口使用的各种带式输送机上，也可以用于其他行业各种带式输送机上，可以实时检测输送带的运行速度，并输出输送带的速度值，仪器见图4-25。《港口机械　输送带速度检测仪》[JJG（交通）045—2004]提出了接触压力的要求，并指出了在摆动范围内均应符合该要求；为避免磁体与传感器相碰，对有效工作距离也进行了规定。

4.3.13　钢弦式孔隙水压力计计量检定规程

钢弦式孔隙水压力计是一种用于岩土工程结构物、岸坡和混凝土建筑物内部，长期检测其内部孔隙水压力或渗透水压力的传感器，见图4-26。钢弦式孔隙水压力计由屏蔽电缆、壳体、支架、线圈、钢弦、承压膜、透水体和上导管组成。当孔隙水透过透水石作用到承压膜上引起钢弦式孔隙水压力计内部钢弦的张力发生变化，导致钢弦自振频率也发生变化，由二次仪表通过线圈对钢弦激振并接受其自振频率信号，便可求得作用在承压膜上水压力的大小。《钢弦式孔隙水压力计》[JJG(交通) 029—2017]根据钢弦式孔隙水压力计可长期检测工程结构物和岸坡工程内部的孔隙水压力的特点，对其分辨力、滞后、重复性、线性度、综合误差等性能参数以及通用技术要求做了明确要求，对其检定设备和检定方法进行了规定。

a)

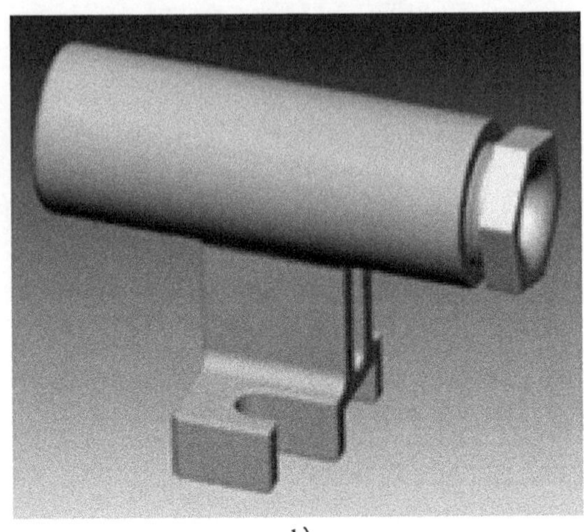

b)

图 4-25　输送带速度检测仪

4.3.14　钢弦式钢筋计计量检定规程

钢弦式钢筋计是一种用于水运工程钢筋混凝土结构物内，长期检测其钢筋应力的传感器，见图 4-27。钢弦式钢筋计由连杆、钢套、线圈、钢弦及专用电缆组成。当钢筋计的钢套受到拉力或压力时，引起钢筋计内部钢弦的张力发生变化导致钢弦自振频率也发生变化，由二次仪表通过线圈对钢弦激振并接受其自振频率信号，便可求得作用在钢筋上的拉力或压力。《钢弦式钢筋计》[JJG(交通) 035—2017]对产品的结构、工作原理进行了说明，并给出了结构图；在技术要求中对参比工作条件进行了规定，同时，对分辨力、滞后、重复性、线性度、综合误差等性能参数提出了具体的要求，对其检定设备和检定方法进行了规定。

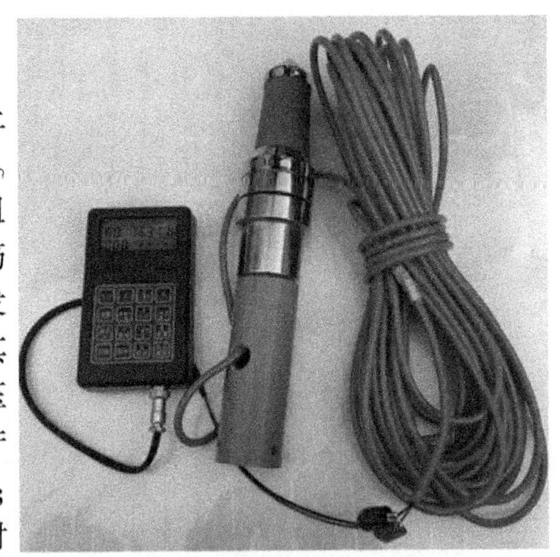

图 4-26　钢弦式孔隙水压力计

4.3.15　钢弦式锚索测力计计量检定规程

钢弦式锚索测力计是一种安装在岩石高边坡、地下围岩、港口码头等工程中长期检测预应力锚索张力的传感器，见图 4-28。钢弦式锚索测力计由受力环、线圈、钢弦及专用电缆组成。预应力锚索穿入受力环内并与受力环夹紧，当预应力锚索轴向拉力发生变化时，位于锚索测力计的受力环内部的钢弦受到的压力也发生变化，导致钢弦自振频率发生变化，由二次仪表通过线圈对钢弦激振并接受其自振频率信号，便可求得作用在锚索上的拉力。《水运工程　钢弦式锚索测力计》[JJG(交通) 036—2004]既充分考虑到了检测仪器满足水运工程建筑物变形和岸坡稳定性的工程基本要求，也考虑到国内外仪器产品性能的最新现状，所定参数均具有较强的实用性。规程中对分辨力、滞后、重复性、线性度、综合误差等性能参数提出了具体的要求，对其检定设备和检定方法进行了规定。

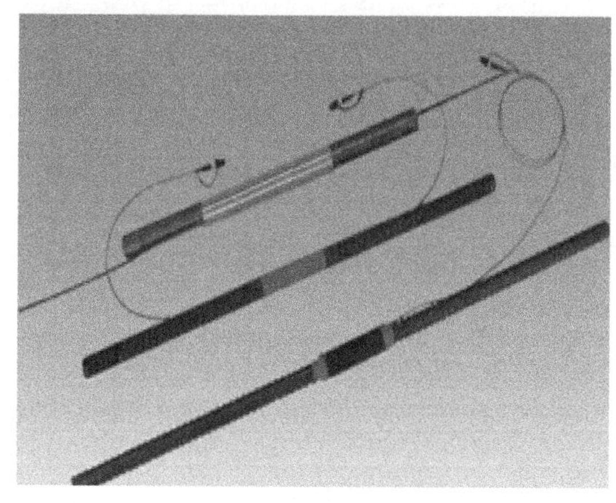

图4-27　钢弦式钢筋计

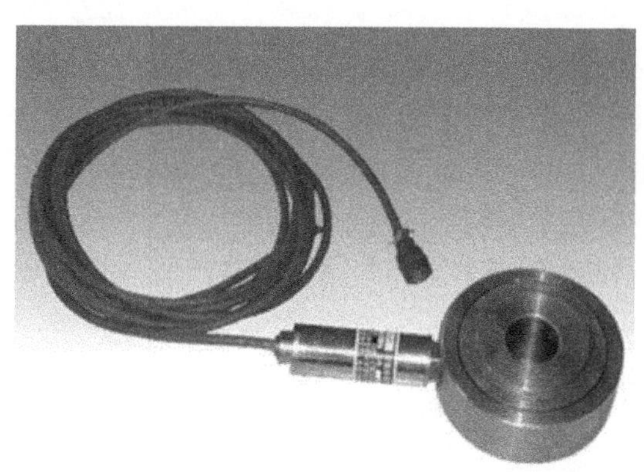

图4-28　钢弦式锚索测力计

4.3.16　钢弦式锚杆测力计计量检定规程

钢弦式锚杆测力计是一种用于岩土工程结构物、地下工程围岩和岸坡内部，长期检测其内部锚杆应力的传感器，见图4-29。广泛用于交通、水利水电、化工、铁路、桥梁、岩土和地下工程。《水运工程　钢弦式锚索测力计》[JJG(交通) 037—2004]在内容与技术要求上与《水运工程　钢弦式锚索测力计》[JJG(交通) 036—2004]相似。

4.3.17　差动电阻式应力计计量检定规程

差动电阻式应力计是一种用于水运工程混凝土结构物，长期检测其内部混凝土应力的传感器，见图4-30。差动电阻式应力计埋设在建筑物及基础岩石内，测量混凝土或基岩的应力，

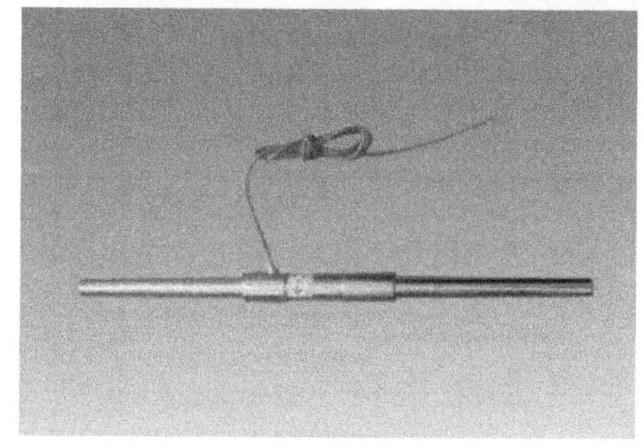

图4-29　钢弦式锚杆测力计

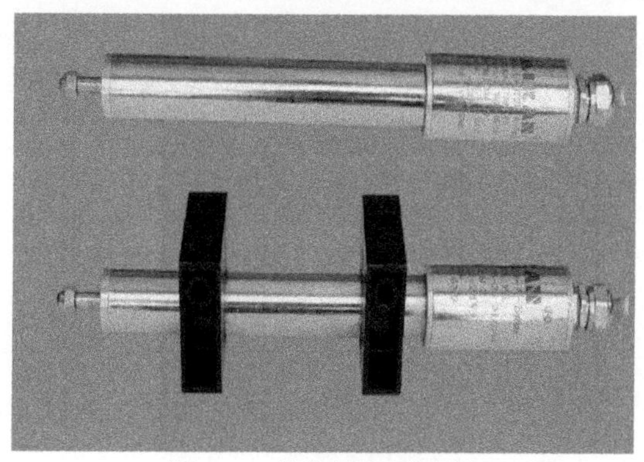

图4-30　差动电阻式应力计

可同时兼测埋设点的湿度，由密封壳体、感应板元件、电阻传感器组件和专用电缆组成。《水运工程　差动电阻式应力计》[JJG(交通) 041—2004]对其分辨力、0℃自由状态电阻比、端基线性度误差、滞后、重复性、线性度、综合误差、温度测量误差、耐运输颠簸及过范围限等做了具体的规定，并对其检定设备和检定方法进行了规定。

4.3.18　滑线电阻式位移计计量检定规程

滑线电阻式位移计是一种安装在岩土工程、混凝土建筑物内及建筑物与岩土边坡连接处长期检测岩土工程、建筑物位移的传感器，见图4-31。滑线电阻式位移计由万向节、传动杆、电阻传感器元件、外壳及专用电缆组成。滑线电阻式位移计可组成单向、两向和三向位移计组。滑线电阻式位移计与测点两固定端连接，当两固定端产生位移时，主轴带动传感元件的电刷，将机械位移量转换成与它保持一定函数关系的电压输出，用仪表测读其电压值，就可计算出测点的位移。《水运工程　滑线电阻式位移计》[JJG(交通) 040—2004]针对适用范围的特殊性，对滑线电阻式位移计的结构形式、工作原理进行了说明，对基本参数、工作参数等进行了明确的规定。在内容和结构安排上与《水运工程　差动电阻式应力计》[JJG(交通) 041—2004]相似。

4.3.19　电位器式多点位移计计量检定规程

电位器式多点位移计是一种安装在岩石高边坡和地下围岩内部长期检测岩石高边坡和地下围岩位移的仪器，见图4-32。电位器式多点位移计由锚头、灌浆管、护管、支架、连接杆、测杆、测头、传感器组件及专用电缆组成。多点位移计的锚头与岩体连接为一体，当岩体发生位移时，位移就通过与锚头连接在一起的测杆传递到孔口的传感器组件上，传感器组件中滑动触点移动从而引起输出电阻的变化，用测读仪测读传感器组件输出的电压，就可计算出所测量的位移。《水运工程　电位器式多点位移计》[JJG(交通) 039—2004]在内容和结构安排上与《水运工程　滑线电阻式位移计》[JJG(交通) 040—2004]相似。

图4-31　滑线电阻式位移计

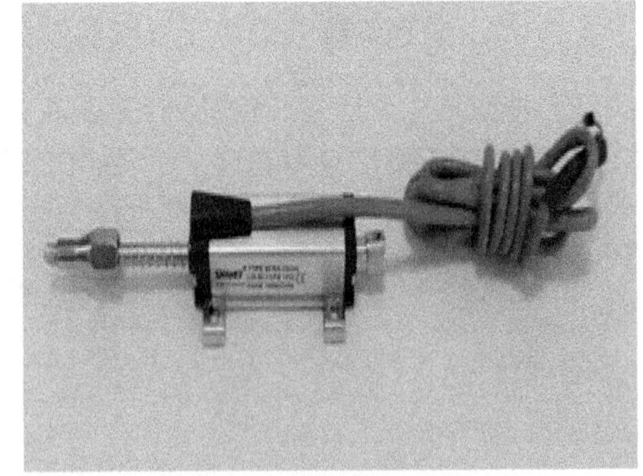

图4-32　电位器式多点位移计

4.3.20　声速剖面仪计量检定规程

声速剖面仪是水运工程领域应用广泛的声速测量设备，通过环鸣法或采用基于温盐深物理量的声速经验公式得到水中声速值，主要用于声呐测量设备如单波束测深仪、多波束测深仪以及侧扫声呐等声学测量仪器的剖面声速修正，见图4-33。《水运工程　声速剖面仪》[JJG（交通）122—2015]对声速剖面仪的测量范围、功能要求、工作环境条件、外观、声速与水深最大允许误差、重复性、密封要求和抗干扰性等技术指标的检定设备和检定方法进行了规定。

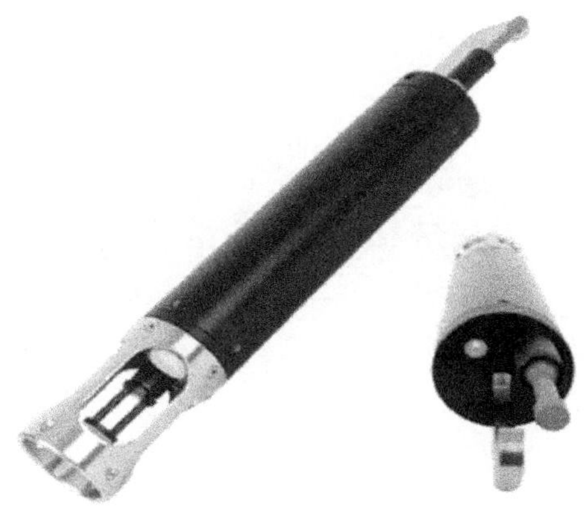

图4-33　声速剖面仪

4.3.21　伺服式测斜仪计量检定规程

伺服式测斜仪是一种用于岩土边坡、堤坝、港口码头及地下建筑工程内长期检测其工程内部深层水平位移的便携式仪器，见图4-34。使用前，将专用的测斜导管安装于工程内部，导管的内壁有导槽，使用时，测斜仪在导管内沿深度检测工程内部不同深度两个不同水平方向的位移。伺服式测斜仪由伺服式加速度计传感器测头、两组导轮、专用电缆及读数仪组成。当伺服式加速度计传感器以及导轮沿着测斜导管下降或上升时，传感器可测到在每一深度处的倾斜角度，读数仪测得电压信号，由此便可求得每一深度处的水平位移量。《水运工程　伺服式测斜仪》[JJG（交通）038—2004]除对该仪器的原理进行说明外，还给出了原理图；对该仪器的适用范围、主要技术指标，如分辨力、滞后、重复性、复现性、综合误差及防水密封性等的检定设备和检定方法进行了明确的规定。

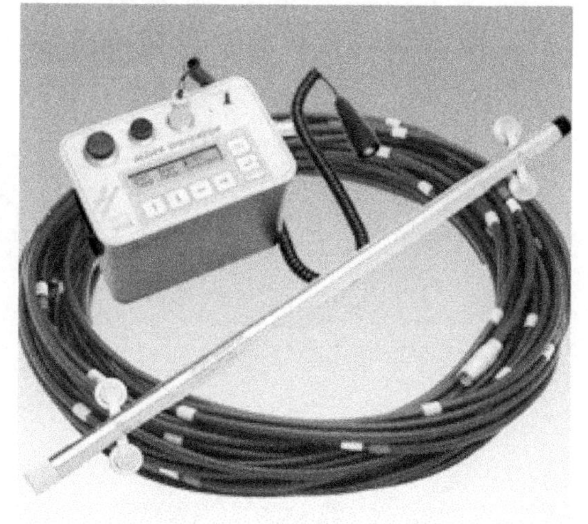

图4-34　伺服式测斜仪

4.3.22　多波束测深仪计量检定规程

多波束测深仪是一种通过声波发射与接收换能器阵进行声波广角度定向发射、接收，结合多种传感器（包括卫星定位系统、姿态传感器、电罗经、声速剖面仪等）对各个波束测点的空间位置归算，从而获取在与航向垂直方向上的条带式高密度水深数据的精密仪器，见图4-35。多波束测深仪已被广泛应用于水运工程测量、海洋工程测量、水下资源与环境调查以及水下目标勘测等国防和国民经济建设领域。《多波束测深仪　浅水》[JJG(交通) 139—2017]对高频多波束测深仪的适用范围和主要技术指标,包括水深、发射声源级、扇区开角、波束角等的检定设备和检定方法进行了规定。

图4-35　多波束测深仪(浅水)

4.3.23　浅地层剖面仪计量检定规程

浅地层剖面仪又称为声学地层剖面仪,是研究水底各地层形态构造和厚度的有效工具,见图4-36。浅地层剖面仪主要由声发射基阵、声接收基阵、发射单元、控制处理单元等部分组成。声发射基阵受发射单元的控制,周期性地向海底发射宽频带声波脉冲,当声波到达海底及以下

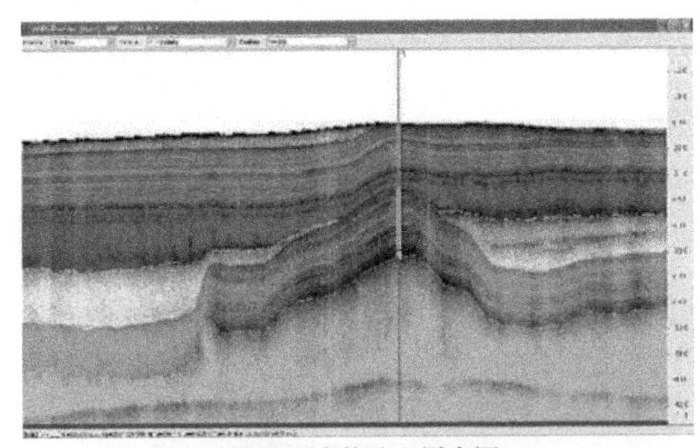

a)地层形态构造和厚度图

b)Edge Tech 3100P 216s 拖鱼

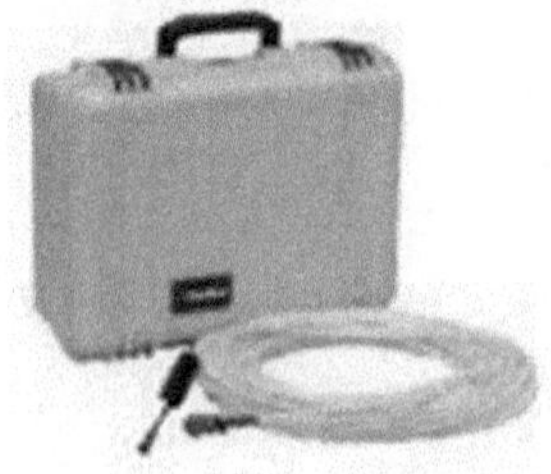

c)Edge Tech 3100P 便携式甲板处理器

图4-36　浅地层剖面仪

地层界面时，产生反射，返回信号经声接收基阵输送给控制处理单元，并自动绘出水底地层剖面。《水运工程　浅地层剖面仪》[JJG(交通) 140—2017]对浅地层剖面仪水深、垂直分辨力、穿透深度等计量性能指标、检定设备和检定方法进行了规定。

4.3.24　声学多普勒流速剖面仪计量检定规程

声学多普勒流速剖面仪(以下简称流速剖面仪)是利用多普勒原理进行流速测量的仪器，见图4-37。按照工作方式的不同可分为：走航式和非走航式。流速剖面仪由换能器阵、壳体、通信端口、数据电缆、采集计算机及软件组成。流速剖面仪换能器阵由两个及以上换能器组成，每个换能器既是发射器又是接收器。换能器发射声脉冲波，同时接收被水中散射体反射回来的声信号，基于水中散射体的运动速度和水体流速相同的假设，经测定多普勒频移并利用矢量合成法而测算出水流垂直剖面分层流速。流速剖面仪中通常内置倾斜摇摆传感器用于姿态校正。《声学多普勒流速剖面仪》[JJG(交通) 138—2017]对ADCP流速、流向、盲区等计量性能指标、检定设备和检定方法进行了规定。

图4-37　声学多普勒流速剖面仪

第5章 水运工程检测设备计量技术

5.1 水运工程检测设备计量技术综述

5.1.1 水运工程检测设备计量技术概况

水运工程检测设备涉及领域广泛且专业特色较强，涉及结构检测设备、材料检测设备、水文地质测绘设备、港口机械检测设备和助航设施检测设备。

水运工程各个专业的检测设备拥有不同的特点，造成各个专业的计量技术发展不均衡。结构检测设备和材料检测设备在社会上的保有量巨大，设备的复杂度不一，大量的设备在社会公用计量标准下开展量值溯源工作。但是，仍然有大量的材料检测设备和结构检测设备无法开展量值溯源工作，其原因主要是设备种类繁多、使用步骤复杂以及测量参数较多。结构检测设备和材料检测设备的可按被测物理量进行分类，按其量值开展溯源。而水文地质测绘的设备结构和原理比较复杂，计量技术发展相对落后一些，需要特殊的试验环境和试验设备。在对水文地质测绘设备的计量技术的分类上，是按测量的水文要素进行分类。港口机械检测设备和助航设施检测设备的计量技术涉及较少，目前只有4个检定规程可作为相关计量技术的参考。

本书根据水运工程领域检测设备计量技术的发展情况，针对水运工程5个类别的检测技术进行分类介绍，并对水运工程领域的几个典型的计量技术案例进行详细介绍。

5.1.2 结构和材料检测设备计量技术

水运工程领域的结构检测设备和材料检测最关注工程建筑的结构受力、外形尺寸以及材料防腐的内容，其检测设备主要为力学、几何量和电学几类。

5.1.2.1 几何量计量技术

几何量计量技术主要包括长度计量技术和角度计量技术，长度和角度计量在一定程度上可以实现互相转换。

长度检测设备的计量技术主要采用直接比对的方式，将计量标准器和被检定/校准的设备进行比对，根据量程和准确度等级的不同，需选择不同的计量标准器。测量范围较小、准确度要求较高的长度检测设备一般选择量块等量具作为标准器，该标准器需要配合比长仪等仪器使用；测量范围较大的长度检测设备可选择光栅尺或激光干涉仪作为标准器，该标准器可在距离很长的情况下获得高精度的长度测量结果。长度类检测设备计量技术是混凝土和涂膜厚度检测、桩长度检测等设备量值溯源的基础。

角度检测设备的计量也主要采用直接比对的方式。在水运工程检测方面的应用主要是倾角和倾斜距离的测量。由于倾角和倾斜距离可以通过数学公式进行互换，角度检测设备的计量主要是在标准角度转动台上开展，将已知的标准角度与检测仪器的测量角度（或根据倾斜距离换算的角度）比对，获得检定/校准的结果。

5.1.2.2　力学检测设备计量技术

力学计量包含的范围较广，包含了荷载力、压力、应力、流量、冲击与振动等物理量的计量。力学类检测设备主要分为两类，一类为压力和力值等直接力学检测设备，如孔隙水压力计、荷载传感器等；一类为利用冲击、振动等力学性能指标进行分析处理的设备，如混凝土回弹仪、基桩高应变仪等。

压力和力值采用直接比对的方法，将标准器和被检设备的量值进行比较；对力学性能指标进行分析的设备可按不同量值开展量值溯源研究，然后对其性能进行综合评价。例如，孔隙水压力计溯源是直接将测量的孔隙水压力与标准压力表的标准压力值进行比对，桩基静载仪荷载传感器溯源是直接将测量的力值与力标准机的标准力值进行比较。

通过冲击与振动等方法对水运工程建筑物开展力学测量设备的检测，根据各自物理量的性质溯源至基准。例如，基桩高应变仪主要用于对结构检测中桩的完整性进行检测，其检测量为速度和加速度。标准振动台和标准加速度计，可对振动频率、加速度、速度、线性度及响应特性等指标开展检定/校准。较大测量范围的加速度，可用冲击法开展计量工作。

5.1.2.3　电学类检测设备计量技术

水运工程结构类和材料类检测中的电学检测设备主要采用电化学分析的方法，对材料或构件的性能进行检测。电学类检测设备的量值溯源以标准化学试剂溯源和设备指标溯源为基础开展。

5.1.3　水文地质测绘设备计量技术

水文地质测绘设备的计量技术，主要可分为水文测绘条件模拟计量技术、标准试验条件计量技术以及实际水域试验场计量技术。

5.1.3.1　水文测绘条件模拟计量技术

流速、潮位、波浪、水深是水文测量中的重要测量参数。水文测绘设备不同于工程检测设备，其测量对象为水，属于非稳定的测量对象。因此，此类检测设备的计量技术，往往需要模拟实际的水文条件，然后通过比较的方式，获得检定/校准的结果。此类计量技术主要按被测水文参数的种类进行分类。具体水文测绘条件模拟计量技术如下。

1）流速计量技术

流速仪是最早开展计量工作的设备之一，其计量技术相对成熟，主要是在流速水槽中开展检校工作。图5-1为利用声学多普勒原理进行单点流速测量的流速仪。具体的步骤为：保证流速水槽中的水静止，在流速水槽顶端安装流速拖车，将流速仪安装在流速拖车上，流速仪随拖车一起运动，流速拖车运行的速度即为标准流速。比较标准流速和流速仪测量数据，获得流速的示值误差。标准流速的获取方式为间接溯源，采用位移和时间分别溯源的方式，然后通过公式计算获得标准流速。

2）潮位计量技术

潮位计是利用声学传感器、压力传感器或编码器进行潮位测量的仪器，压力式潮位计示意图见图 5-2。潮位计量需要借助潮位水塔，水塔的直径需要在 0.8m 以上，以保证水塔在工作时，不对潮位计的示值产生影响。潮位水塔可以自动调节水塔中的水位，模拟实际水域的潮位变化。通过连通管测量水塔中的水位值，然后与潮位计的测量值进行比较，获得潮位示值误差。

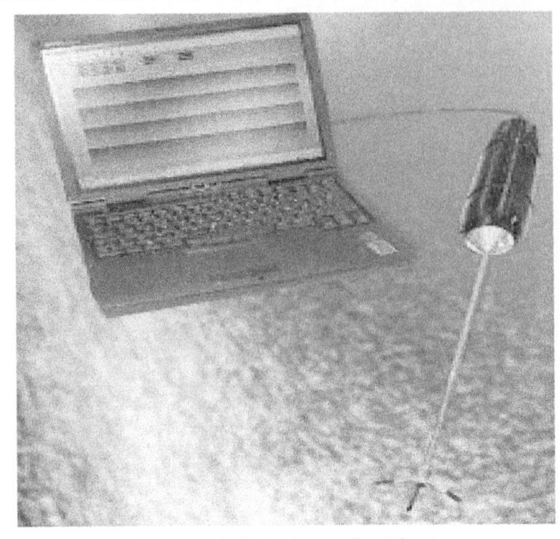

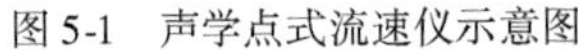
图 5-1　声学点式流速仪示意图

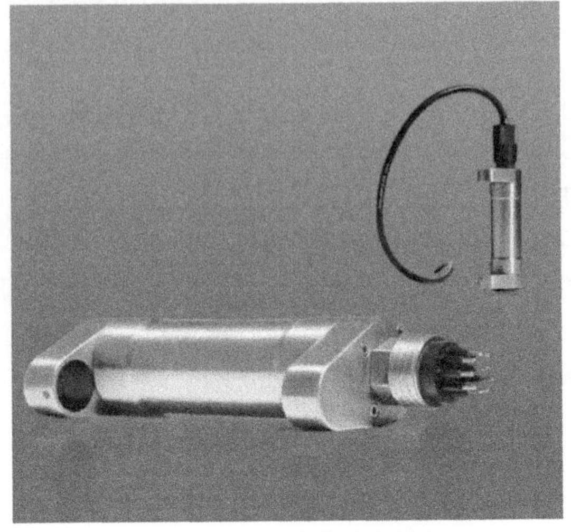

图 5-2　压力式潮位计示意图

对于量程超过潮位水塔的压力式潮位计，可通过测量压力值与标准压力比较的方式开展计量工作。

3）波浪计量技术

波浪计量技术依靠波浪模拟装置，其工作原理为利用机械升降装置，带动波浪观测仪运动，模拟实际水域的波浪运动。波浪模拟装置采用长度和时间分别溯源的方式，长度溯源用于获得标准波高数据，时间溯源获得标准波浪周期，通过对比获得波浪观测过程中两个重要参数的示值误差。声波式和压力式波浪观测仪，应当在水下开展计量工作；加速度计式的波浪观测仪可在空气中开展计量工作。

4）水深模拟计量技术

回声测深仪可以将声波在水中沿某个方向发射，测量声波返回的时间，获得换能器至反射面的距离，从而获得水深数据，示意图见图 5-3。检定水槽提供了回声测深仪水中的工作环境，在水平方向提供了距离较远的反射面。为了提高对回声测深仪检定的范围，被检测深仪超声换能器由竖直向下发射超声波改为水平横向发射超声波。超声波换能器主波束角一般为 8°，还有能量较小的副波束角，它们在碰到不同界面时都会产生一次或多次反射形成杂波干扰。主波接收的有效信号和因界面不同反射形成的杂波信号，其信号组成极其复杂，更无法确切计算其值，只能通过实际测量有用信号的清晰度和稳定度来判断其影响程度。

5）信号模拟计量技术

信号模拟计量技术是以电学、声学的方式，模拟测绘仪器实际的测量环境。在预设好数值的前提下，发射出标准的信号，使被检定/校准的设备获得测量数值。通过对比标准值与测量值计算获得示值误差。例如测深仪模拟器可直接与测深仪换能器接口连接，用模拟信号发生器调节脉冲延时的方法，将模拟回波信号作为测深回波显示深度变化，以设定深度与测深仪示值进行校准比对。

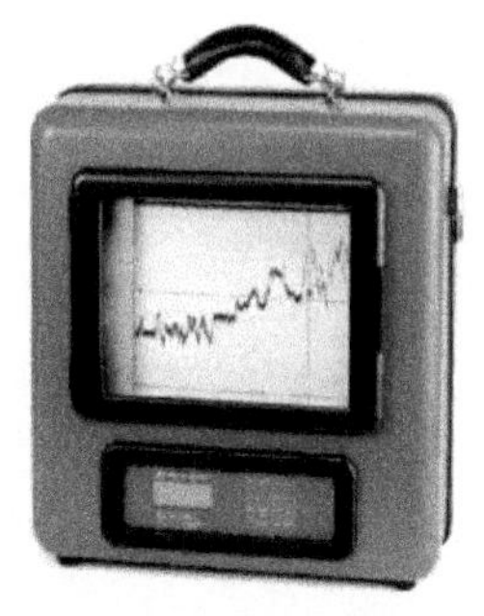

图 5-3 回声测深仪示意图

5.1.3.2 标准试验条件计量技术

水文地质测绘设备中的一些设备,是直接对某些物理量进行测量。对于此类对物理量进行测量的设备,一般采用直接比对的方式,将标准物理量值与被测物理量值进行比较,获得计量结果。

1)标准温度计量技术

标准温度测量技术是在稳定的温度环境下,对被检定/校准设备的温度测量结果进行验证的技术。在标准温度计量技术中,对温度场的要求较高,往往要求具有较好的温度平面稳定度和纵向稳定度,温场提供设备需要经过溯源。温度测量设备可以采用温度计直接读取的方式,也可以采用标准铂电阻配合电阻测量设备计算获得的方式。

标准温度计量技术还可以应用到其他标准物理量的计量技术中。例如利用标准温度计量技术,通过计算可以获得纯水中的声速,从而对声速仪开展计量。

2)标准角度计量技术

标准角度计量技术,是利用高精度的角度测量仪器,通过高精度配件安装的方式,为被检设备提供标准角度试验环境。在标准角度计量技术中,对配件的加工精度和安装精度要求很高,决定了整个系统的精度。标准角度计量技术可以应用于 ADCP 的倾斜摇摆检定/校准试验中。

5.1.3.3 实际水域试验场计量技术

在水文地质测绘的计量技术中,实际水域试验场计量技术是不可或缺的,用于无法模拟实际作业条件的情况下使用。

1)定位计量技术

全球卫星定位系统、超短基线定位系统和长基线定位系统在陆地和航天领域的计量技术比较成熟,但是水下环境更加复杂,在使用的过程中,也需要更多的设备进行配合。因此,水运领域的定位计量技术,需要在实际水域试验场中开展。

2)海洋重力、磁力计量技术

海洋重力和磁力难以在陆地上完美模拟,需要在水域的环境下,利用标准器对被检定/校准的设备的数值进行计量。在实际水域的条件下,外界的影响比较小,测量数据的准确度高。

3)航行计量技术

在拥有航船的前提下,可以利用全球定位系统或者已知水底地形情况,对设备开展计量试验。例如,可以在航行的条件下,利用全球定位系统的位置和时间的测量,对 ADCP 的剖面流速进行计量,多普勒声学剖面流速仪见图5-4。

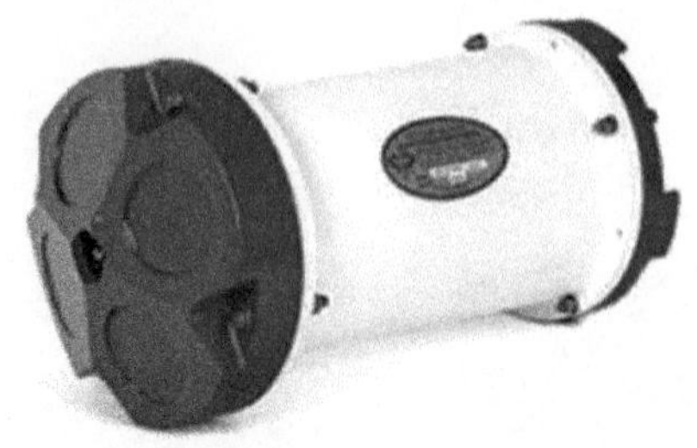

图5-4 多普勒声学剖面流速仪

5.1.4 港口机械检测设备和助航设施检测设备计量技术

目前,港口机械检测设备仅有几本计量检定规程可供参考:

(1)《港口机械数字式角度检测仪》[JJG(交通)042—2004];

(2)《港口机械负荷传感器二次仪表》[JJG(交通)043—2004];

(3)《港口机械数字式起重力矩限制器》[JJG(交通)044—2004];

(4)《港口机械输送带速度检测仪》[JJG(交通)045—2004]。

助航设施检测设备依据的计量检定规程为:

《水运工程闸门开度计》[JJG(交通)026—2015]。

5.2 水运工程检测设备计量标准技术

5.2.1 声速剖面仪计量标准技术

5.2.1.1 建立计量标准的目的

声速剖面仪是一种能够测量声波在液体中的传播速度的水声仪器,它通常采用环鸣法直接测量固定距离内声信号的传播时间来计算声速,同时通过其自身的温度和压力传感器,测量液体的温度和垂直深度,从而达到剖面测量的目的。

在水运工程水文测绘领域,越来越多的声呐设备被应用于水下测量。这些声呐设备需要测量水中的实际声速,以对声呐设备的测量系统进行修正,从而提高测量精度。在早期的水运工程测绘项目中,都采用温度—声速关系表来估算水中的标准声速。

随着科学技术水平和工程质量要求的不断提高,作为一种可以准确测量水中不同剖面的声速测量设备,声速剖面仪在水运工程各种测量中得到了广泛的应用,水运工程需求量较大,使用单位或客户的检定需求十分迫切。目前,声速剖面仪已经成为水运工程、海洋调查、国防应用与研究等领域必不可少的设备,其测量结果的准确性,直接影响到单波束、多波束、侧扫声呐等设备的数据结果,对河道整治、水底地形勘探以及清淤工程量结算等工程都有较大的影响,是水运行业亟待开展量值溯源的检测设备。

目前,水运行业的声速剖面仪缺少统一规范的计量检定手段,观测数据质量存在较大隐患。声速剖面仪的计量标准建立具有如下的意义：

(1)完善水运工程计量体系建设,为声速剖面仪的量值溯源,计量管理提供技术保障;

(2)为声速剖面仪在水运工程领域的标准化的实施,提供强有力的技术支持;

(3)提高施工、测绘过程中声速测量的准确性,是确保工程质量的主要技术支撑。

5.2.1.2 计量标准的工作原理及其组成

声速剖面仪检定装置,分声速检定装置和水深检定装置两部分。声速检定装置由温度测试仪器计量标准组成,包括标准铂电阻温度计、数字多用表和恒温水槽;水深检定装置由压力测试仪器组成,包括数字精密压力表和手持式气体压力泵。

1)声速检定装置的工作原理及组成

声速是一个导出量,无法直接定义或复现这个量值,需要通过间接法获得溯源途径。水中声速采用公式计算获得。声速剖面仪的声速检定装置由标准铂电阻温度计、数字多用表和恒温水槽组成。在检定过程中,将声速剖面仪放置在恒温水槽中,使用标准铂电阻温度计测量水槽中纯水温度。使用数字多用表测量标准铂电阻的电阻值,通过电阻和温度转化值来计算获得纯水的标准温度。声速检定标准器的布置情况如图5-5所示。

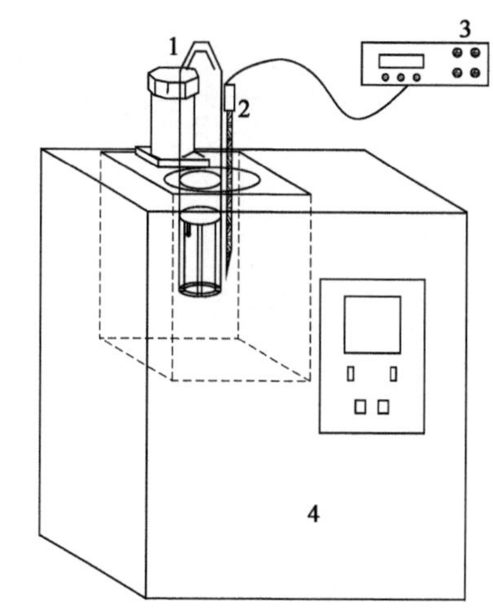

图5-5 声速检定标准器布置情况图

1-声速剖面仪;2-标准铂电阻温度计;3-数字多用表;4-恒温水槽

在纯水声速公式中,声速仅与温度有关。采用这样的公式可以大大减少声速公式中的影响因素,降低检定过程中的操作难度,并提高检定的准确性。纯水中的声速公式如下:

$$C_j = 1.40238744\times10^3 + 5.03836171t_j - 5.81172916\times10^{-2}t_j^2 + 3.34638117\times10^{-4}t_j^3 - 1.48259672\times10^{-6}t_j^4 + 3.16585020\times10^{-9}t_j^5 \quad (5\text{-}1)$$

式中:C_j——第j个温度测点纯水中的声速,m/s;

t_j——标准铂电阻在第j个温度测点的温度值,℃。

2)水深检定装置的工作原理及组成

声速剖面仪的计量标准不能提供水深的标准值,但可以提供压力的标准值。现有声速剖面仪的水深测量大多采用压力传感器进行水深转换。因此,声速剖面仪水深计量标准是以压力标准仪器为基础建立的,将水深值转化为压力值与标准进行比较。水深检定标准器布置如图5-6所示。

在压力测量的过程中,压力和水深的换算公式如下:

$$P = \rho g h \quad (5\text{-}2)$$

式中:P——水深对应的压力值,MPa;

ρ——1990年国际温标纯水密度值,kg/m³;

g——当地的重力加速度值,m/s²;

h——声速剖面仪测量的水深值,m。

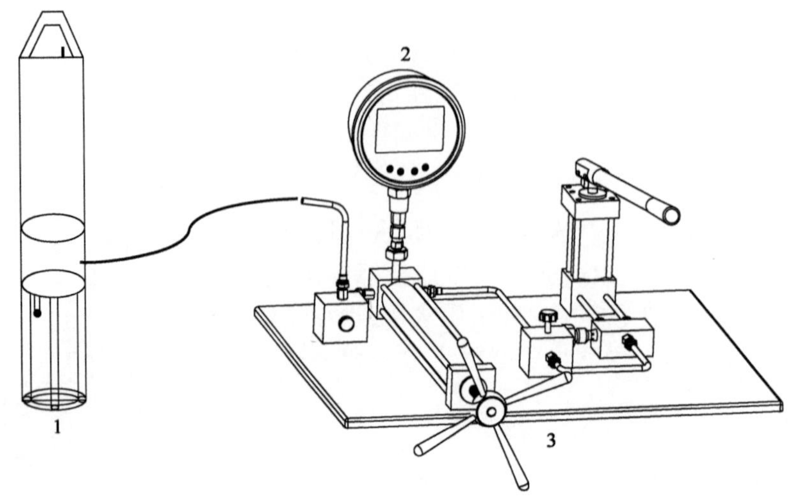

图 5-6　水深检定标准器布置图

1-声速剖面仪;2-数字精密压力表;3-手持式气体压力泵

5.2.1.3　计量标准的主要技术指标

声速剖面仪检定装置技术指标:

(1)温度测试仪器计量标准

①标准铂电阻温度计的测量范围为 0℃ ~100℃;准确度等级为 2 等;

②数字多用表的测量范围为 0kΩ ~1kΩ;测量不确定度为 $U=7\times10^{-5}$,$k=2$。

(2)压力测试仪器计量标准

数字精密压力表的测量范围为 0MPa ~1MPa;准确度等级为 0.02 级。

5.2.2　非金属声波检测仪计量标准技术

5.2.2.1　建立计量标准的目的

非金属声波检测仪(以下简称声波仪)是用来检测混凝土的强度、裂缝深度、混凝土匀质性、损伤层厚度、混凝土厚度、桩身完整性、结构内部缺陷、钢管混凝土内部缺陷的检测仪器设备。它通过声波测试的方法测定被测介质中的声波传播速度、振幅、频率和波形等声学参数的变化,从而得到被测介质(非金属)的物理学特性,经过分析、计算、处理后即可判断出非金属内部质量。其广泛应用于水运工程建设中混凝土等非金属结构的缺陷和强度检测,其测量的准确性对于工程建设的质量和安全性意义重大。

5.2.2.2　计量标准的工作原理及其组成

非金属声波检测仪检定装置是用以检定声波仪发射换能器发出的声波在不同距离首波到达接收换能器的声(时)显示值。换能器考虑平面换能器和径向换能器两种。

(1)声波在温度为 T 的空气中传播的标准速度计算式为 $v=331.4\sqrt{1+0.00367T}$;通过声程 L 的时间为 L/v,检定中测得环境温度 T 后则可以计算出声时 L/v,将计算的标准值 L/v 与声波仪显示值 t_1 比对即可求出声波仪的声时测量准确度为 $t=t_1-L/v$;

(2)声波在温度为 T 的水中传播的速度值 v 可查表得到,通过声程 L 的时间为 L/v,将计

算的标准值 L/v 与声波仪显示值 t_1 比对即可求出声波仪的声时测量准确度为 $t = t_1 - L/v$；

声波仪检定装置的工作原理如图 5-7 所示。

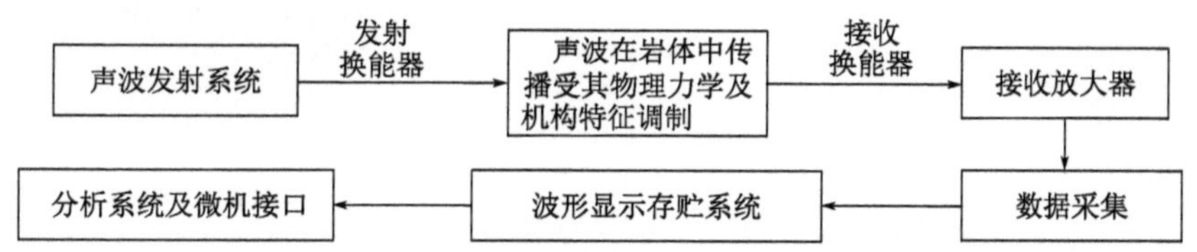

图 5-7　非金属声波检测仪检定装置的工作原理图

(3)声波幅值是声波仪测量的又一重要参数,对幅值准确度的检定采用比对的方法,如图 5-8 所示。由信号发生器产生 50kHz 的正弦波作为输入信号源,同时输入声波仪输入通道和 6 位半数字多用表。声波仪显示屏可显示出正弦波信号波形及电压示值,6 位半数字多用表则可以精确读出电压值,通过电压值比对,即可计算出幅值相对误差。

(4)发射电压幅值稳定度。发射电压幅值稳定度检定装置见图 5-9。将被检声波仪接上负载(1MΩ1/2W 电阻),发射电压置于最大,直接用数字示波器测量声波仪发射电压幅值,并在 1 小时内均匀时间间隔测量 5 次,按式(5-3)、式(5-4)计算其最大值至最小值相对平均值的幅度变化范围。发射电压幅值稳定度计算公式如下：

$$\bar{u} = \frac{u_1 + u_2 + u_3 + u_4 + u_5}{5} \tag{5-3}$$

$$A = \frac{u_{\max} - u_{\min}}{\bar{u}} \times 100\% \tag{5-4}$$

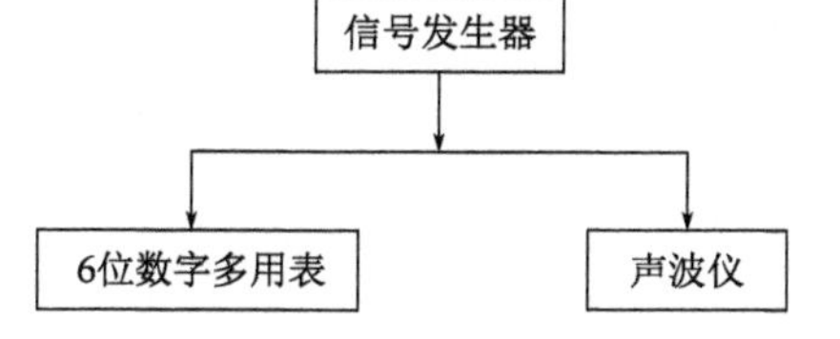

图 5-8　声波仪幅值检定框图

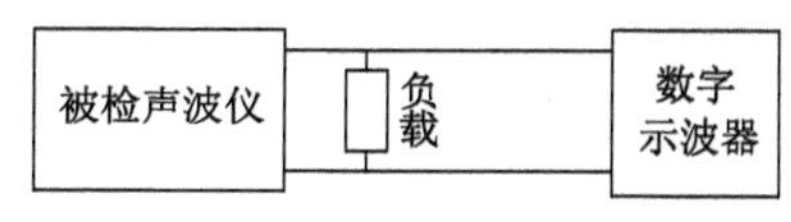

图 5-9　发射电压幅值稳定度的检定装置示意图

声波仪检定装置主要由光栅位移传感器、声程调节装置、数显卡尺、工作用玻璃温度计、数字多用表、低失真信号发生器、数字示波器和检定水池及调节装置等组成。

5.2.2.3　计量标准的主要技术指标

声波仪检定装置技术指标：

(1)平面换能器的测量范围:0mm～400mm;MPE：±0.04mm;

(2)径向换能器的测量范围:0mm～1800mm;分度值:0.02mm;

(3)工作用玻璃液体温度计的测量范围:0℃～50℃;最大允许误差：±0.2℃;

(4)幅值(数字多用表)的测量范围:0V～750V;MPE：±0.04% ACV;

(5)数字示波器的频率范围:DC:100MHz;5mV/div～5V/div;MPE:50V 以下常规幅值测量优于 ±1.5%,50V 以上高压测量优于 5%。

5.2.2.4　计量标准量值溯源图

非金属声波检测仪量值溯源图见图 5-10、图 5-11。

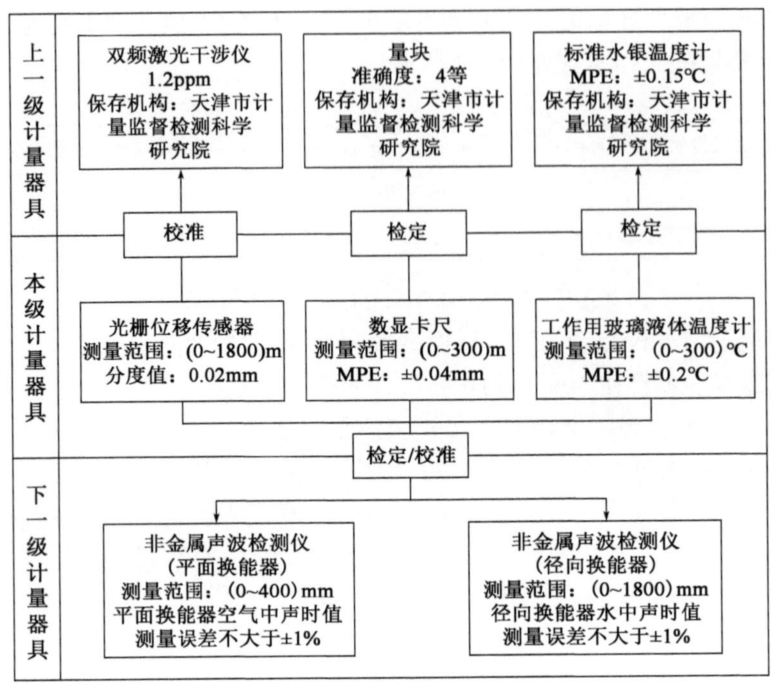

图 5-10　非金属声波检测仪量值溯源和传递图(一)

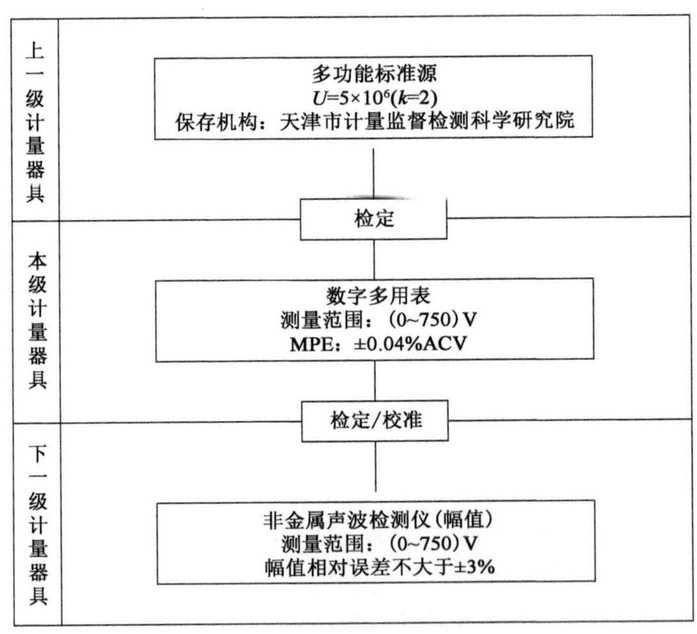

图 5-11　非金属声波检测仪量值溯源和传递图(二)

5.2.3　桩基静载仪计量标准技术

5.2.3.1　建立计量标准的目的

国家"十一五"规划以及长远发展规划指出要积极发展水路运输，将水运工程建设放在了优先发展的位置，由此水运工程领域的建设工程质量的检测需求越来越多。桩基是所有水运行业建设工程的基础部分，桩基的稳定性和可靠性对工程质量起到至关重要的作用。国家水运工程检测设备计量站建立“桩基静载仪”计量标准，并已取得“桩基静载仪”的专项授权，授权后即开展了桩基静载仪的检定/校准工作。

5.2.3.2 计量标准的工作原理及其组成

桩基静载仪计量标准是对在工程静荷载试验过程中的桩基构件进行检定的计量标准装置，桩基构件受力以后，压力和位移参数变化需要达到检定规程的要求。

对该计量标准的检定是将力和位移分开，并采用直接比对方式进行。选取数字压力校验仪作为计量标准器，对桩基静载仪压力传感器进行检定。位移传感器的检定与压力传感器相同，选取光栅数显式指示表检定仪作为计量标准器，采用计量光栅作为长度基准，实现 1:1 传递，对桩基静载仪的位移传感器进行检定。由于单片机具有液晶显示、自动化程度高、准确度高和位移分辨力高的特点，所以在检定中，选取单片机对数据进行处理，将其数字显示值与被检桩基静载仪示值进行比对，从而可检定其测量准确度与回差等技术参数。桩基静载仪计量装置的工作原理如图 5-12 所示。

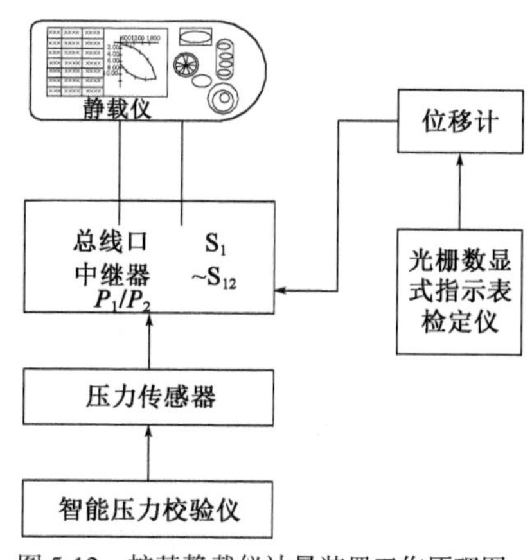

图 5-12 桩基静载仪计量装置工作原理图

5.2.3.3 计量标准的主要技术指标

桩基静载仪检定装置由荷载检定装置和位移检定装置两部分组成。

(1)荷载检定装置(智能数字压力校准仪)的测量范围为(0 ~ 60) MPa;准确度等级为 0.05级。

(2)位移检定装置(光栅数显式指示表检定仪)的测量范围为(0 ~ 50) mm;MPE 为 ±6μm。

5.2.3.4 计量标准量值溯源图

桩基静载仪计量标准量值溯源图见图 5-13。

5.2.4 闸门开度计/浮子式验潮仪计量标准技术

5.2.4.1 建立计量标准的目的

闸门开度计是用来检测船舶过闸时闸门开启度的直线距离，并将直线距离转换成转角经编码器输出给计算机的装置。闸门开度计应用较广泛，为模拟实际船闸的开启，国家水运计量站开发研制了一套装置，该检定装置是以水位高度模拟闸门开启长度的模拟装置，具有数据观测更加直观的特点。

5.2.4.2 计量标准的工作原理及其组成

闸门开度计检定装置是以水位模拟闸门开度的模拟装置，其主体是高度不低于 10m 的水塔。水塔内的水位变化用水塔外的透明连通管观测，与连通管平行铺设 10m 钢卷尺作为计量标准器，人工读取连通管内水位值（即闸门开度值），与闸门开度计显示值直接对比求得测量准确度（闸门开度计的量程大于10m时可分段进行）。闸门开度计/浮子式验潮仪检定装置的工作原理如图5-14所示。

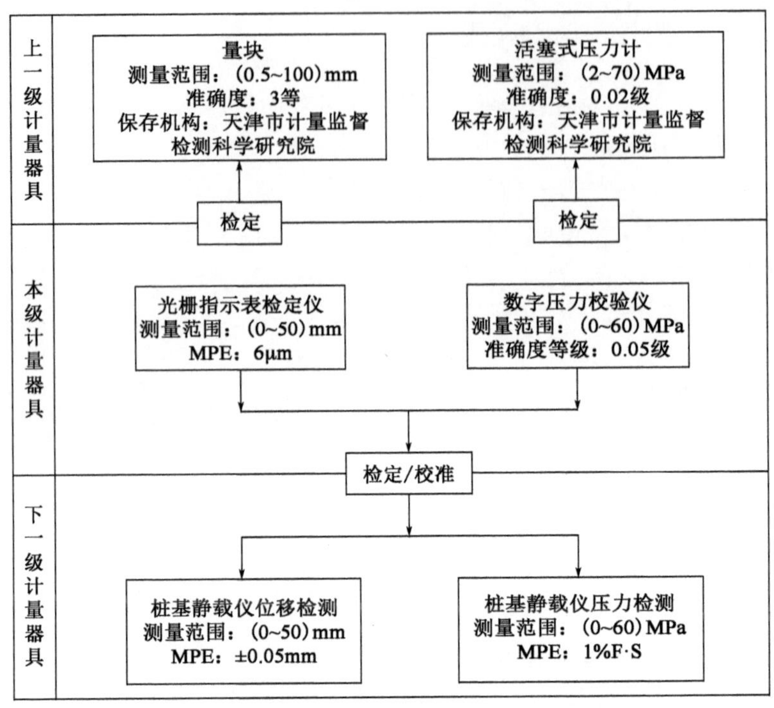

图5-13 桩基静载仪计量标准量值溯源和传递框图

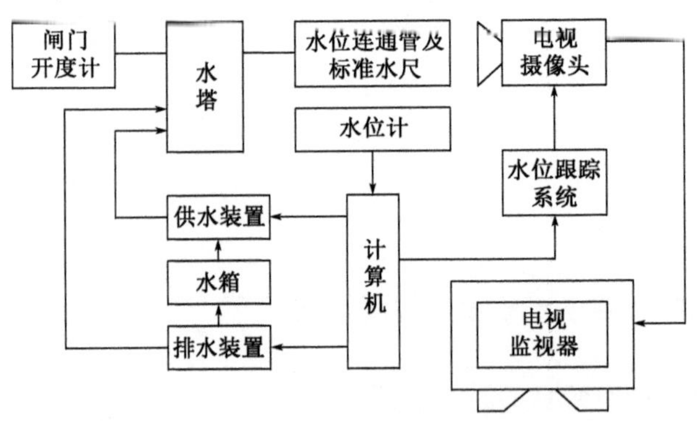

图5-14 闸门开度计检定装置工作流程

水塔用不锈钢材料制作，高10.5m，直径0.8m，检定用水可循环使用。水箱容积应大于水塔内最大容量和各管路、水泵等处用水量总和。水塔内水位的调节由计算机设定，水位计随时监视塔内水位变化，当达到设定水位后由计算机发出指令关闭电机和调节阀。水位值是从电视监视器显示屏人工读取（水位跟踪系统由水位计即时提供水位信息并带动电视摄像头跟踪水面移动）与被检闸门开度计显示值比对则可检定塔内水位，经计算求得准确度等技术参数。

5.2.4.3　计量标准的主要技术指标

闸门开度计检定装置的测量范围为(0～10)m;准确度等级为2级;分辨力为0.5mm。

5.2.4.4　计量标准量值溯源图

闸门开度计计量标准量值溯源图见图5-15。

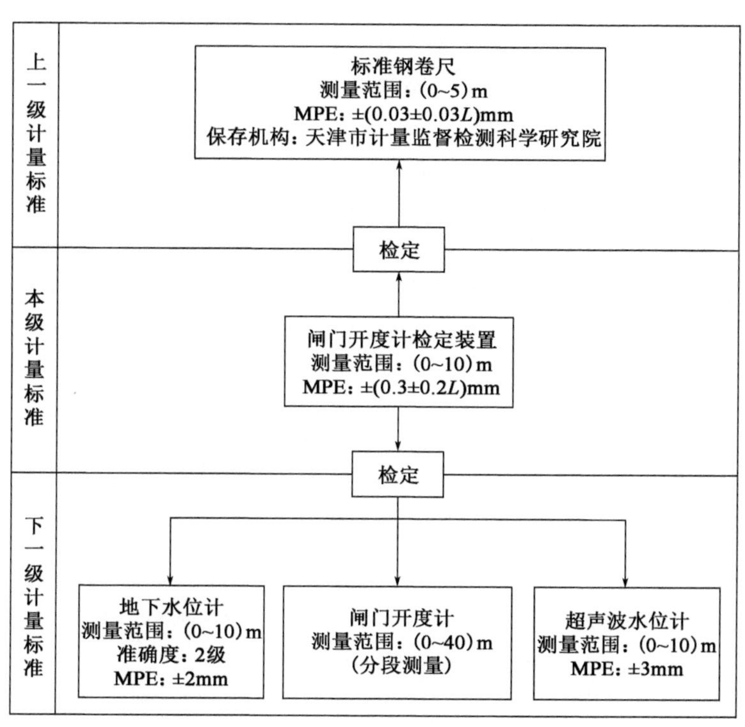

图5-15　闸门开度计计量标准量值溯源和传递框图

5.2.5　回声测深仪计量标准技术

5.2.5.1　建立计量标准的目的

回声测深仪主要用于交通水运工程领域,其可对港口、航道和码头区域内的水深进行测量,在水运工程的勘察、规划、设计以及水道港口改扩建工程中拥有广泛的应用。回声测深仪水深测量准确与否,对船舶的航行安全和航道清淤工程量结算,具有较大影响。同时,由于长江三峡等大型水利工程建设,导致内河航道水深不断增加,为促进海洋经济发展而进行的海洋资源的开发和勘探等都对深水测量提出了更高的要求,因此建立一套完善的水深计量检定装置迫在眉睫,回声测深仪检定装置的建立将满足水运工程建设中日益增多的水深测量需求。

5.2.5.2　计量标准的工作原理及其组成

回声测深仪检定装置主要由两个部分组成:检定水槽的测深仪检定装置和测深仪模拟标准装置。

1)基于检定水槽的测深仪检定装置工作原理及组成

回声测深仪可以将声波在水中沿某个方向发射,测量声波往返的时间,获得换能器至反射

面的距离,从而获得水深数据。检定水槽提供了回声测深仪在水中的工作环境,在水平方向提供了距离较远的反射面。为了扩大对回声测深仪检定的范围,被检测深仪超声换能器由竖直向下发射超声波改为水平横向发射超声波。超声波换能器主波束角一般为8°,还有能量较小的副波束角,它们在碰到不同界面时都会产生一次或多次反射形成杂波干扰。主波接收的有效信号和因界面不同反射形成的杂波信号其信/噪比极其复杂,更无法确切计算其值,只能通过实际测量有用信号的清晰度和稳定度来判断其影响程度。

回声测深仪检定装置的计量标准器为激光测距仪,主要配套设备包括:检定水槽(75m×1.5m×1.5m),测深仪反射板、测距仪反射靶、测车及换能器定位器等。检定时将测深仪换能器固定在测车的换能器定位器上,使发射面朝向反射挡板深入至1/2水深处。换能器与反射挡板之间的长度(即模拟水深)由激光测距仪读取。移动测车可通过改变换能器与反射挡板之间的距离便可从测深仪记录器及显示器上读取水深示值,其工作原理见图5-16。在安装时,使激光测距仪发射窗口前端面与位于水下的换能器表面处在同一平面,测距仪反射靶面与测深仪的反射挡板面处于同一平面位置,从而保证水面上距离与水下测量距离相等。

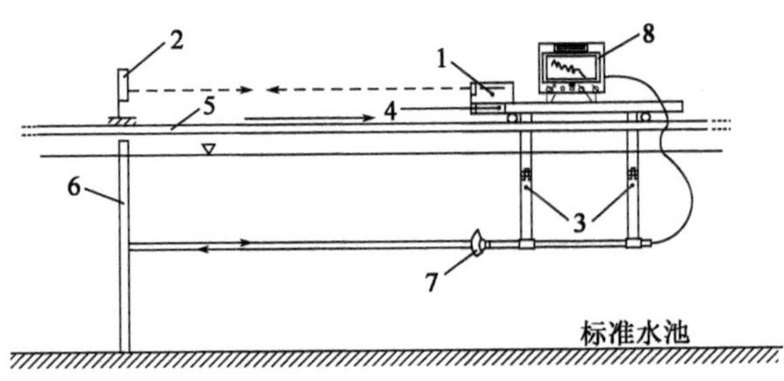

图5-16　测深仪计量标准工作原理图

1-激光测距仪;2-激光反射靶;3-换能器定位器;4-测车;5-运行导轨;6-测深仪反射挡板;7-测深仪换能器;8-回声测深仪

近距离缓慢移动测车,当换能器反射回波时间 t 等于发射波脉冲宽度时,发射脉冲和接收脉冲在显示器无法分辨,此时无法测出稳定的距离示值,该点为最小测量深度,在此距离内即为回声测深仪盲区。

2)测深仪模拟器标准装置工作原理及组成

测深仪模拟器可直接接到测深仪换能器接口,测深仪模拟器是用模拟信号发生器调节脉冲延时的方法,将模拟回波信号作为测深回波显示深度变化,以设定深度与测深仪示值进行校准比对。测深仪模拟器标准装置的工作原理如图5-17所示。

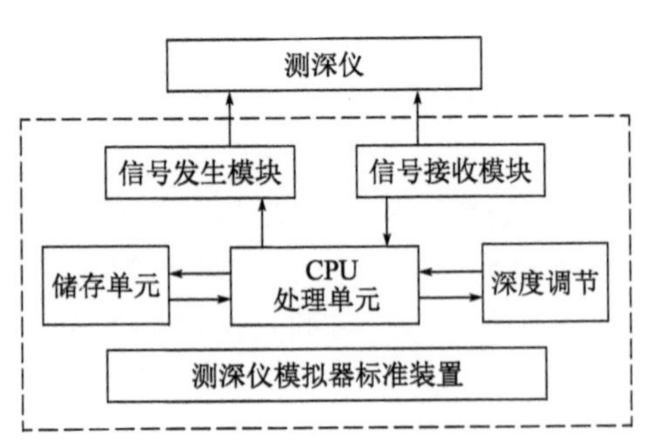

图5-17　测深仪模拟器标准装置工作原理图

5.2.5.3　计量标准的主要技术指标

(1)基于检定水槽的测深仪检定装置的测量范围为(0~40)m;测深仪检定装置的扩展不确定度为 $U=13\text{mm}, k=2$。

(2)测深仪模拟器标准装置的测量范围为(0~300)m;测深仪模拟器标准装置的扩展不确定度为

$U = 11\mathrm{mm}, k = 2$。

5.2.6 基桩动态测量仪计量标准技术

5.2.6.1 建立计量标准的目的

基桩动态测量仪(以下简称动测仪)主要应用于桩基工程中基础桩的性能检测。基础桩是所有水运工程建设的基础部分,其性能的稳定性和可靠性对工程质量起到至关重要的作用。动测仪应用广泛,计量需求巨大。为满足这一方面的需求,我们研发了一套动测仪计量标准装置,并得到专项授权。基桩动测仪检定/校准工作的开展可更好地为生产建设一线服务。

5.2.6.2 计量标准的工作原理及其组成

基桩动测仪计量检定装置是依据《基桩动态测量仪》(JJG 930—1998)国家计量检定规程而建立的。基桩动测仪计量标准装置主要包括:信号发生器、功率放大器、标准振动台、标准加速度传感器、电荷放大器、数字多用表等,基桩动测仪计量标准装置工作原理,如图 5-18 所示。

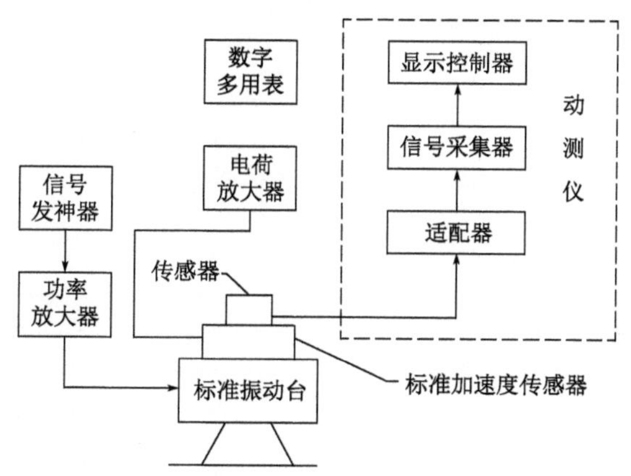

图 5-18 基桩动测仪计量检定装置原理框图

5.2.6.3 计量标准的主要技术指标

基桩动测仪检定装置的加速度幅值不确定度 $U_{\mathrm{rel}} = 2\%, k = 2[a:(2 \sim 100)\mathrm{m/s^2},(20 \sim 2000)\mathrm{Hz}]$。

5.2.7 混凝土回弹仪计量标准技术

5.2.7.1 建立计量标准的目的

混凝土回弹仪(以下简称“回弹仪”)是用弹簧驱动弹击锤并通过弹击杆弹击混凝土表面所产生的瞬时弹性变形的恢复力,使弹击锤带动指针弹回并显示回弹值,以回弹值来推定混凝土的抗压强度的仪器。回弹仪具有便于携带、测试快速、无损害、操作简便等优点,适用于现场检测混凝土、岩石、灰浆、塑料制品等结构或材料的抗压强度,其在水运工程建设中使用非常广泛,市场保有量巨大。

目前在水运工程领域尚未建立回弹仪的计量标准,水运工程建设与监理等单位的回弹仪面临无处送检的局面，以致众多港口航道设施和水下建筑物的抗压强度无法得到精确的评估指标，因此急需开展回弹仪的建标工作，为交通水运行业回弹仪的生产和使用提供更为准确、可靠的技术支撑，为实施回弹仪业务化计量检测奠定基础，为国家或行业重大设施建设的质量控制提供保障。鉴于回弹仪计量检定的市场前景，现已将其列入港口标委会2015—2017标准化计划，同时被列入交通运输部《水运工程检测仪器设备计量管理目录》，因此回弹仪计量标准的建设必将支撑行业管理，并带来重大的经济效益和社会效益。

5.2.7.2　计量标准的工作原理及其组成

混凝土回弹仪检定装置包括回弹仪检定装置和弹击拉簧检定仪两部分，见图5-19和图5-20。

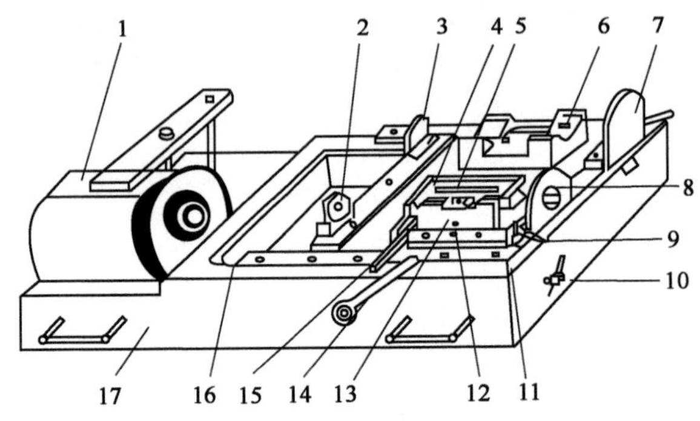

图5-19　回弹仪检定装置

1-钢砧；2-定位环；3-定位板Ⅱ；4-盖板；5-加长指针；6-机壳定位槽；7-定板；8-尾盖支架；9-手柄Ⅱ；10-手柄Ⅰ；11-机芯定位槽；12-定位按钮；13-压紧螺钉；14-弹击手柄；15-锤夹；16-锁紧按钮；17-底座

回弹仪检定装置主要由钢砧、定位环、定位板、定位槽、定位按钮、锤夹等15个机件构成，全部组件固定在一个底座上。被检回弹仪需取出机芯并将机芯水平定位在检定装置的特定位置上，机芯就位后，转动弹击手柄由游标卡尺精确调整综合检定台位置。击发回弹仪机芯便能以钢砧为弹击面进行弹击运动，读取回弹值。回弹值以及相关几何尺寸均应符合规程要求。

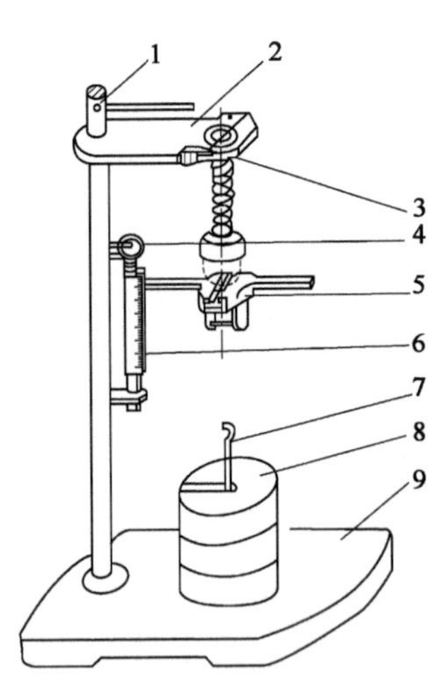

图5-20　弹击拉簧检定仪

1-压紧螺母；2-定位板；3-定位按钮；4-调零螺母；5-横架游标；6-专用尺；7-砝码钩；8-专用力值砝码；9-底座

弹击拉簧检定仪用以检定拉簧性能，由检定架、定位板、横架游标和专用力值砝码等组成。检定时将被检回弹仪弹击拉簧固定在检定仪的定位按钮和横架游标之间，以专用尺标定出拉簧在不受力状态下的位置，将专用力值砝码悬挂在拉簧底部的横架游标上，拉簧受力变形伸张带动横架游标，从专用尺读取拉簧伸长值。

5.2.7.3　计量标准的主要技术指标

混凝土回弹仪检定装置如下。

1)回弹仪检定装置

(1)盖板刻度尺:测量范围(0~90)mm,$U=0.06$mm,$k=2$;

(2)定位环定位孔中心至盖板“100”刻线尺寸:MPE:±0.1mm;

(3)测量标尺“100”刻度线的位置:MPE:±0.1mm;

(4)测量弹击锤脱钩位置,标尺“100”刻线处:MPE:±0.1mm;

(5)游标卡尺:测量范围(0~150)mm,MPE:±0.03mm;

(6)测力计:测量范围(0.2~1.0)N,$U_{rel}=0.8\%$,$k=2$;

(7)半径样板:测量范围(24~26)mm,$U=2\mu m$,$k=2$。

2)拉簧检定仪

(1)专用刻度尺:测量范围(0~80)mm,$U=0.06$mm,$k=2$;

(2)专用砝码:2kg×3:M_1 等级。

5.2.7.4　计量标准量值溯源图

混凝土回弹仪量值溯源图见图5-21。

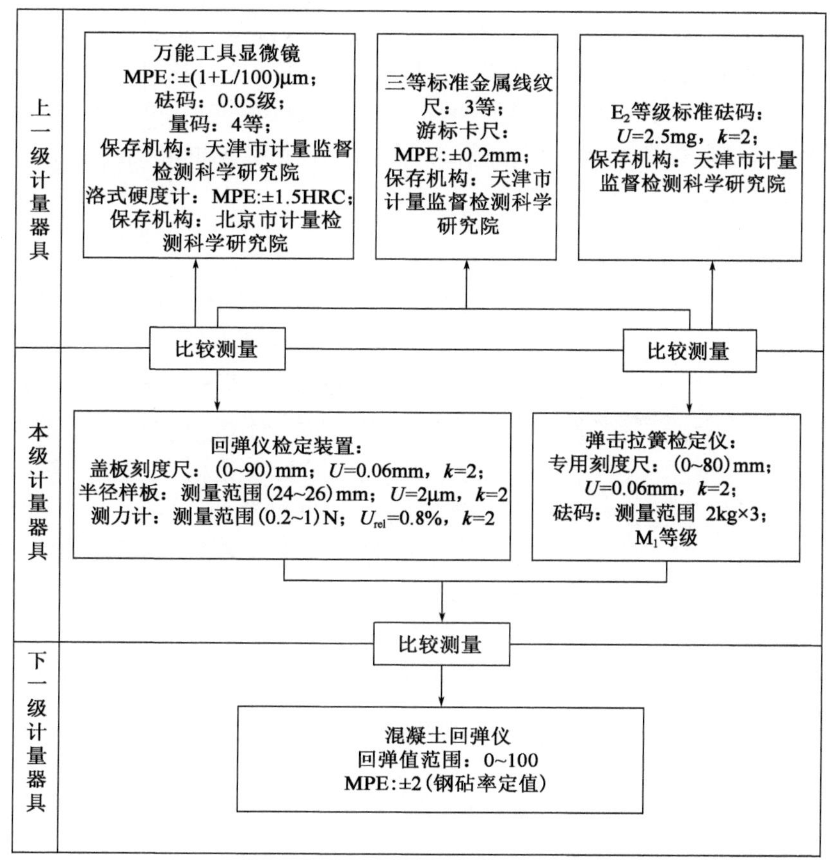

图5-21　混凝土回弹仪量值溯源和传递框图

5.3 水运工程计量技术研究的新领域

5.3.1 基于回声测深仪自校准装置的在线计量技术

5.3.1.1 概述

回声测深仪是水运工程勘察部门必备的水深测量设备，其测量数据的准确度，直接影响水运工程勘察、设计、施工和模型试验的质量；随船配备的测深仪用于测量船舶航行的水深，是船舶航行安全的重要保障；回声测深仪被用于港口维护性疏浚和清淤前后的水深测量，根据测量结果进行财务结算。面对回声测深仪在水运工程领域的重要作用，有必要定期对回声测深仪开展量值溯源工作。然而，回声测深仪的定期量值溯源却面临着种种的困难。回声测深仪的使用单位遍及全国，仪器本身拥有体积大、送检难的特点。目前，在水运工程领域，仅国家水运工程检测设备计量站拥有回声测深仪的计量标准，可对回声测深仪在(0～40)m的范围内开展检定/校准工作，定义为“浅水回声测深仪计量检定装置”，无法满足海事、深水港口建设等方面更深水深检定/校准的需求。

采用回声测深仪自校准装置，可采用电学模拟的方式，将回声测深仪检定装置的测量范围从(0～40)m扩展到(0～300)m，乃至更高。同时，回声测深仪自校准装置具有携带便捷、使用方便、校准速度快的特点。采用基于互联网技术的在线计量技术，可扩大国家水运工程检测设备计量站的服务范围，保证水运工程领域回声测深仪计量数据的准确性。

5.3.1.2 工作原理

1)回声测深仪自校准装置工作原理

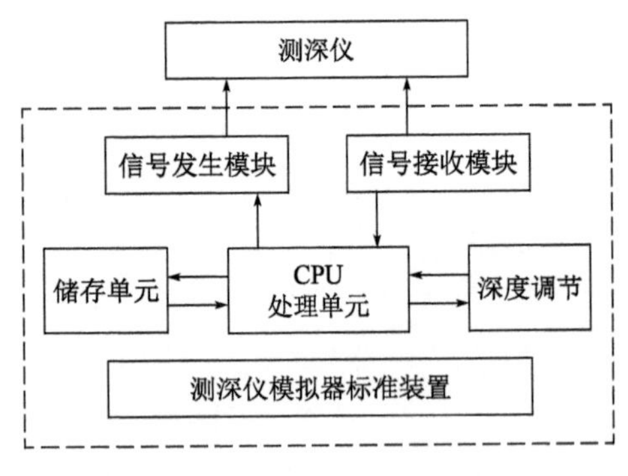

图5-22 测深仪模拟校准原理方框图

回声测深仪自校准装置由单片计算机、开关电路、深度调整振荡器或信号发生器组成。激发信号可以从测深仪换能器插口提取，校准设定的测深是按照标准声速值，计算声波从发射脉冲至回波信号到达的延迟时间，它是根据理论计算出的标准深度值来设定，影响因素少、准确度高，不受边界条件限制，其量程可达数千米。其校准原理方框图如图5-22所示。

回声测深仪自校准装置的控制系统采用嵌入式应用专门设计的高性能、低成本、低功耗的ARMCortex-M内核的STM32中央主处理器，通过外部扩展内部系统接口电路、信号接收电路、回波发生及发送模块、深度调节电路、串口触摸屏等构建硬件平台。人机交互操作界面部分采用迪文科技的DGUS串口屏，用于实现仪器实时界面及数据显示。硬件模块电路如图5-23所示。

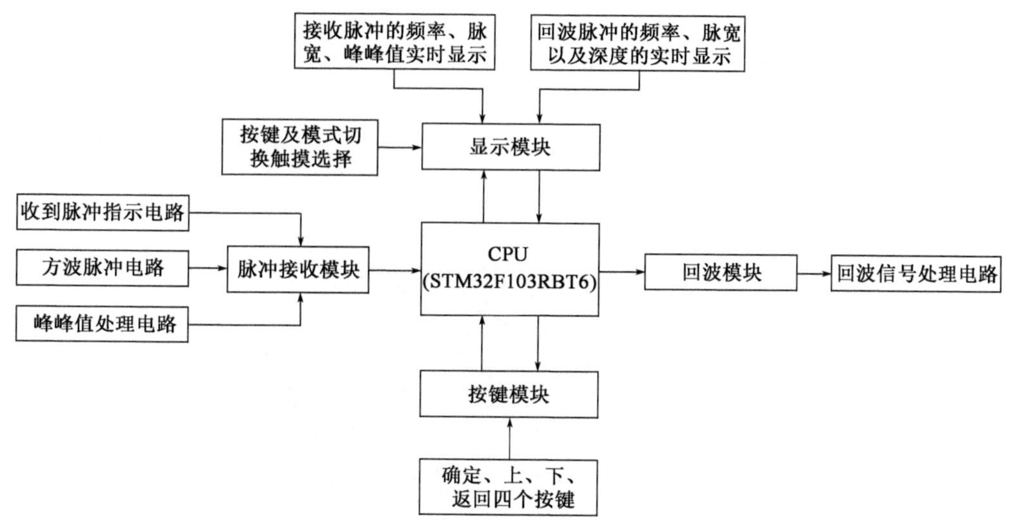

图 5-23　硬件模块电路

2）远程在线计量技术

对回声测深仪自校准装置进行嵌入式开发，使其具有网络交互功能，主要包含：一是通过 WiFi 网络接入系统功能，设备应具备无线网络联网功能，并将校准过程数据和相关参数通过网络传送到服务中心；二是通过 USB 串行总线网络与本地计算机联网功能，远程检定软件可以通过本地计算机读取模拟检定装置数据和参数；三是通过 RS485 网络与回声测深仪主机通信功能，通过数字化的方式与回声测深仪主机进行数据通信，有利于更精确的校准数据。

通过互联网进行声音和图像的传送可以将在线咨询和校准服务有机地接合起来。在远程端通过由校准传过来的视频图像，在提供校准服务的实验室里的专家能够纵观整个过程，发布指令，通过网络摄影机，还可以监视整个系统的布局及内部连接，对这个过程进行评估。

通过 Java，ActiveX，以及动态网页技术建立起来基于 WEB 方式的访问技术具有强大而且灵活的交互能力。用户通过标准的浏览器访问校准服务提供者（上一级的计量单位）所建立的校准服务网页，立刻能获得上一级的计量单位对校准过程提供的在线帮助。按照网页上提示的信息，用户可以从网页上下载校准所用的校准软件，按照所给出的步骤一步一步地完成整个校准过程。此外，在校准过程中，用户还可以输入相关的信息，包括待校仪器的型号，生产制造商等相关内容，这样在整个校准过程结束以后，服务器中将会得到一份完整而且详细的校准记录，随着记录数的不断增加，逐渐就可以形成一个有关此仪器的校准数据库，这对校准仪器的维护、管理具有重大的意义。

3）回声测深仪自校准装置的溯源性保证

为了方便回声测深仪校准装置和回声测深仪自校装置进行时间量值溯源，在回声测深仪校准装置上专门设置了方波发射接口和方波发射功能。通过测量校准装置的发射方波的频率的准确度，来对输出的时间频率信号进行验证。在验证方法上，采用 6 位半数字万用表中交流电源的频率测量，测量方波信号的频率和电压，作为其输出方波信号的准确度验证结果。

5.3.1.3　装置组成及性能参数

回声测深仪自校准装置（图 5-24），其技术指标满足以下要求：

(1)准确度：±(0.05%L+0.02m)；

(2)量程：(0.05～300)m(0.01m步进可调)；

(3)频率：(4～260k)Hz；

(4)具有互联网功能的计算机：传输速率200kb/s以上；

(5)摄像头：分辨率为640×480以上；

(6)温湿度表：±0.2℃。

图5-24　回声测深仪自校准装置

5.3.2　基于船闸试验水池的多波束测深仪校准技术

5.3.2.1　概述

作为一项全新的海底地形地貌精密探测技术，多波束声呐由于它能够全覆盖、快速、高精度地获取海底的深度信息，广泛应用于水运工程建设、海洋工程测量、海底资源与环境调查以及河底目标勘测等领域，已成为海洋测量的主要技术手段。然而，由于缺乏相应的校准方法和检定系统，测绘人员只能认可生产厂家"标称"的各项性能指标和探测能力，亦或是只能进行试验比对或自校的方法，缺乏对仪器装备可靠性、准确性和稳定性的准确判定，这样增加了成果质量的模糊度。现代多波束声呐除测深功能外，还兼具侧扫功能，在海底目标探测、水中目标物识别、底质分类等方面展现出得天独厚的优势。多波束声呐测量结果的准确度对水运工程的建设质量、勘察、设计和模型试验的结果具有较大的影响。多波束声呐价格昂贵，用户对多波束声呐的性能是否满足使用要求十分关注，对多波束声呐的校准具有较大的需求。

国家水运计量站以多波束声呐校准方法为研究对象，主要研究内容包括对多波束测深仪几何测深指标校准方法的研究、声学指标(声源级、波束角、工作频率)校准方法的研究以及相应的检测校准装置的研发。以天津新港船闸试验水池和精密回转/升降装置为技术平台，通过精确控制换能器波束角度与位置，实现在自由场、远场环境下对多波束声呐几何测深和声学指标的检测校准。

旨在形成科学合理、标准化的校准方法对多波束声呐的各项参数进行有效的校验，着力提升多波束声呐反向散射强度、分辨力、声照范围以及测深精度等技术性能，提高水运工程建设和海洋测绘成果质量。为多波束声呐出厂检验和使用过程中的精度控制提供技术支撑,为多波束声呐行业标准建设提供参考依据,为船舶安全通行以及海上搜救等提供有力保障。

5.3.2.2　工作原理与校准方法

1)多波束测深仪工作原理

多波束测深仪发射换能器向海底发射一个声学脉冲后,产生的声波在海水中传播,当遇到水底面或障碍物后,通过反射或散射返回换能器接收阵,换能器接收阵实时记录回波到达角和声波在海水中发射和接收之间的传播时间。与传统的单波束不同,现代多波束测深系统向海底发射一个宽波束(测船正横方向宽而船艏艉方向窄的波束),利用接收基阵和束控技术形成若干个空间"虚拟"接收波束(正横方向窄而船艏艉方向宽的波束);各接收波束与发射波束的空间交会(Mills 交叉技术),形成了多个窄波束。根据各个波束接收角和声波往返传播时间计算得到与各个波束相应的海底点的空间位置,有的多波束测深系统同时记录各个波束的回波强度数据序列。这样经多个发射周期后,就获得了以测船航迹为中心线的带状水深图和声呐图像。多波束测深原理简要示意图如图5-25所示。

多波束测深系统的主要技术指标可分为与仪器相关和与作业条件相关两类。与仪器相关的技术指标主要有:工作频率、波束数、波束角、采样率、脉宽以及测深精度等;与作业条件相关的技术指标主要有扫幅宽度、量程、测深分辨率等。此外,多波束测深仪作为电子仪器还具备相应的电学指标,如:换能器的等效电阻和等效电容等。

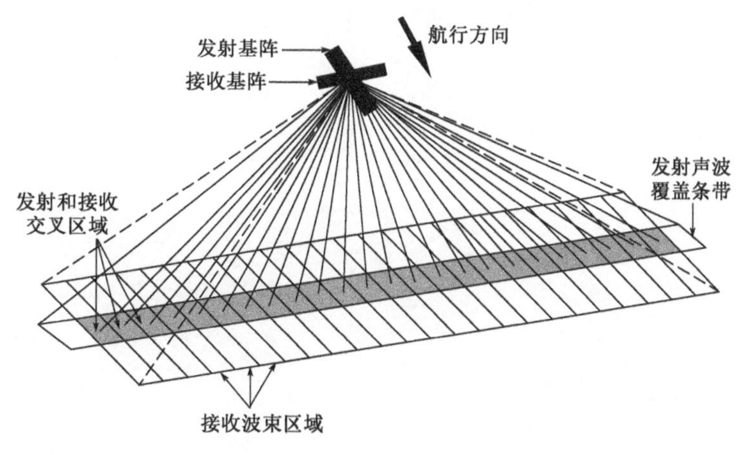

图5-25　多波束测深原理示意图

2)测深指标校准方法

水深是多波束声呐的主要测量指标。采用直接溯源的方法对多波束声呐测深指标进行校准,即采用更高一级的计量标准开展检定/校准的方式进行溯源。为获得最佳的校准效果,多波束几何指标的校准应选择在较为宽广的水域进行。国家水运计量站在海河船闸建设了试验基地,可开展多波束测深仪的校准工作,海河船闸的几何尺寸为长200m(长)×15m(宽)×8m(深),见图5-26、图5-27。采用激光测距仪(准确度等级为2级)作为主要设备对多波束声呐测深指标进行检定/校准,即把激光测距仪与反射板的测量距离作为标准量值,多波束换能器与标准反射板的测量距离作为示值,通过二者比较达到校准的目的。其主要的检定校准装置包括:激光测距仪、标准反射板、精密回转/升降位移装置、温度计(最大允许误差为 ±0.1℃)以及多波束声呐辅助设备(姿态传感器、GNSS 定位仪、声速剖面仪等)。

图 5-26　船闸试验水池

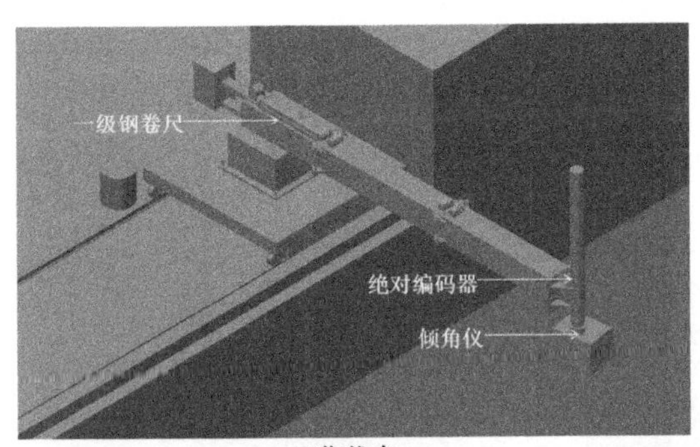

工作状态

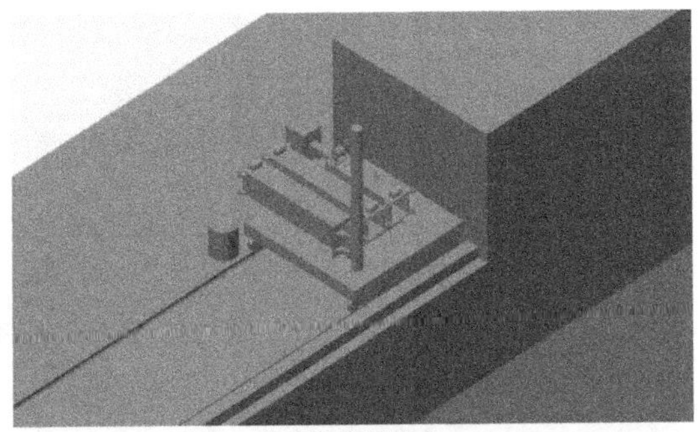

非工作收起状态

图 5-27　装置设计与实物图

多波束声呐测深指标的校准是针对扇区内所有波束而言的。因此校准过程较为复杂,实验需要在无反射干扰的广阔水域或者消声水池中进行,通过旋转换能器位置改变入射角度,使不同扇区内所有波束正对标准发射板进行测深，与此同时，还需要激光测距仪对测试距离进行标定作为基准值，进而将测量值与基准值进行比较，最终达到校准目的，如图5-28所示。规范上述测深校准方法，形成科学合理的校准流程将作为本研究的一项重点内容。

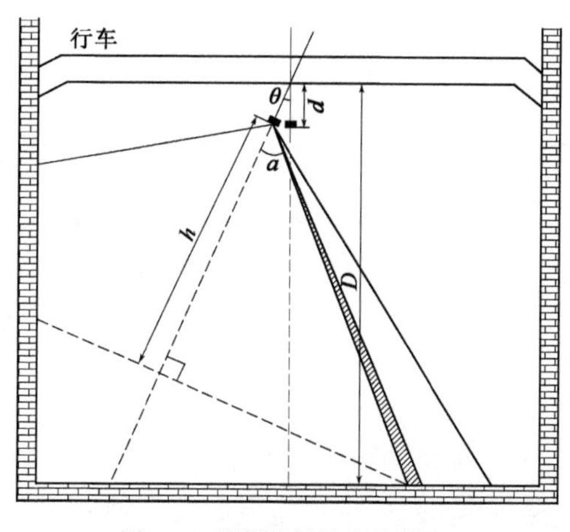

图5-28　测深指标校准示意图

该校准方法难点之处在于：①试验场要具备稳定可靠，准确度较高的旋转装置和位移装置，确保多波束声呐在不同距离处发射扇区内所有波束均能打到标准反射板上；②标准反射板与换能器发射面之间位置关系要保证严格平行，用于测距的激光设备要进行法定计量检定部门的量值溯源且精度至少高于被检换能器测距精度的1/3以上，才能作为参考基准；③需要对多波束数据进行解析，提取所有波束号水深测量值，逐一进行精度评定，以保证边缘波束与中央波束测深精度评定的一致性。以上实验要求既要考虑实验水池尺寸结构，又要兼顾不同型号换能器的技术特性，还要保证校准仪器的测试精度，研究工作具有一定的技术难点。

3）声学指标校准方法

现代多波束声呐除测深功能外，还具备侧扫功能，在海底目标探测、水中目标物识别、底质分类等方面展现出得天独厚的优势。声源级、频率和波束角指向性属于重要的声学指标，与声呐设备的反向散射强度、分辨力、声照范围以及测深精度等性能参数紧密相关，应作为多波束声呐声学技术指标进行检定/校准。依据《水声换能器自由场校准方法》（GB 3223—1994）和《声学　水声换能器测量》（GB 7965—2002）中的比较校准法对多波束声呐声源级、波束角和工作频率进行校准。比较校准法测量方法简单，测量步骤少，因此产生误差的来源也要少，校准精度较高，即使用已知接收灵敏度值或发送响应值的标准水听器作为参考基准，利用比较或其他已知关系来测出被校声呐的接收灵敏度或发送响应值，检测流程图与示意图如图5-29和图5-30所示。

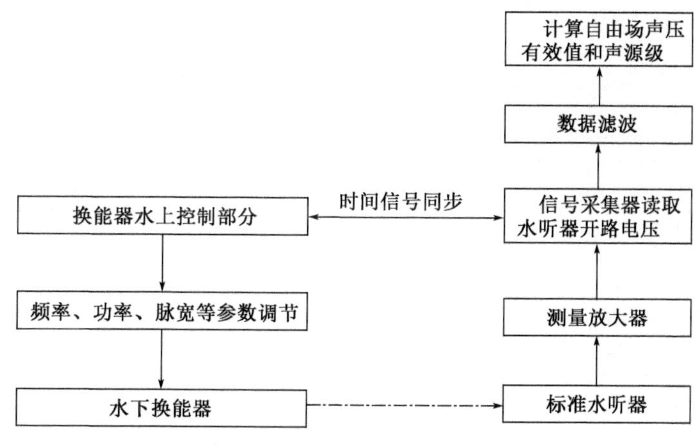

图5-29　声学指标检测流程图

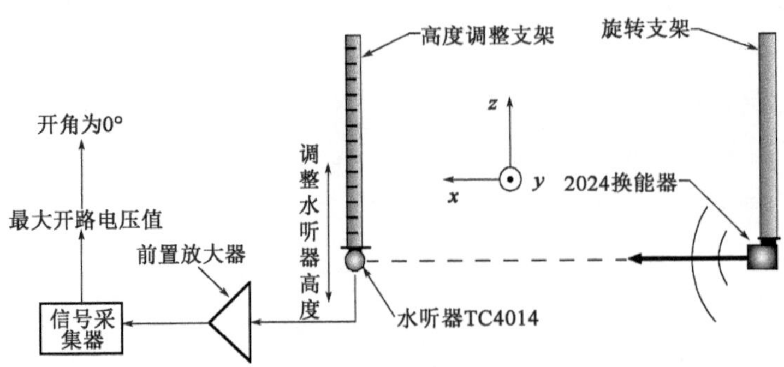

图 5-30　声学指标检测示意图

校准过程主要需要满足以下实验条件:①自由场、远场环境;②控制换能器位置与角度的精密回旋设备,以确定发射器声轴方向和波束角检测过程中的角度位置;③标准水听器与信号采集器组成的信号采集记录设备,以分析各个波束在不同角度位置处的脉冲信号幅值与频率。以上条件要求实验环境应为六面消声水池且水池尺寸满足远场条件,以避免主波接收的有效信号和因界面反射形成的杂波发生重叠干扰;安装换能器和水听器的旋转/升降装置要精确可控,以便精确找准声轴方向和检测波束宽度;针对多波束工作频率的可调范围,标准水听器工作频率范围要大于被校多波束,且要经过法定计量检定部门的量值溯源,确保其自由场声压灵敏度值的准确可靠,另外,采集记录设备的采样率要足够高(至少是被检频率的2倍以上),才能保证采集脉冲信号的质量。上述实验条件的具体实施与实现具有一定的难度,应作为多波束声学指标校准方法研究中的难点问题一一攻克。

由于水声检测一般只能在足够尺寸的消声水池中进行,目前国内具备消声水池并能够开展相关研究的单位较少。主要有中国科学院声学研究所、哈尔滨工程大学的水声技术国防科技重点实验室、中国船舶重工集团公司第七一五研究所、海军大连舰艇学院、国家海洋技术中心等高校或科研单位。我国尚无专门开展多波束水声计量测试的法定机构,国家水运计量站针对多波束测深仪、侧扫声呐等常用海洋测量声呐的计量检定需求,主持开展了多波束测深仪标准化研究和多波束声呐校准方法及装置研发等项目,积累了丰富的技术经验与坚实的条件基础。正在筹建中的水运专业计量研究与验证综合试验厅将建成专用于多波束声呐声学计量检定的大型六面消声水池。

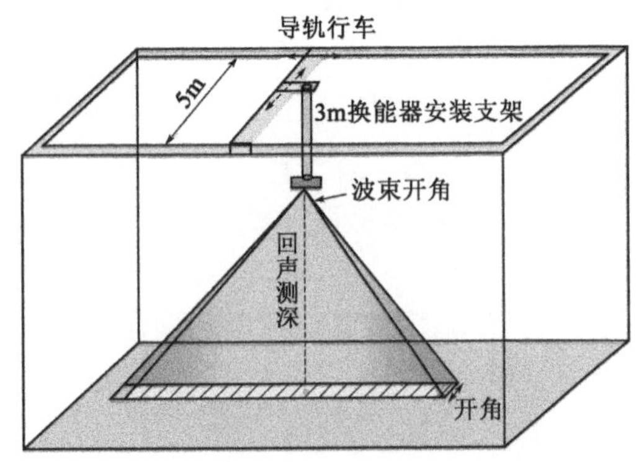

图 5-31　多波束测深仪测深指标校准装置示意图

5.3.2.3　装置组成及性能参数

对多波束声呐进行校准,需要专用的检定校准设备,基于以上校准方法的研究,研发一套多波束声呐校准装置,装置以实验水池为平台,包括精密升降/回转机构(换能器安装支架+伺服电机+编码器+工控计算机)、激光测距仪、数字信号采集器、标准水听器、频谱分析仪等。校准装置见图 5-31、图 5-32。

基于船闸实验水池的多波束测深仪校准装置,其技术指标满足以下要求:

(1)准确度：±(0.5%L+0.2m)

(2)量程：(3~200)m(0.1m步进可调)

基于六面消声水池的多波束声呐校准装置，其技术指标满足以下要求：

(1)频率：(150~500)kHz，MPE为±0.05%F·S

(2)波束角：发射波束角不大于2.5°，接收波束角不大于2.5°，MPE为±0.25°

(3)声源级：(200~220)dB，MPE为±3.0dB

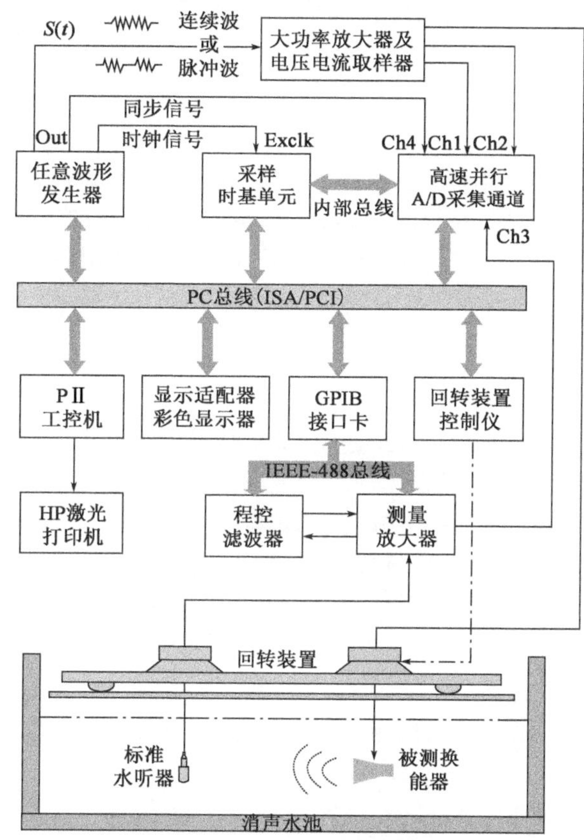

图5-32 多波束声呐声学指标校准装置示意图

5.3.3 浅地层剖面仪计量测试技术

5.3.3.1 概述

浅地层剖面仪是一种利用声波探测浅地层剖面结构和构造的测量仪器，已成为港口航道等领域地质勘察的重要手段。浅地层剖面仪能准确反映水底不同深度地层的结构特征，如地层厚度、层理结构及地层中异常的埋藏物体，其中包括浅层气、断层、埋藏古河道等，并能清晰地反映在图纸上，目前已经广泛应用于近海、江河沉积或侵蚀测量、港口航道疏浚地质勘探、港口选址工程地质勘探和航道港池淤泥测量等专业领域。

为了保证测量结果的正确性，在实际的应用过程中，通常以钻探的方式对测量结果进行验证，但是采用钻探验证的方式，并不能对浅地层剖面仪测量分辨力的降低、穿透能力减弱和分层能力减弱等问题进行准确检测，而且成本较高，不适用于周期性的试验检测。针对浅地层剖面仪的测量结果对地质测绘、航道安全、工程质量以及工程结算等多个方面都有较大影响的状况，用户对浅地层剖面仪进行计量性能评价、量值溯源、确保仪器处于正常计量状态的需求十分迫切。据不完全统计，大多数的测绘、航道施工单位都拥有浅地层剖面仪，市场上浅地层剖面仪计量服务的需求量较大。因此，为了保证浅地层剖面仪的计量准确性，有必要定期对浅地层剖面仪开展量值溯源工作。然而，浅地层剖面仪的测量对象、计量参数、数据输出方式的特殊性以及仪器较强的专业特色，社会公用计量机构以及其他专业计量机构并未建立该仪器的计量标准，使得该类仪器处于无处送检的尴尬状态。因此，开展浅地层剖面仪计量检定技术研究对于加快交通水运专用计量测试技术的发展和提高浅地层剖面仪测量结果的可靠性具有重要意义。

垂直分辨力和垂直地层穿透深度是影响浅地层剖面仪地层探测性能的关键性计量技术指标。传统的浅地层剖面仪采用 CW(Continuous Wave)技术，这种技术使获取较高的穿透深度和提高垂直分辨率相互冲突。如今，浅地层剖面仪采用了线性调频技术(Chirp)，它将穿透能力与垂直分辨率分开，可尽量增大脉冲宽度，以具备更好的穿透能力，也可尽量增大频带宽度，以获得更好的垂直分辨率。

5.3.3.2 计量技术指标的确定

随着交通水运工程的迅速发展，河道通航、港口建设等工程中对水底沉积物结构和构造的探测已成为水运工程测量的重要组成部分。浅地层剖面仪发射的低频声波在水中和水底沉积物中的传播和反射特征，对水底沉积物分层结构进行连续探测，从而获得直观的浅地层剖面数据。然而，由于水体环境、沉积物构造复杂等原因，浅地层剖面仪垂直分辨力指标模糊，且沉积层厚度存在测量误差。因此，垂直分辨力和垂直地层穿透深度是影响浅地层剖面仪地层探测性能的关键性计量技术指标。

1)垂直穿透深度分析

通常，浅地层剖面仪声呐方程可以用来预报浅地层剖面仪探测水底沉积层的厚度。浅地层剖面仪声呐方程为：

$$(SL - TL + TRL + PL) - NL = DT \tag{5-5}$$

式中：SL——声源级，定义为离换能器基阵声中心 1m 处声轴上的声强级；

TRL——换能器导流罩透射损失，适当选取导流罩材料，TRL 可忽略；

PL——为接收处理增益；

TL——声波往返传播均存在传播损失，包括几何扩展损失和介质吸收损失，方程为：

$$TL = 20 \times \lg 2(H_w + H_s) + 2\alpha_w H_w \times 10^{-3} + 2\alpha_s H_s \tag{5-6}$$

H_w——水层厚度，m；

H_s——沉积层的厚度，m；

α_w——水体吸收衰减系数，dB/km；

α_s——沉积层平均衰减系数，dB/m。

声波传播到水底时发生反射和透射。当水底表层底质与水体的声特性阻抗相差很大时(称为特别硬水底)，声波几乎发生全反射，无法透射进入到水底表层底质层中，故无法探测水底沉积层。如对于水底表层为岩石底的情况，浅地层剖面仪即无法探测沉积层厚度。

在设计仪器时，根据使用仪器的船舶和环境条件，需要事先确定噪声级。当实际环境条件符合事先确定的噪声级，仪器可以达到设计指标；当实际环境条件劣于事先确定的噪声级，仪器无法达到设计指标；当实际环境条件优于事先确定的噪声级，仪器性能超过设计指标。检测阈值代表了仪器接收部分在满足一定的检测概率时所需要的最小输入端信噪比，公式为：

$$DT = 10\lg(S/N) \tag{5-7}$$

对于记录纸记录显示方式，通常 $DT = 10\lg 10/1 = 10\text{dB}$；对数字记录显示方式，通常 $DT = 10\lg 25/1 = 14\text{dB}$。综上所述，浅地层剖面仪声呐方程为：

$$SL - 20\lg 2(H_w + H_s) - 2\alpha_s H_s - (NL_1 - DI_R + 10\lg\Delta f) = DT \tag{5-8}$$

2）垂直分辨力分析

该部分主要对 Chirp 信号浅地层剖面仪和 PCW 信号浅地层剖面仪的垂直分辨力进行分析。

PCW 信号浅地层剖面仪垂直分辨力取决于声波脉冲宽度、换能器波束角、接收机带宽、记录纸垂直比例等因素，相互关系分析如下。

（1）脉冲宽度与垂直分辨力

设脉冲等幅波（Pulse Continue Wave，PCW）的脉冲宽度为τ，脉冲宽度所决定的垂直分辨率为：

$$\Delta h_1 = c\,\frac{\tau}{2} \tag{5-9}$$

式中：Δh_1——可分辨的第一地层沉积物的厚度；

c——第一地层沉积物的平均声速；

τ——PCW 信号的脉冲宽度。

（2）接收机带宽与垂直分辨力

设接收机通道的频率带宽为 Δf，则脉冲接收从零开始到稳态建立起来的过渡过程为τ_1，当外来接收脉冲消失后，具有同样的过渡过程τ_1。过渡过程的存在，使得接收脉冲延长拖尾τ_1时延，如果下一地层回波与拖尾时延τ_1 相重叠，则剖面仪无法分辨出下一地层回波，由此所限定的垂直分辨率为：

$$\Delta h_2 = c\,\tau_1/2,\ \tau_1 = \frac{1}{\Delta f} \tag{5-10}$$

（3）波束角与垂直分辨力

声波从换能器发射后，按照一定的波束角度 θ 以球面波的形式辐射到海底。其中换能器辐射面中垂线方向上的波前首先到达海底，除了产生反射外，余下的能量向下一地层穿透。由于浅剖仪较宽的波束角 θ，当中垂线方向上的波前到达海底时，波束边沿尚差 Δh_3 距离才能够到达海底。此时，中垂线方向上的波前已经穿透地层 Δh_3 的厚度，根据几何关系的推导可得：

$$\Delta h_3 = \frac{h}{\frac{\sec\theta}{2} - 1} \tag{5-11}$$

（4）记录纸垂直比例与垂直分辨力

在记录纸上分辨最小目标的间距 $d = 0.5\text{mm}$，设记录纸有效记录宽度为 Q，对应的量程为 R_M，则记录纸垂直比例为 R_M/Q。记录纸间距 d 所对应的垂直分辨率为：

$$\Delta h_4 = \frac{dR_M}{Q} \tag{5-12}$$

综合上面各因素，对于 PCW 信号的浅地层剖面仪，其地层垂直分辨率为：

$$h = \max(\Delta h_1, \Delta h_2, \Delta h_3, \Delta h_4) \tag{5-13}$$

相比 PCW 信号，Chirp 信号浅地层剖面仪具有更高的距离分辨力。Chirp 信号为线性调频脉冲信号 LFM，Chirp 信号经匹配滤波处理，产生了脉冲压缩现象，输出一个比发射脉冲持续时间短得多的窄脉冲。由于窄脉冲的获得，从而可以取得比 PCW 信号高得多的距离分辨力：

$$\Delta h_5 = \frac{c\tau'}{2} \tag{5-14}$$

而且通过增加扫频带宽以获取任意精细的距离分辨力。此外，在与 PCW 信号具有相同分辨率时，通过增大发射脉宽以增加发射信号能量，改善信噪比，提高抗干扰能力。

5.3.3.3 浅地层剖面仪工作原理

浅地层剖面仪主要由发射系统和接收系统两大部分组成，其中主要包括声发射基阵、声接收基阵、发射机、接收机、换能器、控制单元等（结构示意图见图 5-33）。发射机受发射单元的控制，发射换能器周期性地向海底发射宽频带声波脉冲，当声波遇到海底及其以下地层界面时，产生反射，返回信号，经接收换能器接收，接收机放大，最后输给控制处理单元，并自动绘出水底地层剖面，其工作原理示意图见图 5-34。

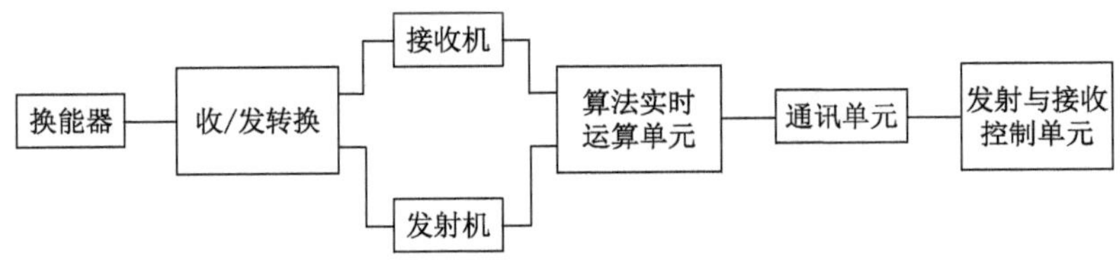

图 5-33　浅地层剖面仪结构示意图

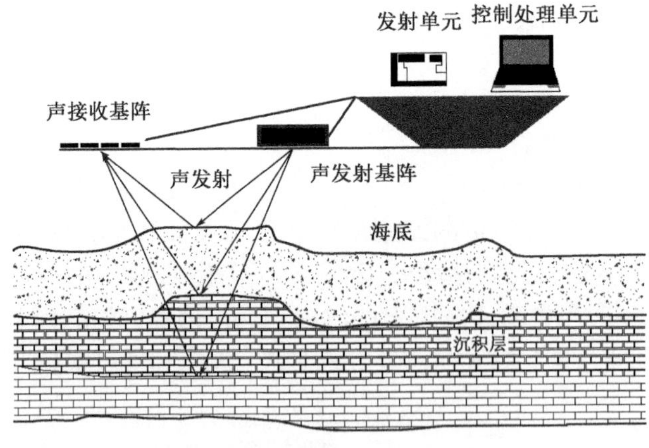

图 5-34　浅地层剖面仪工作原理示意图

5.3.3.4 试验设备及技术指标

试验使用的浅地层探测设备为英国 Geo-Acoustics 公司生产的 14K 管线剖面仪（图 5-35）

和美国 EdgeTech 公司生产的 3200XS 浅地层剖面仪(图 5-36)。

14K 管线剖面仪利用最适合进行地层和管线探测的声学频率(3.5kHz/14kHz)进行工作,从而产生高分辨率的海底地层图像,可以高达 10cm 垂直分辨力,信号重复性强,水深探测范围约为 100m,是目前使用最多的水运工程管线探测设备。

3200XS 浅地层剖面仪系统采用全频谱 Chirp 技术,是一种高分辨率宽带调频(FM)浅地层剖面仪系统,可广泛用于海底管线探测、地质调查等。主要技术指标如下:

(1)垂直分辨率:6cm,(2~15)kHz/8cm,(2~12)kHz/10cm,(2~10)kHz;

(2)穿透深度:粗砂 6m/黏土 80m(根据环境而定);

(3)水深测量范围:300m。

图 5-35 Geo-Acoustics 14K 管线仪

图 5-36 EdgeTech 3200XS

5.3.3.5 浅地层剖面仪测量原理

1)测量标准

(1)手持式激光测距仪主要技术指标

①测量范围:(0~40)m;

②示值误差:$\Delta = \pm(5.0\text{mm} + 5\times10-5D)\text{mm}$,$D$ 为被测距离。

(2)钢卷尺主要技术指标

①测量范围:(0~100)m;

②示值误差:$\Delta = \pm(0.03 + 0.03L)\text{mm}$。

2)被测对象

被测对象为 EdgeTech3200XS 浅地层剖面,频率 2kHz~10kHz,垂直分辨力 10cm,水深测量范围为 300m。

3)测量过程

EdgeTech3200XS 浅地层剖面水深测量值示值误差以手持式激光测距仪为标准,采用直接法进行测量并计算获得;EdgeTech3200XS 浅地层剖面垂直分辨力示值误差以标准钢卷尺为标准,采用直接法进行测量并计算获得。距离检定过程如下。

(1)垂直分辨力

①将浅地层剖面仪换能器固定安装在拖车的安装支架上,保持浅地层剖面仪换能器发射面垂直对准试验水槽底部;

②启动被检设备和拖车,以不小于 0.05m/s 的速度移动拖车,实施对水槽底部全部地层

的探测；

③通过图像解译，判定图像能够分辨出的试验标准地层，并在该地层的剖面图上沿测线方向均匀选取10个点读取该地层厚度，取平均值作为被检设备的垂直分辨力示值，计算公式如下：

$$\bar{d}=\frac{d_1+d_2+\cdots+d_{10}}{10} \tag{5-15}$$

式中： $\bar{d}$——被检设备的垂直分辨力示值，m；

d_1、d_2、…、d_{10}——第1、2、…、10次读取的被检设备垂直分辨力示值，m。

④根据地层剖面图，找出水槽中对应位置的标准地层，均匀选取10点，利用标准钢卷尺测出地层厚度，取平均值作为地层厚度的标准值，与上述被检设备的垂直分辨力示值作差，得出垂直分辨力示值误差。

(2)穿透深度

①将浅地层剖面仪换能器固定安装在拖车的安装支架上，保持浅地层剖面仪换能器发射面对准试验土槽的墙面；

②启动被检设备和拖车，以一定的速度移动设备，实施对土槽地层(包括配置1和配置2)的探测；

③通过图像解译，分别读出地层剖面图上与配置1和配置2相对应的总地层厚度，并对比作差得出穿透深度的示值误差。

5.3.3.6 浅地层剖面仪计量检定规程

《水运工程 浅地层剖面仪》(JTG(交通) 140—2017)计量检定规程是浅地层剖面仪计量测试技术研究的成果。

为了保障浅地层剖面仪使用的可靠性和准确性，编制相应的检定规程是十分必要的。本规程编制所依据的规则是中华人民共和国国家计量技术规范《国家计量检定规程编写规则》(JJF 1002—2010)，并采用或借鉴国内外的相关建议、文件或标准。本规程的主要内容包括：范围、引用文献、术语、概述、计量性能要求、通用技术要求、计量器具控制、检定结果处理、检定周期和附录。

规程对浅地层剖面仪的工作原理和组成结构进行了阐述，并给出了结构示意图和工作示意图。计量性能要求分别从测量范围、最大允许误差和重复性三方面提出了相应的要求与规定，内容与标准技术要求中的内容相同。通用技术要求则是对浅地层剖面仪的外观质量、防护要求、整机结构、显示与记录和铭牌五个方面提出了规定，用于指导计量机构开展浅地层剖面仪的外观检定工作。作为本规程内容中最关键的一部分，计量器具控制是用于指导实际计量检定工作的操作规范，本规程首先提出了开展浅地层剖面仪检定工作的检定条件，包括环境条件、检定设备要求以及检定项目要求，其次，详细说明了检定方法，包括仪器安装程序、计量标准操作程序和测量数据处理方法。检定结果处理规定了按照规程开展的所有检定项目经过检定均合格、满足计量性能要求的浅地层剖面仪发给检定证书，同时在附录中给出了检定证书模板；若经过检定其中有一项不合格的浅地层剖面仪，发给检定结果通知书，同时也在附录中给出了检定结果通知书模板。检定周期规定了浅地层剖面仪的检定周期一般不超过1年。

第6章　水运工程计量工作专业实务

水运工程计量工作专业实务主要包括三个方面：一是计量检定、校准和检测的实施；二是计量标准的建立、考核及使用；三是检定证书、校准证书和检测报告的出具。

6.1　计量检定、校准的实施

6.1.1　计量检定、校准的基本概念

1）检定

检定是计量领域中的一个专用术语，是对计量器具检定或计量检定的简称。检定（verification）是指"查明和确认计量器具是否符合法定要求的程序，它包括检查、加标记和（或）出具检定证书"。也就是说，检定是为评定计量器具计量性能是否符合法定要求，确定其是否合格所进行的全部工作。

检定具有法制性，其对象是《中华人民共和国依法管理的计量器具目录》中的计量器具，包括计量标准器具和工作计量器具，可以是实物量具、测量仪器和测量系统。

检定的目的是查明和确认计量器具是否符合有关的法定要求。法定要求是指按照《计量法》对依法管理的计量器具的技术和管理要求。对每一种计量器具的法定要求反映在相关的国家计量检定规程以及部门、地方计量检定规程中。

检定方法的依据是按法定程序审批公布的计量检定规程。国家计量检定规程由国务院计量行政部门制定，没有国家计量检定规程的，由国务院有关主管部门和省、自治区、直辖市人民政府计量行政部门制定部门计量检定规程和地方计量检定规程，并向国务院计量行政部门备案。

检定工作的内容包括对计量器具进行检查，它是为确定计量器具是否符合该器具有关要求所进行的操作。这种操作是依据国家计量检定系统表所规定的量值传递关系，将被检对象与计量基准或计量标准进行技术比较，按照计量检定规程中规定的检定条件、检定项目和检定方法进行实验操作和数据处理。最后按检定规程规定的计量性能要求（如准确度等级、最大允许误差、测量不确定度、影响量、稳定性等）和通用技术要求（如外观结构、防止欺骗、操作的适应性和安全性以及强制性标记和说明性标记等）进行验证、检查和评价，对计量器具是否合格，是否符合哪一准确度等级做出检定结论，按检定规程规定的要求出具证书或加盖印记。结论为合格的，出具检定证书或加盖合格印；不合格的，出具检定结果通知书或注销原检定合格印、证。

计量检定有以下特点：

(1)检定的对象是计量器具，而不是一般的工业产品；

(2)检定的目的是确保量值的统一和准确可靠，其主要作用是评定计量器具的计量性能是否符合法定要求；

(3)检定的结论是确定计量器具是否合格，是否允许使用；

(4)检定具有计量监督管理的性质，即具有法制性。法定计量检定机构或授权的计量技术机构出具的检定证书，在社会上具有特定的法律效力；

(5)计量检定在计量工作中具有非常重要的作用，它是进行量值传递或量值溯源的重要形式，是实施计量法制管理的重要手段，是确保量值准确一致的重要措施。

2)校准

校准(calibration)是“在规定的条件下的一组操作，其第一步是确定由测量标准提供的量值与相应示值之间的关系，第二步则是用此信息确定由示值获得测量结果的关系，这里测量标准提供的量值与相应示值都具有不确定度”。

校准的对象是测量仪器或测量系统，实物量具或参考物质。测量系统是指一套组装的并适用于特定量在规定区间内给出测得值信息的一台或多台测量仪器。

校准方法依据的是国家计量校准规范，如果需要进行的校准项目尚未制定国家计量校准规范，应尽可能使用公开发布的，如国际的、地区的或国家的标准或技术规范，也可采用经确认的如下校准方法：由知名的技术组织、有关科学书籍或期刊公布的，设备制造商指定的或实验室自编的校准方法，以及计量检定规程中的相关部分。校准的目的是确定被校准对象的示值与对应的由计量标准所复现的量值之间的关系，以实现量值的溯源性。

校准工作的内容就是按照合理的溯源途径和国家计量校准规范或其他经确认的校准技术文件所规定的校准条件、校准项目和校准方法，将被校对象与计量标准进行比较和数据处理。校准所得结果可以是给出被测量示值的校准值，如给实物量具赋值，也可以是给出示值的修正值，如实物量具标称值的修正值，或给出仪器的校准曲线或修正曲线，也可以确定被测量的其他计量性能，如确定其温度系数、频响特性等。这些校准结果的数据应清楚明确地表达在校准证书或校准报告中。报告校准值或修正值时，应同时报告它们的测量不确定度。

校准是按使用的需求实现溯源性的重要手段，也是确保量值准确一致的重要措施。

6.1.2　水运工程检定、校准的实施

6.1.2.1　检定的分类

1)按照管理环节分类

首次检定：对未曾检定过的新计量器具进行的一种检查。这类检定的对象仅限于新生产或新购置的没有使用过的也从未检定过的计量器具。其目的是为确认新的计量器具是否符合法定要求，符合法定要求的才能投入使用。所有依法管理的计量器具在投入使用前都要进行首次检定。

后续检定：计量器具经过首次检定后的任何一种检定，包括强制性周期检定、修理后检定和周期检定有效期内的检定。后续检定的对象是已经过首次检定，使用一段时间后，已到达规定的检定有效期的计量器具、由于故障经修理后的计量器具、虽然在检定有效期内，但用户认

为有必要重新检定的计量器具以及原封印由于某种原因失效的计量器具。后续检定的目的是检查和验证计量器具是否仍然符合法定要求，符合要求才准许继续使用，以保证使用中的计量器具是满足法定要求的。但根据计量器具本身的结构特性和使用状况，经过首次检定的计量器具不一定都要进行后续检定，如对竹木直尺、玻璃体温计只做首次检定，失准者直接报废，而不做后续检定；对直接与供气、供水、供电部门进行结算用的家庭生活用煤气表、水表、电能表，则只做首次检定，到期轮换。而不做后续检定。

周期检定：指按时间间隔和规定程序，对计量器具定期进行的一种后续检定。计量器具经过一段时间使用，由于其本身性能的不稳定，使用中的磨损等原因可能会偏离法定要求，从而造成测量的不准确。周期检定就是为防止这种现象的出现，规定按照计量器具使用过程中能保持所规定的计量性能的时间间隔进行再次检定。按这种固定的时间间隔，周期地进行的这种后续检定，可以保证使用中的计量器具持续地满足法定要求。周期检定的时间间隔在计量检定规程中规定。

修理后检定：指使用中经检定不合格的计量器具经修理人员修理后，交付使用前所进行的一种检定。

周期检定有效期内的检定：是指无论是由顾客提出要求，还是由于某种原因使有效期内的封印失效等原因，在检定周期的有效期内再次进行的一种后续检定。

2）按照管理性质分类

强制检定：对于列入强制管理范围的计量器具由政府计量行政部门指定的法定计量检定机构或授权的计量技术机构实施的定点定期的检定。这类检定是政府强制实施的，而非自愿的。《计量法》规定属于强制检定范围的计量器具，未按照规定申请检定或者检定不合格继续使用的，属违法行为，将追究法律责任。

列入强制管理的计量器具都是维持国家计量单位制的统一和量值准确可靠，担负公正、公平和诚信的社会责任的计量器具。国家为保证经济建设和社会发展的需要，有效地保护国家、集体和人民免受计量不准的危害。维护国家和消费者的利益，保护人民健康和生命、财产的安全，对这类计量器具实行强制检定。

强制检定的对象包括两类。一类是计量标准器具，它们是社会公用计量标准器具，部门和企业、事业单位使用的最高计量标准器具。这些计量标准器具肩负着全国量值传递的重任。另一类是工作计量器具。它们是列入《中华人民共和国强制检定的工作计量器具目录》，并且必须是在贸易结算、安全防护、医疗卫生、环境监测中实际使用的工作计量器具。这些工作计量器具直接关系市场经济秩序的正常运行，交易的公平，人民群众健康、安全的切身利益和国家环境、资源的保护。

按强制检定的管理要求，社会公用计量标准器具和部门、企业、事业单位最高计量标准器具的使用者应向主持该计量标准考核的政府计量行政部门申报，并向其指定的计量检定机构按时申请检定。属于强制检定的工作计量器具的使用者应将这类计量器具登记造册，报当地政府计量行政部门备案，并向当地政府计量行政部门申请检定，由其指定的计量检定机构按周期检定计划检定。

承担强制检定任务的计量检定机构，包括国家法定计量检定机构和各级政府计量行政部门授权开展强制检定的计量检定机构，应就所承担的任务制定周期检定计划，按计划通知使用者,安排接收使用者送来的计量器具或到现场进行检定。强制检定工作必须在政府规定的期限内完成,计量检定机构在完成强制检定后应出具检定证书或检定结果通知书并加盖检定印记。不应出具校准证书或测试报告。应按照国家规定的检定收费标准收取检定费。计量检定机构应按检定规程的规定给出被检计量器具的检定周期,使用者必须按证书给出的检定有效期在到期之前按时送检。

非强制检定:在所有依法管理的计量器具中除了强制检定的以外,其余计量器具的检定都是非强制检定。这类检定不是政府强制实施,而是由使用者依法自己组织实施。这类计量器具的准确与否只涉及其使用单位的产品质量、节能降耗、经济核算、实验数据的准确等。使用这类计量器具的单位应建立内部计量器具台账、制定周期检定计划,按计划对所有计量器具实施检定。使用单位可根据本单位生产、管理和研究工作的实际需要建立相应等级的计量标准,对本单位计量器具实施检定,也可以自主选择其他有资质的计量检定机构将计量器具送去检定。检定周期可根据本单位实际情况自主确定。

6.1.2.2 水运工程检定、校准的实施

1)质量管理体系

实施检定、校准和检测任务的机构,应策划检定、校准和检测实施所需的过程,确定质量目标和要求,配备资源,制定质量手册、程序文件和各类作业指导书,确定其质量监督和控制的措施、制度,保留为其测量结果提供证据所需的记录。

国家水运计量站按照《法定计量检定机构考核规范》(JJF 1069—2014)的要求建立管理体系,包括本站的质量方针、质量目标、公正性声明、质量体系文件结构及体系管理,并形成文件,加以实施和保持,并予以持续改进。

国家水运计量站将政策、制度、计划、程序和作业指导书等制定成管理文件,文件确保检定、校准和检测结果的质量。管理体系文件对各类质量活动和方法作出规定,使与质量有关的活动都能做到有章可循、有法可依,使本站的检定、校准和检测工作都能符合规范要求。质量管理体系文件必须与本站的规模、人员素质以及所承担的检定、校准和检测活动的复杂程度相适应。体系文件传达到相关人员,并使其理解、获取和执行。

管理体系文件内容包括:

(1)形成文件的质量方针和总体目标;

(2)质量手册;

(3)形成文件的27个程序文件;

(4)确保过程有效的策划、运行和控制所需的文件,包括作业指导书、记录、管理表格。

管理体系文件须按《文件和资料控制程序》进行控制,并确保体系文件的现行有效。

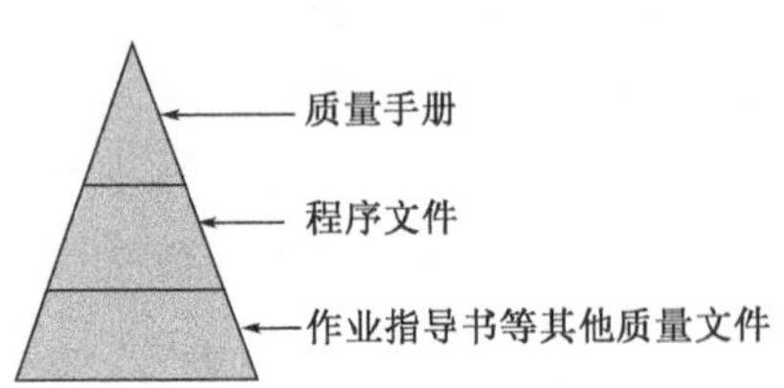

图6-1 管理体系文件层次关系图

管理体系文件包括三个部分,即质量手册、程序文件、作业指导书等其他质量文件(有关的作业指导书、记录、报告表格、管理制度等)。

管理体系文件各层次之间的关系如图6-1所示。

①质量手册规定管理体系的基本结构,明确管理体系的方针和管理体系的目的,是证明和描述管理体系、实

施和保持管理体系在较长时期内须遵循的文件；

②程序文件是对实施管理体系要素所涉及的各职能部门的活动的具体描述，是开展质量活动的重要依据；

③作业指导书包括详细的检定实施细则、校准实施细则、检测实施细则、仪器设备操作规程和自校规程，是保证检定、校准和检测工作质量的最直接、最具体的文件；

④记录是检定、校准和检测工作的质量活动所涉及的原始数据、检定、校准证书和检测报告、相关质量信息等，是管理体系活动的记实资料。

⑤报告表格是实施各种程序文件、检定、校准和检测细则的系统化记录资料。

⑥管理制度汇编是依据现行有效的相关政策制定国家站相关制度的汇编。

国家水运计量站质量方针为“客观公正、科学严谨、热情高效”。国家水运计量站始终按照规定的方法和顾客的需要开展检定、校准和检测工作。计量站管理层依据管理体系文件开展管理工作，通过内部审核、管理评审、与顾客沟通、纠正与预防措施来持续改进检定、校准和检测工作的质量和服务质量。

2)顾客的需求

检定、校准和检测工作的第一步是弄清楚顾客需要的是什么。为得到检定、校准或检测服务，顾客会通过合同、标书、协议书、委托书、强检申请书，以及口头等形式将他们的要求提出来。计量技术人员要仔细了解顾客所提出的要求，通过对要求、标书、合同、强检申请书等的评审，弄清具体的检定、校准、检测对象，计量性能要求，采用的方法，是否需要调整修理等，记录下这些要求以作为下一步工作的依据。

如果顾客需要的是检定，首先要分清是哪一类检定，是强制检定，还是非强制检定，是首次检定，还是后续检定，是进口检定，还是仲裁检定等。如果顾客的需要是校准，就要弄清校准对象是计量标准器具，还是工作计量器具，或是专用测量仪器，需要校准的参数、测量范围、其最大允许误差或不确定度要求等技术指标，以及采用什么方法。

目前，国家水运计量站业务以非强制检定和校准为主。顾客可以通过电话、邮件等方式预约送检，或者直接携带仪器至“收发室”送检，通过协商的方式选择检定或校准。国家水运计量站接收仪器后，登记并签署收发单，作为顾客送检的合同和依据。

3)检定、校准方法依据的技术文件

检定、校准必须依据相关的技术文件，如检定规程、校准规范等，这类文件是按照每一种计量器具的特殊要求分别制定的。在每一个文件中规定了该文件的适用范围，包括适用于哪一种计量器具或量值，以及要达到的目的。规定了计量要求：包括被测的量值、测量范围、准确度要求等，也规定了通用技术要求：如外观结构、安全性能等。文件中还规定了进行检定或校准或检测必备的条件，包括设备要求和环境条件要求。设备要求包括计量标准器具和配套设备的要求，如计量标准器具和配套设备的名称、准确度指标、功能要求等。环境条件要求包括环境参数的技术指标，如所需的温度范围、湿度范围等。文件中规定的检定或校准或检测的项目和采用的方法，是这类文件的中心内容。每一次实施检定或校准或检测时都必须依据相关的技术文件中的要求来进行。

检定应依据国家计量检定系统表和国家计量检定规程。国家计量检定系统表和国家计量检定规程由国务院计量行政部门制定。如无国家计量检定规程，则依据国务院有关主管部门和省、自治区、直辖市人民政府计量行政部门分别制定,并向国务院计量行政部门备案的部门计量检定规程和地方计量检定规程。国家水运计量站在计量标准建设时,依据国家计量检定规程和交通运输部部门计量检定规程,具体内容见第4章。

校准应根据顾客的要求选择适当的技术文件。首选是国家计量校准规范。如果没有国家计量校准规范,可使用满足顾客需要的、公开发布的。国际的、地区的或国家的技术标准或技术规范,或依据计量检定规程中的相关部分,或选择知名的技术组织或有关科学书籍和期刊最新公布的方法,或由设备制造商指定的方法。还可以使用自编的校准方法文件。这种自编的校准方法文件应依据《国家计量校准规范编写规则》(JJF 1071—2010)进行编写,经确认后使用。

对于非标准的方法都必须经过确认后才能使用。标准方法是指国家计量检定规程、部门和地方计量检定规程、国家计量技术规范(含国家计量校准规范、定量包装商品净含量检验规则)、国家统一型式评价大纲、国际标准、国家标准、行业标准规定的方法。在这些标准方法之外的都是非标准方法,如自编的校准规范、自编的型式评价大纲、知名的技术组织或有关科学书籍和期刊最新公布的方法、设备制造商指定的方法等。对一些标准方法的使用如果超出了原标准方法规定的使用范围,或对标准方法进行了扩充或修改,都与非标准方法一样需经过确认。

所谓确认,就是通过核查并提供客观证据,以证实某一特定预期用途的特殊要求得到满足。确认应尽可能全面,以满足预期用途或应用领域的需要。确认需要对该方法能否满足要求进行核查,并提供客观证据。用于方法确认的方法包括:

(1)使用计量标准或标准物质进行校准;

(2)与其他方法所得到的结果进行比较;

(3)实验室之间比对;

(4)对影响结果的因素做系统性评审;

(5)根据对方法的理论原理和实践经验的科学理解,对所得结果不确定度进行的评定。

应由相关领域的专家对某一非标准方法进行技术评价、科学论证,确定其是否科学合理,是否满足对某种计量器具校准的要求。经过使用上述方法或其组合,确认符合要求的方法文件需经过正式的审批手续,由对技术问题负责人员签名批准后方可使用。

4)检定、校准数据处理和结果

在检定、校准实验中所获得的数据,应遵循所依据的规程、规范等方法文件中的要求和方法进行处理,包括数值的计算、换算和计算结果的修约等。

检定按照所依据的检定规程的程序经过对各项法定要求的检查,包括对示值误差的检查和其他计量性能的检查,判断所得到的结果与法定要求是否符合,全部符合要求的结论为“合格”,且根据其达到的准确度等级给以符合X等或X级的结论。凡检定结果合格的必须按《计量检定印、证管理办法》出具检定证书或加盖检定合格印;不合格的则出具检定结果通知书。

校准得到的结果是测量仪器或测量系统的修正值或校准值。以及这些数据的不确定度信息。校准结果也可以是反映其他计量特性的数据,如影响量的作用及其不确定度信息。对于计量标准器具的溯源性校准,可根据国家计量检定系统表的规定做出符合其中哪一级别计量标准的结论。对一般校准服务,只要提供结果数据及其测量不确定度即可。校准结果,可出具校准证书或校准报告。如果顾客要求依据某技术标准或规范给以符合与否的判断,则应指明符合或不符合该标准或规范的哪些条款。

6.2 计量标准的建立、考核和使用

6.2.1 建立计量标准的依据和条件

1)建立计量标准的法律法规依据

建立计量标准的法律法规依据主要有:

(1)《中华人民共和国计量法》第六条、第七条、第八条及第九条。

(2)《中华人民共和国计量法实施细则》第七条、第八条、第九条及第十条。

(3)《计量标准考核办法》共24条。

2)建立计量标准的技术依据

建立计量标准的技术依据主要有:

(1)国家计量技术规范《计量标准考核规范》(JJF 1033—2016)。

(2)国家计量检定系统表以及相应的计量检定规程或技术规范。

3)计量标准的基本条件

《中华人民共和国计量法实施细则》第七条规定了计量标准器具(简称计量标准),必须具备下列条件:

(1)经计量检定合格;

(2)具有正常工作所需要的环境条件;

(3)具有称职的保存、维护、使用人员;

(4)具有完善的管理制度。

6.2.2 计量标准的命名规则

按《计量标准命名规范》(JJF 1022)的规定,计量标准的命名应当遵循以下原则:

1)计量标准命名的基本类型

计量标准命名的基本类型为计量标准装置和计量标准器(或标准器组)。

2)计量标准装置的命名原则

以标准装置中的“计量标准器”或其反映的“参量”名称作为命名标识,命名为:计量标准器或参量名称+标准装置。

(1)用于同一计量标准装置可以检定或校准多种计量器具的场合;

(2)用于计量标准中计量标准器与被检或被校计量器具名称一致的场合。

(3)以被检或被校“计量器具”或“参量”名称作为命名标识,命名为:被检或被校计量器具或参量名称+检定或校准装置。

(4)用于同一被检或被校计量器具的“参量”较多,需要多种标准器进行配套检定或校准的场合;

(5)用于计量标准中计量标准器的名称与被检或被校计量器具名称不一致的场合;

(6)用于计量标准装置中,计量标准器等级概念不易划分,而被检或被校“计量器具”或

“参量”名称作为命名标识，更能确切反映计量标准特征的场合。

3）计量标准器（或标准器组）的命名规则

（1）以计量标准器（或标准器组）的名称作为命名标识，命名为：计量标准器名称 + 标准器（或标准器组）。

①用于同一计量标准，可以检定或校准多种计量器具的场合；

②用于计量标准仅由实物量具构成的场合。

（2）以被检或被校“计量器具”的名称作为命名标识，命名为：检定或校准 + 被检或被校计量器具名称 + 标准器组。

①用于在检定或校准同一计量器具时，需多种标准器进行配套检定或校准的场合；

②用于以被检或被校计量器具的名称为命名标识，更能确切反映计量标准特征的场合。

4）命名原则的应用

具体一项计量标准的命名可以在《计量标准命名与分类编码》（JJF 1022）计量标准分类目录中查找，如果是《计量标准命名与分类编码》（JJF 1022）中没有的，可按上述原则进行命名。

5）国家水运计量站计量标准命名

国家水运计量站的计量标准的命名，全部以被检或被校计量器具或参量名称 + 检定或校准装置的原则进行命名，被检或被校计量器具的名称与依据检定规程的名称一致。具体计量标准名称见本书第 4 章。

6.2.3 计量标准考核的原则

计量标准考核的原则如下：

1）执行考核规范的原则

计量标准考核工作必须执行《计量标准考核规范》（JJF 1033—2016）。

2）逐项考评的原则

计量标准考核坚持逐项、逐条考评的原则，每一项计量标准必须按照《计量标准考核规范》（JJF 1033—2016）规定的六个方面 30 项内容逐项进行考评。

3）考评员考评的原则

计量标准考核实行考评员考评制度。考评员须经国家质检总局或省级质量技术监督部门考核合格，并取得计量标准考评员证，方能从事考评工作，考评员承担的考评项目应当与其所取得资格的考评项目一致。

6.2.4 计量标准考核的内容

《计量标准考核办法》第六条规定，计量标准考核应当考核以下内容：

（1）计量标准器及配套设备齐全，计量标准器必须经法定或者计量授权的计量技术机构检定合格（没有计量检定规程的，应当通过校准、比对等方式，将量值溯源至计量基准或者社会公用计量标准），配套的计量设备经检定合格或者校准；

（2）具备开展量值传递的计量检定规程或者技术规范和完整的技术资料；

（3）具备符合计量检定规程或者技术规范并确保计量标准正常工作所需要的温度、湿度、防尘、防震、防腐蚀、抗干扰等环境条件和工作场地；

(4)具备与所开展量值传递工作相适应的技术人员，开展计量检定工作，应当配备两名以上获相应项目检定资质的计量检定人员，开展其他方式量值传递工作，应当配备具有相应资质的人员；

(5)具有完善的运行、维护制度，包括实验室岗位责任制度，计量标准的保存、使用、维护制度，周期检定制度，检定记录及检定证书核验制度，事故报告制度，计量标准技术档案管理制度等；

(6)计量标准的测量重复性和稳定性符合技术要求。

6.2.5 计量标准考核的要求

计量标准的考核要求是判断计量标准合格与否的准则。计量标准的考评内容包括计量标准器及配套设备、计量标准的主要计量特性、环境条件及设施、人员、文件集及计量标准测量能力的确认这六个方面的要求。

1)计量标准器及配套设备

计量标准器及配套设备是保证实验室正常开展检定或校准工作，并取得准确可靠的测量数据的最重要的装备。

(1)计量标准器及配套设备(包括计算机及软件，下同)的配置应当科学合理、完整齐全，并能满足开展检定或校准工作的需要。

(2)计量标准器及主要配套设备的计量特性必须符合相应计量检定规程或技术规范的规定。

(3)计量标准的溯源性

计量标准的量值应当定期溯源至国家计量基准或社会公用计量标准；计量标准器及主要配套设备均应有连续、有效的检定或校准证书。

计量标准应当定期溯源。“定期溯源”的含义是指计量标准器及主要配套设备如果是通过检定溯源，检定周期不得超过计量检定规程规定的周期；如果是通过校准溯源，复校时间间隔应当执行国家计量校准规范规定的建议复校时间间隔；如果国家计量校准规范或者其他技术规范没有明确规定复校时间间隔，当由校准机构给出复校时间间隔，应当按照校准机构给出的复校时间间隔定期校准；当校准机构没有给出复校时间间隔，申请考核单位应当按照《计量器具检定周期确定原则和方法》(JJF 1139—2005)的要求制定合理的复校时间间隔并定期校准；当不可能采用计量检定或校准方式溯源时，则应当定期参加实验室之间的比对，以确保计量标准量值的可靠性和一致性。

计量标准应当有效溯源。“有效溯源”的含义如下。

(1)有效的溯源机构：计量标准器应当向经法定计量检定机构或质量技术监督部门授权的计量技术机构溯源；主要配套设备可以向具有相应测量能力的计量技术机构溯源。

(2)检定溯源要求：凡是有计量检定规程的计量标准器及主要配套设备，应当以检定方式溯源，不能以校准方式溯源。在以检定方式溯源时，检定项目必须齐全，检定周期不得超过计量检定规程的规定。

(3)校准溯源要求：没有计量检定规程的计量标准器及主要配套设备，应当依据国家计量校准规范进行校准;如无国家计量校准规范,可以依据有效的校准方法进行校准。校准的项目和主要技术指标应当满足其开展检定或校准工作的需要。

(4)采用比对的规定:只有当不能以检定或校准方式溯源时,才可以采用比对方式,确保计量标准量值的一致性。

(5)计量标准中的标准物质的溯源要求:要求使用处于有效期内的有证标准物质。

(6)对溯源到国际计量组织或其他国家具备相应能力的计量标准的规定:当国家计量基准不能满足计量标准器及主要配套设备量值溯源需要时,应当按照有关规定向国家质检总局提出申请,经国家质检总局同意后方可溯源到国际计量组织或其他国家具备相应能力的计量标准。

2)计量标准的主要计量特性

(1)计量标准的测量范围:测量范围用该计量标准所复现的量值或测量范围来表示,对于可以测量多种参数的计量标准,应当分别给出每种参数的测量范围。计量标准的测量范围应当满足开展检定或校准的需要。

(2)计量标准的不确定度或准确度等级或最大允许误差:应当根据计量标准的具体情况,按本专业规定或约定俗成用不确定度或准确度等级或最大允许误差进行表述。对于可以测量多种参数的计量标准,应当分别给出每种参数的不确定度或准确度等级或最大允许误差。计量标准的不确定度或准确度等级或最大允许误差应当满足开展检定或校准的需要。

(3)计量标准的重复性:通常用测量结果的分散性来定量表示,即用单次测量结果 y_i 的实验标准差 $s(y_i)$ 来表示。计量标准的重复性通常是检定或校准结果的一个不确定度来源。新建计量标准应当进行重复性试验,并提供试验的数据;已建计量标准,至少每年进行一次重复性试验,测得的重复性应满足检定或校准结果的测量不确定度的要求。

(4)计量标准的稳定性:新建计量标准一般应当经过半年以上的稳定性考核,证明其所复现的量值稳定可靠后,方能申请计量标准考核;已建计量标准应当保存历年的稳定性考核记录,以证明其计量特性的持续稳定。若计量标准在使用中采用标称值或示值,则计量标准的稳定性应当小于计量标准的最大允许误差的绝对值;若计量标准需要加修正值使用,则计量标准的稳定性应当小于修正值的扩展不确定度。

(5)计量标准的其他计量特性,如灵敏度、鉴别力、分辨力、漂移、滞后、响应特性、动态特性等也应当满足相应计量检定规程或技术规范的要求。

3)环境条件及设施

(1)温度、湿度、洁净度、振动、电磁干扰、辐射、照明、供电等环境条件应当满足计量检定规程或技术规范的要求。

(2)应当根据计量检定规程或技术规范的要求和实际工作需要,配置必要的设施和监控设备,并对温度、湿度等参数进行监测和记录。

(3)应当对检定或校准工作场所内互不相容的区域进行有效隔离,防止相互影响。

4)人员

人是最宝贵的资源之一,一个实验室水平的高低,计量标准能否持续正常运行,很大程度上取决于计量技术人员的素质与水平。因此人员对于计量标准是至关重要的。

计量标准负责人应当对计量标准的使用、维护、溯源、文件集的维护等负责。

每项计量标准应当配备至少两名与开展检定或校准项目相一致的，并符合下列条件之一的检定或校准人员：

(1)持有本项目《计量检定员证》；

(2)持有相应等级的《注册计量师资格证书》和质量技术监督部门颁发的相应项目《注册计量师注册证》。

5)文件集

(1)文件集的管理

计量标准的文件集是关于计量标准的选择、批准、使用和维护等方面文件的集合。为了满足计量标准的选择、使用、保存、考核及管理等的需要，应当建立计量标准文件集。文件集是原来计量标准档案的延伸，是国际上对于计量标准文件集合的总称。

每项计量标准应当建立一个文件集，在文件集目录中应当注明各种文件保存的地点和方式。所有文件均应现行有效，并规定合理的保存期限。申请考核单位应当保证文件的完整性、真实性、正确性。

文件集应当包含以下18个文件：

①计量标准考核证书(如果适用)；

②社会公用计量标准证书(如果适用)；

③计量标准考核(复查)申请书；

④计量标准技术报告；

⑤计量标准的重复性试验记录；

⑥计量标准的稳定性考核记录；

⑦计量标准更换申报表(如果适用)；

⑧计量标准封存(或撤销)申报表(如果适用)；

⑨计量标准履历书；

⑩国家计量检定系统表(如果适用)；

⑪计量检定规程或技术规范；

⑫计量标准操作程序；

⑬计量标准器及主要配套设备使用说明书(如果适用)；

⑭计量标准器及主要配套设备的检定或校准证书；

⑮检定或校准人员的资格证明；

⑯实验室的相关管理制度；

⑰开展检定或校准工作的原始记录及相应的检定或校准证书副本；

⑱可以证明计量标准具有相应测量能力的其他技术资料。

(2)五个重要文件的要求

①计量检定规程或技术规范

申请考核单位应当备有开展检定或校准工作所依据的计量检定规程或技术规范。

如无计量检定规程或国家计量校准规范，申请考核单位可以根据国际、区域、国家或行业标准编制满足校准要求的校准方法作为校准的依据，经申请考核单位组织同行专家审定，连同所依据的技术规范和实验验证结果，报主持考核单位申请考核。

②计量标准技术报告

新建计量标准,应当撰写《计量标准技术报告》,报告内容应当完整、正确;建立计量标准后,如果计量标准器及主要配套设备、环境条件及设施等发生重大变化而引起计量标准主要计量特性发生变化时,应当重新修订《计量标准技术报告》。

③检定或校准的原始记录

检定或校准的原始记录格式规范、信息量齐全,填写、更改、签名及保存等符合相应规定,原始数据真实,数据处理正确。

④检定或校准证书

检定或校准证书的格式、签名、印章及副本保存等符合有关规定的要求;检定或校准证书结论准确,内容符合计量检定规程或技术规范的要求。

⑤管理制度

各项管理制度是保持计量标准技术状态稳定和建立正常工作秩序的保证,遵守各项管理制度是做好计量标准管理和开展好检定或校准工作的前提。申请考核单位应当建立并执行下列管理制度,以保持计量标准的正常运行:

a)实验室岗位管理制度;

b)计量标准使用维护管理制度;

c)量值溯源管理制度;

d)环境条件及设施管理制度;

e)计量检定规程或技术规范管理制度;

f)原始记录及证书管理制度;

g)事故报告管理制度;

h)计量标准文件集管理制度。

6)计量标准测量能力的确认

通过如下两种方式进行计量标准测量能力的确认:

①通过现场试验确认计量标准测量能力。

通过现场试验的结果以及检定或校准人员实际的操作和回答问题的情况,判断计量标准测量能力是否满足开展检定或校准工作的需要。

②通过对技术资料的审查确认计量标准测量能力。

通过申请考核单位提供的测量能力的验证、稳定性考核、重复性试验等技术资料,综合判断计量标准是否处于正常工作状态和测量能力是否满足开展检定或校准工作的需要。

申请考核单位应该积极参加由主持考核的质量技术监督部门组织或其认可的实验室之间的比对等测量能力的验证活动。获得满意结果的,在该计量标准复查考核时可以不进行现场考评;未获得满意结果的,申请考核单位应当进行整改,并将整改情况报主持考核的质量技术监督部门。

对于准确度较高和较重要的计量标准,如果有可能,建议申请考核单位尽可能采用测量过程控制的方法,对计量标准进行连续和长期的统计控制。采用测量过程统计控制的具体方法参见《计量标准考核规范》(JJF 1033—2008)附录 C.3。对于已经采用测量过程控制对计量标准进行连续和长期的统计控制的计量标准,可以不必再另外进行重复性试验和稳定性考核。

6.2.6 计量标准考核的要求

1)计量标准的重复性

计量标准的重复性是指在相同测量条件下,重复测量同一个被测量的计量标准提供相近示值的能力。这些测量条件包括:相同的测量程序、相同的观测者,在相同的条件下使用相同的计量标准,在相同地点、在短时间内重复测量。通常用测量结果的分散性来定量地表示,即用单次测量结果 y_i,的实验标准差 $s(y_i)$ 来表示。

(1)重复性的试验方法

在重复性条件下,用计量标准对常规的被检定或被校准对象进行,每次独立重复测量。若得到的测量结果为 $y_i(i=1,2,\cdots,n)$,则其重复性 $s(y_i)$ 为:

$$s(y_i)=\sqrt{\frac{\sum_{i=1}^{n}(y_i-\bar{y})^2}{n-1}} \tag{6-1}$$

式中:$\bar{y}$——n 次测量结果的算术平均值;

n——重复测量次数,n 应尽可能大,一般应不少于10次。

对于常规的计量检定或校准,当无法满足 $n\geqslant10$ 时。为使得到的实验标准差更可靠,如果有可能,建议采用合并样本标准差作为其重复性。

(2)计量标准重复性的要求

对于新建计量标准,只要按照要求进行重复性试验,并提供试验的重复性数据即可;对于已建计量标准,至少每年进行一次重复性试验,如果重复性试验结果不大于新建计量标准时的重复性,则重复性符合要求;如果重复性试验结果大于新建计量标准时的重复性时应按照新的重复性结果重新进行检定或校准结果测量不确定度的评定,并判断检定或校准结果测量不确定度是否满足被检定或校准对象的需要。

2)计量标准的稳定性

计量标准的稳定性包括计量标准器的稳定性和配套设备的稳定性;不是所有计量标准都能进行稳定性考核,如果不存在核查标准,可以不进行稳定性考核。一次性使用的标准物质也可以不进行稳定性考核。

(1)计量标准稳定性的考核方法

对于新建计量标准,每隔一段时间(大于1个月),用该计量标准对核查标准进行一组 n 次的重复测量,取其算术平均值作为该组的测量结果。共观测 m 组($m\geqslant4$)。取 m 个测量结果中的最大值和最小值之差,作为新建计量标准在该时间段内的稳定性。

对于已建计量标准,每年用被考核的计量标准对核查标准进行一组 n 次的重复测量,取其算术平均值作为测量结果。以相邻两年的测量结果之差作为该时间段内计量标准的稳定性。

(2)计量标准稳定性的判定方法

若计量标准在使用中采用标称值或示值(即不加修正值使用),则测得的稳定性应小于计量标准的最大允许误差的绝对值;如加修正值使用,则测得的稳定性应小于该修正值的扩展不确定度（$U, k=2$ 或 U_{95}）。

（3）核查标准的选择方法

在计量标准稳定性的测量过程中还不可避免地会引入被测对象对稳定性测量的影响，为使这一影响尽可能地小，必须选择一稳定的测量对象来作为稳定性测量的核查标准。核查标准的选择大体上可以按下述几种情况分别处理：

①被检定或被校准的对象是实物量具。

在这种情况下可以选择一性能比较稳定的实物量具作为核查标准。

②计量标准仅由实物量具组成，而被检定或被校准的对象为非实物量具的测量仪器。

实物量具通常可以直接用来检定或校准非实物量具的测量仪器，并且实物量具的稳定性通常远优于非实物量具的测量仪器，因此在这种情况下可以不必进行稳定性考核。但需画出计量标准器所提供的标准量值随时间变化的曲线，即计量标准器稳定性曲线图。

③计量标准器和被检定或被校准的对象均为非实物量具的测量仪器。

如果存在合适的比较稳定的对应于该参数的实物量具，可以用它作为核查标准来进行计量标准的稳定性考核。如果对于该被测参数来说，不存在可以作为核查标准的实物量具，可以不作稳定性考核。

［示例］

力标准机试验方法：力标准机的量程为（20～600）kN，选取50kN，100kN，150kN和200kN作为稳定性试验测量点。以0.3级标准测力仪的读数作为约定标准值，同时读取力标准机读数，每个点测量10次，按照《计量标准考核规范》（JJF 1033—2016）规定，每隔1个月进行一次稳定性核查，试验数据见表6-1。

力标准机稳定性数据汇总表 表6-1

日　期	压力示值（kN）			
	50	100	150	200
2016年07月20日	50.100	100.160	150.340	200.540
2016年08月20日	50.060	100.140	150.280	200.450
2016年09月20日	50.060	100.150	150.310	200.500
2016年10月20日	50.040	100.100	150.280	200.450
2016年11月20日	50.070	100.150	150.350	200.540
2016年12月20日	50.130	100.200	150.400	200.600
$F_{max}-F_{min}$	0.09	0.10	0.12	0.15
允许变化量	6.00	6.00	6.00	6.00
结论	符合要求	符合要求	符合要求	符合要求

3）测量过程的统计控制——控制图

控制图（又称休哈特控制图）是对测量过程是否处于统计控制状态的一种图形记录。它能判断并提供测量过程中是否存在异常因素的信息，以便于查明产生异常的原因，并采取措施使测量过程重新处于统计控制状态。

根据控制对象的数据性质，即所采用的统计控制量来分类，在测量过程控制中常用的控制图有平均值—标准偏差控制图（x-s 图）和平均值—极差控制图（x-R 图）。

控制图通常成对地使用，平均值控制图主要用于判断测量过程中是否受到不受控的系统效应的影响。标准偏差控制图和极差控制图主要用于判断测量过程是否受到不受控的随机效应的影响。

标准偏差控制图较极差控制图具有更高的检出率，但由于标准偏差要求重复测量次数 $n \geqslant 10$，对于某些计量标准可能难以实现。而极差控制图一般要求 $n \geqslant 5$，因此在计量标准考核中推荐采用平均值—标准偏差控制图，也可以采用平均值—极差控制图。

根据控制图的用途，可以分为分析用控制图和控制用控制图两类。

分析用控制图：用于对已经完成的测量过程或测量阶段进行分析，以评估测量过程是否稳定或处于受控状态。

控制用控制图：对于正在进行中的测量过程，可以在进行测量的同时进行过程控制，以确保测量过程处于稳定受控状态。

具体建立控制图时，应首先建立分析用控制图，确认过程处于稳定受控状态后，将分析用控制图的时间界限延长，于是分析用控制图就转化为控制用控制图。

4）在计量标准考核中与不确定度有关的问题

（1）测量不确定度的评定方法

测量不确定度的评定方法应依据 JJF 1059.1 和 JJF 1059.2 的规定。使术语应执行《通用计量术语及定义》（JJF 1001—2001）等技术规范的规定。

如果相关国际组织已经制定了该计量标准所涉及领域的测量不确定度评定指南，则测量不确定度评定也可以依据这些指南进行。

（2）检定和校准结果的测量不确定度的评定

在《计量标准技术报告》的“检定或校准结果的测量不确定度评定”一栏中应填写在计量检定规程或技术规范规定的条件下，用该计量标准对常规的被检定或被校准对象进行检定或校准时所得结果的测量不确定度评定详细过程，并给出各不确定度分量的汇总表。

如果计量标准可以检定或校准多种参数，则应分别评定每种参数的测量不确定度。

由于被检定或被校准的测量仪器通常具有一定的测量范围，因此检定和校准工作往往需要在若干个测量点进行，原则上对于每一个测量点，都应给出测量结果的不确定度。

如果检定或校准的测量范围很宽，并且对于不同的测量点所得结果的不确定度不同时，检定或校准结果的不确定度可用下列两种方式之一来表示：

一是在整个测量范围内，分段给出其测量不确定度（以每一分段中的最大测量不确定度表示）。

二是对于校准来说，如果用户只在某几个校准点或在某段测量范围使用，也可以只给出这几个校准点或该段测量范围的测量不确定度。

无论用上述何种方式来表示，均应具体给出典型值的测量不确定度评定过程。如果对于不同的测量点，其不确定度来源和数学模型相差甚大，则应分别给出它们的不确定度评定

过程。

视包含因子 k 取值方式的不同，在各种技术文件（包括测量不确定度评定的详细报告、技术报告、以及检定或校准证书等）中最后给出的测量不确定度应采用下述两种方式之一表示：

①扩展不确定度 U

当包含因子的数值是直接取定时，扩展不确定度应当用 U 表示。在此情况下一般均取 $k=2$。

在给出扩展不确定度 U 的同时，应同时给出所取包含因子 k 的数值。在能估计被测量接近于正态分布，并且能确保有效自由度不小于15时，还可以进一步说明："估计被测量接近于正态分布，其对应的置信概率约为95%。"

②扩展不确定度 U_p

当包含因子的数值是由规定的置信概率 p 并根据被测量的分布计算得到时，扩展不确定度应该用 U_p 表示。当规定的置信概率 p 分别为95%和99%时，扩展不确定度分别用 U_{95} 和 U_{99} 表示。置信概率 p 通常取95%，当采用其他数值时应注明其来源。

在给出扩展不确定度 U 的同时，应注明所取包含因子 k 的数值，以及被测量的分布类型。若被测量接近于正态分布，还应给出其有效自由度 v_{eff}。

5）检定或校准结果的验证

（1）验证方法

检定或校准结果的验证一般应通过更高一级的计量标准采用传递比较法进行验证。在无法找到更高一级的计量标准时，也可以通过具有相同准确度等级的实验室之间的比对来验证检定或校准结果的合理性。

①传递比较法

用被考核的计量标准测量一稳定的被测对象，然后将该被测对象用另一更高级的计量标准进行测量。若用被考核计量标准和高一级计量标准进行测量时的扩展不确定度（U_{95} 或 $k=2$ 时的 U，下同）分别为 U_{lab} 和 U_{ref}，它们的测量结果分为 y_{lab} 和 y_{ref}，在两者的包含因子近似相等的前提下应满足：

$$|y_{lab}-y_{ref}|\leqslant\sqrt{U_{lab}^2+U_{ref}^2} \tag{6-2}$$

当 $U_{ref}\leqslant\frac{U_{lab}}{3}$ 成立时，忽略 U_{ref} 的影响，此时上式成为：

$$|y_{lab}-y_{ref}|\leqslant U_{lab} \tag{6-3}$$

②比对法

如果不可能采用传递比较法时，可采用多个实验室之间的比对。假定各实验室的计量标准具有相同准确度等级，此时采用各实验室所得到的测量结果的平均值作为被测量的最佳估计值。

当各实验室的测量不确定度不同时，原则上应采用加权平均值作为被测量的最佳估计值，其权重与测量不确定度有关。但由于各实验室在评定测量不确定度时所掌握的尺度不可能完全相同，故仍采用算术平均值 $\bar{y}$ 作为参考值。

若被考核实验室的测量结果为 y_{lab}，其测量不确定度为 U_{fab}，在被考核实验室测量结果的方差比较接近于各实验室的平均方差，以及各实验室的包含因子均相同的条件下，应满足：

$$|y_{lab}-\bar{y}| \leqslant \sqrt{\frac{n-1}{n}}U_{lab} \tag{6-4}$$

（2）验证方法的选用

传递比较法是具有溯源性的，而比对法则并不具有溯源性，因此检定或校准结果的验证原则上应采用传递比较法，只有在不可能采用传递比较法的情况下才允许采用比对法进行检定或校准结果的验证，并且参加比对的实验室应尽可能多。

6）计量标准的量值溯源和传递框图

计量标准的量值溯源和传递框图是表示计量标准溯源到上一级计量器具和传递到下一级计量器具的框图，计量标准的量值溯源和传递框图应当依据国家计量检定系统表来画，但是它与国家计量检定系统表不一样，它只要求画出三级，不要求溯源到计量基准，也不一定传递到工作计量器具。

计量标准的量值溯源和传递框图包括三级三要素。三级是指上一级计量器具、本级计量器具和下一级计量器具；三要素是指每级计量器具都有三要素：上一级计量器具三要素为计量基（标）准名称、不确定度或准确度等级或最大允许误差和计量基（标）准拥有单位（即保存机构）；本级计量器具三要素为计量标准名称、测量范围和不确定度或准确度等级或最大允许误差；下一级计量器具三要素为计量器具名称、测量范围、不确定度或准确度等级或最大允许误差。三级之间应当注明溯源和传递方法。

6.3 检定证书、校准证书和检测报告

6.3.1 证书、报告的分类

各类检定、校准、检测完成后，应根据规定的要求以及实际检定、校准或检测的结果，出具检定证书、检定结果通知书、校准证书（校准报告）、检测报告。证书、报告应有规定的格式，使用 A4 纸，用计算机打印。要求术语规范、用字正确、无遗漏、无涂改、数据准确、清晰、客观，信息完整全面、结论明确。证书、报告经检定、校准、检测人员、核验人员、签发人员签字，加盖公章后发出。对各类不同的证书、报告有如下特殊要求：

1）检定证书和检定结果通知书

凡是依据计量检定规程实施检定的，检定结论为“合格”的出具检定证书。每一种计量器具的检定证书应符合其计量检定规程的要求。证书名称为“检定证书”。其封面内容包括：证书编号、页号和总页数；发出证书的单位名称；委托方或申请方单位名称；被检定计量器具名称、型号规格、制造厂、出厂编号；检定结论（应填写“合格”或在“合格”前冠以准确度等级）；检定、核验、主管人员用墨水笔签名；检定日期：××年××月××日；有效期至：××年××月××日。检定证书的内页中应包括如下内容：每页的页号和总页数；本次检定的原始记录号；

本次检定依据的计量检定规程名称及编号;本次检定所使用的计量标准器具和配套设备的名称、型号、编号、检定或校准证书号(有效期)、技术特征(如准确度等级、量值的不确定度或最大允许误差);检定的地点(如本实验室或委托方现场);检定时的环境条件(如温度值、湿度值);检定规程规定的检定项目(如外观检查、各种计量特性、示值误差等)的结论和数据。如果检定过程中对被检定对象进行了调整或修理,应注明经过调修,并尽可能给出调修前后的检定结果。还应包括检定规程要求的其他内容。检定证书内容表达结束,应有终结标志。

当检定结论为“不合格”时,出具证书名称为“检定结果通知书”。其结论为“不合格”或“见检定结果”,只给出检定日期,不给有效期,在检定结果中应指出不合格项。其他要求与“检定证书”相同。图6-2为回声测深仪检定证书示例。

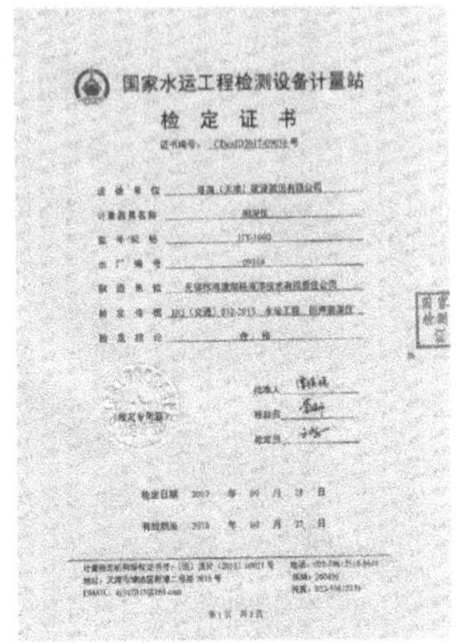
国家水运工程检测设备计量站

检 定 证 书

国家水运工程检测设备计量站

国家水运工程检测设备计量站

检定结果

图6-2 回声测深仪检定证书示例

2)校准证书

凡依据国家计量校准规范,或非强制检定计量器具依据计量检定规程的相关部分,或依据其他经确认的校准方法进行的校准,出具的证书名称为“校准证书”(或“校准报告”)。

校准证书一般应包含以下信息:证书编号、原始记录号、页号和总页数、发出证书单位的名称地址、委托方的名称地址;被校准计量器具或测量仪器的名称、型号规格、制造厂、出厂编号;校准、核验、批准人员用墨水笔签名(批准人的职务可以打印);被校准物品的接收日期:××年××月××日、校准日期:××年××月××日、本次校准依据的校准方法文件名称及编号;本次校准的原始记录号;本次校准所使用的计量标准器具和配套设备的名称、型号、编号、检定或校准证书号(有效期)、技术特性(如准确度等级、量值的不确定度或最大允许误差);校准的地点(如本实验室或委托方现场);校准时的环境条件(如温度值、湿度值);依据校准方法文件规定的校准项目(如示值误差、修正值或其他参数)的结果数据及其测量不确定度。如果校准过程中对被校准对象进行了调整或修理,应注明经过调修,并尽可能给出调修前后的校准结果。关于校准间隔,如果是计量标准器具的溯源性校准,应按照计量校准规范的规定给出校准间隔。一般情况下,校准证书上不给出校准间隔的建议。当顾客有要求时,也可在校准证书上给出校准间隔。校准证书内容表达结束,应有终结标志。图6-3为声速剖面仪校准证书示例。

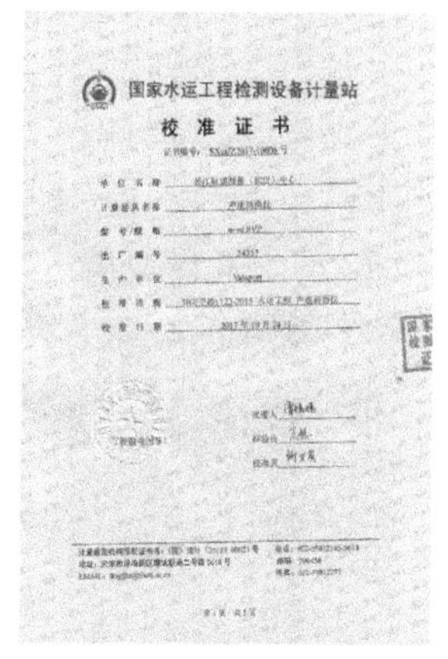

国家水运工程检测设备计量站

校准证书

国家水运工程检测设备计量站

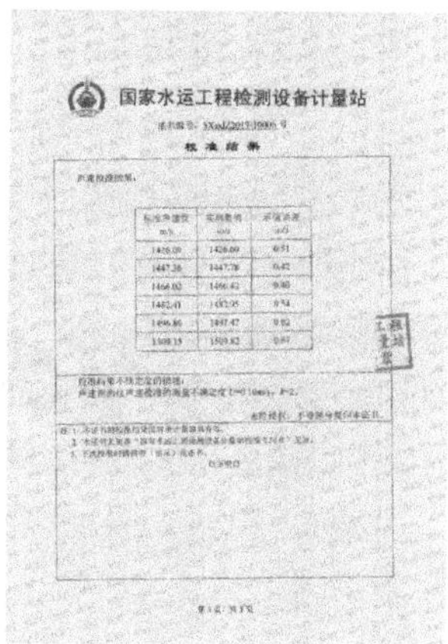

国家水运工程检测设备计量站

校准结果

图 6-3　声速剖面仪校准证书示例

6.3.2　校准证书中测量不确定度的表述要求

校准证书中测量不确定度的表述应依据国家计量技术规范《测量不确定度评定与表示》(JJF1059.1—2012),使用的术语符号应与该技术规范相一致,遵循该技术规范对测量不确定度的报告与表示的规定。同时需注意以下几点:

(1)在校准证书中给出的测量不确定度,必须指明是合成标准不确定度,还是扩展不确定度,以及对应于校准结果的具体参数。例如:“示值误差的测量结果的扩展不确定度为……”,“交流电压校准值××V 的扩展不确定度为……”。

(2)当被校准结果有多个同等重要的参数时,应分别给出各个参数的测量结果不确定度。

(3)当测量结果的测量不确定度在整个测量范围内差异不大,在满足量值传递要求的前提下,整个测量范围内的测量不确定度可取最大值。其最大值点的位置可能在测量范围的上限点也可能在测量范围的下限点或其他部位,要根据具体情况进行分析。

(4)当整个测量范围的测量不确定度有明显的差异或有变化规律时,不能以一个值代表整个测量范围的不确定度,而应以函数形式或分段给出,或每个校准点都给出相应的测量不确定度。

(5)当被校准的对象是计量标准器具,且测量结果的可能值接近正态分布时,应通过估算有效自由度 v_{eff},取适当的置信水平(包含概率)p(通常取 $p=95\%$),查表得 t 分布临界值即 k_p,求得扩展不确定度 U_p。在校准证书上应给出扩展不确定度 U_p,和置信水平(包含概率)p,以及有效自由度的值,以便于使用该计量标准器具进行下一级检定或校准时评定测量不确定度时引用。当不估算自由度值时取 k 值(通常取 $k=2$),得到扩展不确定度 U 时,应在校准证书上同时给出扩展不确定度 U 和包含因子 k 的值。

(6)校准证书中的扩展不确定度只保留 1 位或 2 位有效数字。当第 1 位有效数字是 1 或 2 时,最好保留 2 位有效数字。其余情况可以保留 1 位或 2 位有效数字。保留的末位有效数字后面一位非零数字的舍入,比较保险的做法是只入不舍。

(7)测量结果与其扩展不确定度的修约间隔应相同,即对测量结果数值进行修约时,其末位应与扩展不确定度的末位对齐。

6.3.3 证书、报告的审核批准

证书、报告的审核和批准是由授权签字人实施的,是对证书、报告的最终质量把关。经授权签字人签字后,证书、报告才可以发出。鉴于授权签字人是证书、报告所承担法律责任的主要责任人,因此应由具有较高的理论和技术水平、责任心强、对本专业技术负责的人员承担。审核人员只能审核本人熟悉专业的授权范围内的证书、报告,对证书、报告的正确性负责。检定证书、检定结果通知书、校准证书由检定、校准人员完成并签名,经核验人员核验并签名,交证书、报告的授权签字人(一般为该专业实验室的技术主管)做最后的审核,经审核无误签名批准发出。型式评价报告应按规定由检测人员完成报告并签名,经审核人员审核并签名,交报告的授权签字人(一般为机构的技术负责人)做最后审核,经审核无误时签名批准发出。

6.3.4 证书、报告的修改和变更

当已发布的证书、报告需要修改时,可以有两种方式进行修改:一种是追加文件,另一种是重新出具一份完整的新的证书、报告。

采用追加文件时,追加文件上应声明"此文件是对证书(报告)编号××××的检定证书(或检定结果通知书,或校准证书,或检测报告)的补充"。追加文件也应符合有关证书、报告的要求,由检测人员、核验人员、批准人员签名,并加盖公章后发出。原证书或报告不收回。采用追加文件进行更正适用的情况是原证书报告的内容是正确的,只是不够完整,漏掉了一部分内容。

如果原证书或报告存在不正确的内容,则需要重新出具一份完整的新的证书或报告代替原证书或报告。这种情况又分为两种:一种是试验方法正确,原始记录可靠,但存在数据处理或结论判断错误,或在数据转移到证书、报告上时有错漏,或存在各种打印错误,这时只需将错误信息更正后重新打印一份完整的证书、报告;另一种是试验方法有误,或缺少部分项目信息,这时需要重新进行检定、校准或检测,根据新的测量结果重新出具一份完整的证书、报告。无论哪种情况,重新出具的证书、报告都要重新编号,并在新的证书、报告上声明:"本证书(报告)代替证书(报告)编号××××的检定证书(或检定结果通知书,或校准证书,或检测报告)。"同时说明"(被修改的)证书(报告)编号××××的检定证书(或检定结果通知书,或校准证书,或检测报告)作废"。

被代替的作废证书、报告原件应收回,并保存在有关部门,可作为分析有关技术问题或质量问题的重要记录。

6.3.5 证书、报告的质量保证

1)检定、校准、检测结果的质量控制

检定、校准、检测人员应对检定、校准、检测结果进行监控,及时发现测量数据的变化趋势。如果可行,应采用统计技术对结果进行审查。监控的方法包括:

(1)定期使用一级或二级有证标准物质进行内部质量控制;

(2)参加实验室间的比对或能力验证计划;

(3)利用相同或不相同方法进行重复检定、校准或检测;

(4)对保留的被测件进行再检定、校准或检测;

(5)分析一个被测件不同特性结果间的相关性。

检定、校准、检测人员应结合所进行工作的类型和工作量选用其中的一种或几种方法,也可采用其他有效的方法。对所选用的方法制定出可操作的文件,并制定监控工作计划,按计划执行,并保存记录。还要对监控计划执行的结果进行分析,发现质量问题时,一定要采取纠正措施,防止问题再次出现。

2)证书、报告常见错误分析及处理

测量结果数据从原始记录转移到证书、报告时发生错漏;用计算机打印证书、报告时,拷贝上一次证书、报告改成下一次证书、报告时,该修改的信息没有修改;法定计量单位不符合规定的使用规则等。

对这一类错误要采取有效措施,确保在打印证书、报告时只可以拷贝空白的证书模板,不得拷贝原有数据。并通过加强证书的审核来避免,核验人员必须尽到责任,授权签字人也要把好审核最后一关。加强对法定计量单位使用规则的学习,特别注意符号字母的大小写,量的符号为斜体,计量单位符号为正体。

证书、报告的项目未满足规程、规范等技术文件的要求;未经批准和顾客同意减少了检定、校准、检测项目;结论不明确;有准确度等级的计量器具的检定证书结论只写"合格",未指明符合几等几级等。

这样的证书、报告错误要认真分析,必要时需做补充实验,或整个实验重做。对这一类错误应通过加强对规程、规范等技术文件的学习理解,和增强执行规程、规范的意识来消除。

证书、报告中测量不确定度的表达不规范,未指明是什么参数的什么测量结果的不确定度,测量不确定度信息不全,测量结果与其不确定度的有效位数不合适等。

对这一类错误,要通过加强学习理解《测量不确定度评定与表示》(JJF 1059.1—2012),并认真贯彻来解决。

第7章 水运工程检测设备标准化与计量发展要求及任务

“十三五”期是交通运输行业转型升级和全面深化改革的重要时期，标准化与计量工作是交通运输行业的基础性和支撑性工作，同样面临新的形势和发展机遇。水运工程检测设备标准化与计量发展要坚持以科技引领为先导，深入开展创新型学科建设，不断完善行业标准化体系与计量体系，大力提高环境和设施条件水平，严格履行标准化与计量职责，充分发挥标准化与计量的基础和支撑作用，彰显行业标准化与计量的科技服务优势。

7.1 水运工程检测设备标准化发展要求

7.1.1 落实国家及行业标准化发展规划的要求

为贯彻落实《中共中央关于制定国民经济和社会发展第十三个五年规划的建议》和《国务院关于印发深化标准化工作改革方案的通知》（国发〔2015〕13号）精神，推动实施标准化战略，加快完善标准化体系，提升我国标准化水平，国务院办公厅印发编制了《国家标准化体系建设发展规划（2016—2020年）》，其中明确了加强仪器仪表及自动化的标准化要求，即“开展智能传感器与仪器仪表、工业通信协议、数字工厂、制造系统互操作、嵌入式制造软件、全生命周期管理以及工业机器人、服务机器人和家用机器人的安全、测试和检测等领域标准化工作，提高我国仪器仪表及自动化技术水平”等相关任务。

依据《深化标准化工作改革方案》《质量发展纲要（2011—2020年）》《计量发展规划（2013—2020年）》和《国家标准化体系建设发展规划（2016—2020年）》等，为统筹推进行业标准化工作改革，完善标准体系，强化标准实施，全面提升交通运输标准化水平，交通运输部编制发布了《交通运输标准化“十三五”发展规划》，其中明确了“完善交通运输产品质量监督抽查管理办法，修订行业重点监督管理产品目录，健全产品质量监督抽查部省联动机制，扩大抽查种类和范围，加大抽查力度。制定重点产品质量监督抽查实施规范。开展服务质量监督抽查试点。”“推进行业重点监管产品的认证工作。完善自愿性认证制度，提高自愿性产品认证在设计、招投标、工程建设等活动中的采信度。着力开展节能减排产品等的认证工作。探索服务认证方法及模式，逐步开展服务认证。”等相关任务。

水运工程检测设备标准化是促进交通运输质量升级的重要组成基础，同时也是促进仪器仪表及自动化标准水平提升的重要支撑，水运工程检测设备标准化工作应紧紧围绕《国家标准化体系建设发展规划（2016—2020年）》和《交通运输标准化“十三五”发展规划》开展水运工程检测仪器的标准体系建设和标准编制，提高我国检测仪器及自动化技术水平。

7.1.2　促进水运工程质量安全、智能化水平升级的发展要求

随着交通运输对质量安全要求、智能化水平的不断提高，对水运工程检测设备的质量提出了更高的要求，因此需要继续加强水运工程检测设备的质量建设及自动化水平升级工作，重点加强水运工程检测设备标准化体系建设、标准编制及监督落实工作。

7.1.3　加强行业统一管理与规范的发展要求

2015—2020 年是交通运输部门加强水运工程与产品质量的重要时期。国家和行业均要求加强重点产品质量监督抽查工作；许多试验检测部门为获得有效资质和持续的服务能力，普遍具有计量认证的需求；一些与水运工程有关的材料、仪器设备厂商也面临着市场准入的需求，这些工作都需要行业进行统一管理与规范，而水运工程检测设备标准化正是加强行业统一管理与规范的关键工作。

7.2　水运工程检测设备计量发展要求

7.2.1　落实国家及行业计量发展规划的要求

计量是实现单位统一、保证量值准确可靠的活动，关系国计民生。计量发展水平是国家核心竞争力的重要标志之一。为贯彻党的十八大精神，进一步夯实计量基础，全面提升计量整体能力和水平，国务院印发了《计量发展规划(2013—2020 年)》，其中明确提出“计量科技基础更加坚实，量传溯源体系更加完善，计量法制建设更加健全，基本适应经济社会发展的需求。”“要加快航空航天、海洋监测、交通运输等专用计量测试技术研究，提升专业计量测试水平；不断使部门(专业)计量技术机构(计量站)能力提升，完善实验基础条件，开展专用计量技术与方法研究等”。

《交通运输标准化“十三五”发展规划》中明确了“完善交通运输专业量传溯源体系。加强交通运输专用计量测试技术研究，开展计量标准器具研制，重点研究动态测量、远程测试、无损检测、多参数集成测试等量传溯源方法。编制交通运输计量技术规范体系表，加强计量技术规范制修订。”“完善交通运输试验检测仪器设备计量管理目录，加强对安全防护、环境监测、行政执法等领域计量器具的监管，提升行业重点计量器具质量。”等任务。

水运工程检测设备计量是促进交通运输质量升级的重要组成基础，同时也是促进水运专业计量测试水平提升的重要支撑，水运工程检测设备计量工作应紧紧围绕《计量发展规划(2013—2020 年)》和《交通运输标准化“十三五”发展规划》开展水运工程检测仪器的计量体系建设和技术规范编制，提高我国水运专业计量测试水平。

7.2.2　水运工程检测仪器设备计量管理的发展要求

《中华人民共和国计量法》中第九条和第十条规定工作计量器具需要依据检定规程开展定期检定。《公路水运工程试验检测管理办法》(交通运输部令 2016 年第 80 号)、《测绘计量管理暂行办法》(国家测绘局 1996 年 5 月 22 日发布)和《内河航道维护技术要求》(JTJ287—

2005）均要求对出具报告的检测、测绘仪器开展检定/校准工作。“交通运输部办公厅关于发布水运工程试验检测仪器设备计量管理目录的通知”（交办科技〔2016〕56 号）要求行业加强目录中 113 种水运工程试验检测仪器设备的计量管理工作，积极争取新建计量标准的授权，扩大计量检定服务范围，提高计量服务能力。大多专业检测设备尚无针对性的国家或交通运输部部门检定规程，使用单位也不具备自行定期检定的基础，因此要求行业加强水运工程检测设备计量技术规范的编制及计量标准的建设。

7.2.3 促进试验检测技术进步与发展的要求

试验检测技术的发展主要依靠理论研究能力的提升和专业检测设备的研发，以上两方面都离不开专业计量的支撑。只有建立了基础计量测试设施，才能促进专用测量、测试装备的研发，提升理论研究的能力，推动试验检测技术的进步与发展。例如，在水深测量领域使用较多的多波束测深仪，目前使用的绝大部分产品均来自国外，高性能的产品限制向中国出口，而国内多波束测深仪无法满足水运领域水深测量的全部需求。究其原因，没有专业的计量技术机构为多波束测深仪提供全面的计量测试服务，影响了多波束测深仪的技术进步。这就要求我国加快建设试验厅项目，为试验检测设备开发提供助力，增强我国水运设备自主研发能力和提高国际竞争力，从而推动试验检测技术进步与发展，推进我国由交通大国向交通强国迈进。

7.3 水运工程检测设备标准化和计量发展任务

到“十三五”末，基本形成适应国家标准化与计量发展要求，面向交通现代化需求和符合计量科学发展规律的水运专业标准化体系与计量体系；构筑布局合理、资源共享、配置优化的标准化与计量科学研究支撑平台；建设高水平、跨学科、复合型科技创新团队；初步具备行业标准化与计量科技服务能力；紧密结合交通建设和发展的实际，突破一批重大关键技术，积极促成现有科技成果的转化和应用；全面提升交通运输行业标准化与计量的公益支撑保障能力。

7.3.1 完善水运工程检测设备标准化和计量体系

目前水运工程检测设备标准化和计量体系还主要以工程检测和水文测绘设备为主，应根据交通运输“安全、便捷、高效、绿色、经济”的发展要求，突出重点领域和服务环节，充分调研水运工程建、管、养、用各领域的检测设备，同时落实计量工作由面对计量器具向计量测试方法和量值判定的方向发展的要求，充分发挥全国港口标准化技术委员会水运工程检测仪器标准工作组和全国水运专用计量器具计量技术委员会的职能作用，编制完善覆盖水运领域的标准化和计量体系。

7.3.2 加强水运工程检测设备标准和计量技术研究

加强标准化科研机构建设，支持标准化科研机构开展标准化理论、方法、规划、政策研究，提升标准化科研水平。加强检测设备的标准化研究，制定符合行业发展要求的产品标准。加强水运工程检测设备的型式评价和检验技术研究，尤其是涉及安全和智能化检测设备的标准技术研究，为重点产品监督抽查和产品认证等工作奠定基础，保证进入交通水运行业产品的质量安全和智能化水平的提高。

加强专业计量机构建设,完善计量机构量传溯源体系服务和保障的基础条件,满足专业计量检测市场的服务需求。提高已建计量标准保存条件,加速专用计量标准装置的更新改造,保证量值传递的准确性和可靠性。加强实用型、专业计量测试技术和方法研究,提升计量检测技术服务能力。加强动态量、复杂量、多参数综合参量等量传溯源技术和方法研究,尤其加强对安全防护、环境监测、行政执法等领域计量器具的计量技术研究。

7.3.3　强化水运工程检测设备标准和计量的实施监督

强化水运工程检测设备产品质量监督,将重点设备产品纳入行业重点监督管理产品目录,扩大抽查种类和范围,加大抽查力度。制定重点产品质量监督抽查实施规范。推进水运工程检测设备产品的认证工作,提高自愿性产品认证在设计、招投标、工程建设等活动中的采信度。着力开展水运工程检测设备产品等的认证工作。探索服务认证方法及模式,逐步开展服务认证。

加强行业计量监督管理,加强对安全防护、环境监测、行政执法等领域计量器具的监管,提升行业重点计量器具质量。加强对行业计量检定技术机构和检定技术人员的监督管理,规范检定行为。

7.3.4　实施水运工程检测设备标准和计量的国际化战略

以我国水运工程检测设备标准和计量技术为基础,积极引进、消化和吸收国外的先进技术和技术标准,积极开展国与国之间的标准和计量交流活动,积极参与国际标准化活动,参与国际标准制定,在加快我国水运技术标准与国际标准接轨的同时,推动我国水运工程检测设备标准向国际标准转化。

7.3.5　加强水运工程检测设备标准和计量的宣传工作

充分利用报刊、网络等多种媒体,传播标准化知识,扩大标准的影响力。配合世界标准日、质量月等,积极开展标准化宣传活动,向行业管理部门、企事业单位、社会团体等人员宣传标准化理念,促进其提高标准化意识,营造标准化工作的良好氛围。

参考文献

[1] 中华人民共和国行业标准. JJF 1001—2011 通用计量术语及定义[S].

[2] 中华人民共和国行业标准. 中国计量测试学会一级注册计量师基础知识及专业实务上册[M]. 3 版. 北京:中国质检出版社,2013.

[3] 中华人民共和国行业标准. JJF 1033—2008 计量标准考核规范[S].

[4] 曹玉芬,韩鸿胜,窦春晖,等. 我国交通水运计量工作现状与展望[J]. 水道港口,2015,36(6):609-614.

[5] 郑宝友,曹玉芬,陈汉宝,等. 加强检测设备计量检定确保水运工程建设质量[J]. 水道港口,2004,25(S1):90-94.

[6] 国家质量技术监督局计量司. 计量法规手册[M]. 北京:中国计量出版社,2002.

[7] 李赞堂. 中国水利标准化现状、问题与对策[J]. 水利水电技术,2002,33(10):54-63.

[8] 刘三江,刘辉. 中国标准化体制改革思路及路径[J]. 中国软科学,2015(7):1-12.

[9] 郭松. 中英水运工程建设技术法规和技术标准体系对比研究[D]. 长沙:长沙理工大学,2010.

[10] 周丰. 水运工程标准化回顾与展望[J]. 工程建设标准化,2015(8):15-16.

[11] 刘晓平. 国外工程建设标准概况和水运工程相关技术标准特点[C]//第二届中国工程建设标准化高峰论坛论文集:484-488.

[12] ShaoS G, Shen Y, Yang Y G. Study on Standard System for Environmental Protection in Highway and Water Transportation [J]. Applied Mechanics & Materials, 2012, 209-211: 1231-1236.

[13] 杜廷瑞,仉伯强. 标准规范工作的回顾和探讨[J]. 水运工程,2000,312(1):59-62.

[14] 胡兵. 对水运企业推进安全生产标准化建设的思考[J]. 中国远洋航务,2013(10):82-83.

[15] 李赞堂,何定恩. 赴美进行水利技术标准考察的收获与体会[J]. 水利技术监督,2001,9(2):11-14.

[16] 万大斌,郭文伟. 关于《水运工程测量质量检验标准》制定中有关问题的探讨和说明[J]. 中国港湾建设,2008(2):1-3.

[17] 洪生伟. 计量工作者常用手册[M]. 北京:中国计量出版社 2001.

[18] 张勖瑜. 标准制定、修订实用手册[M]. 北京:交通部科学研究院 2001.

[19] 惠绍棠. 海洋调查仪器使用手册[M]. 北京:海洋出版社 2001.

[20] 郭文伟. 水运工程测量手册[M]. 北京:人民交通出版社 2001.

[21] 黄福芸. 计量知识手册[M]. 北京:中国林业出版社,1986.

[22] 王立吉. 计量学基础[M]. 北京:中国计量出版社,1988.

[23] 施昌彦. 测量、计量及计量学[J]. 中国计量,2000(8).

[24] 王东伟. 当前国际计量发展动向及其对我国计量发展的影响[J]. 水道港口,2015,36(6).

[25] 国家质量技术监督局国际合作司. 技术监督国际组织[M]. 北京:中国计量出版社,1999.

[26] 法贝尔. 国际法制计量组织(OIML)——法制计量发展趋势[J]. 中国计量,2001(7).

[27] 方洽利. 浅谈加强水运I:程试验检测工作[J]. 珠江水运,2008(1).

[28] 刘燕虹,陈强. 关于计量标准化的几点思考[C]. 计量与测试学术交流会暨无线电计量校准技术研讨会. 2008.

[29] 王艳杰. 规范计量监督管理[J]. 管理观察,2015,5(36).

[30] 陈允约,刘智敏,曹玉芬,等. 海洋测深声呐标准化检测体系的建立方法研究[J]. 水道港口,2014(6):642-646.

[31] 王春艳,刘媛. 可持续发展的三大支柱——计量、标准化和合格评定[J]. 现代测量与实验室管理,2006,14(4):63-64.

[32] 文捷,龚龚,耿雄飞. 中俄界河助航标志标准化研究[J]. 中国水运,2014,14(6):36-37.

[33] 沈光汉. 长江航运:从水路运输走向现代物流[J]. 交通建设与管理,2003,5(2):13-18.

[34] 薛亚锋,薛占群,张勇. 我国工程技术标准化初探[J]. 水利与建筑工程学报,2007,5(4):40-43.

[35] 宁萍,伍跃. 水运企业建设安全生产标准化的体会[J]. 珠江水运,2013(15).

[36] 聂琴. 水运工程项目档案标准化[J]. 中国水运,2014(1):50-52.

[37] 张安刚. 水运工程项目标准化工地试验室的建设与管理[J]. 交通建设与管理,2014(18):212-216.

[38] 孙国庆,侯志强,傅玲. 水运工程施工安全标准体系研究[C]. 中国港口标准化论坛,2012.

[39] 倪文军,曹媛媛. 水运工程检测仪器计量标准化体系建设研究[C]. 中国港口标准化论坛,2012.

[40] 付慧敏,王庆海. 浅谈水运工程工地试验室的建设与管理[J]. 江西建材,2016(7):191-192.

[41] 王晓红,毕克新. 美日技术法规体系及其对我国的启示[J]. 工业技术经济,2007,26(9):23-26.

[42] 何文辉,郭大慧. 水运工程标准编制理念创新综述[J]. 水运工程,2013(8):49-51.

[43] 白静,曹玉芬. 水运工程建设检测设备计量检定体系研究与规程制定[J]. 天津科技,2006,(06):41-42.

[44] Cao Yufen, Ni Wenjun, Chen Yunyue, Qin lin (2014). Study on the method of establishing standardized testing system in marine sounding sonar[J]. Measurement Technology and its Application III:568-570,428-432.

[45] 郑宝友,陈汉宝. 水运工程建设检测设备计量检定体系的建立及研究途径[J]. 水道港口,2002(02):77-80.

[46] 曹媛媛,曹玉芬,韩鸿胜. 交通水运专业检测仪器计量工作指导手册研究[J]. 中国计量,2016(06):33-36.

[47] 何劲.我国基层计量体系现状和发展的研究[D].南昌:南昌大学,2014.
[48] 中华人民共和国行业标准.JTJ 203—2001　水运工程测量规范[S].
[49] 胡冰.对水运企业推进安全生产标准化建设的思考[J].中国远洋航务,2013(10):82-83.

索　　引